Las Parábolas De Jesús

"Y les hablo muchas cosas por parábolas"

Un Libro de Sermones por:
J. WAYNE McKAMIE

Segunda Edición
Publicada Por
Robinson Digital Publicaciones
P.O. Box 2634
Weatherford, TX 76086

Segunda Edición Pasta Dura
ISBN: 978-0-9972589-0-5

Segunda Edición e Libro
ISBN: 978-0-9972589-1-2

Segunda Edición libro electrónico
ISBN: 978-0-9972589-2-9

Todas las escrituras mencionadas son de la Santa Biblia, Versión
Reina Valera a no ser notado de otra forma.

Para copias adicionales contacte:
Gary Robinson
P.O. Box 2634
Weatherford, TX 76086
parables@sbcglobal.net

Tabla de Contenidos

Sermones

Capitulo

Introducción a la Primera Edición

En Julio de 1978, el hermano J. Wayne McKamie llevo a cabo una serie de predicaciones evangelistas en la ciudad de Wichita, Kansas. Esta campaña le dio la oportunidad de cumplir una meta que él había pensado por muchos años; de predicar una serie completa sobre las Parábolas de Jesús. Su tema seleccionado, no solo edificó la Iglesia y trajo muchos visitantes, pero también trajo resultados favorables antes de que la serie de una semana llegará a su fin.

Mientras estaba sentado en la asamblea y al escuchar los sermones predicados, me di cuenta de la bendición que podría ser de darles una audiencia más amplia. Nosotros hicimos planes de publicarlos en un libro y permitir a los lectores el beneficio de tales mensajes inspiradores por muchos años en el futuro.

Los primeros siete sermones en este libro son los presentados durante la serie evangelista en Wichita, Kansas. Hemos añadido otros sermones de las parábolas al libro. Sermones que Wayne ha presentado a congregaciones por toda la nación.

Reducir estos sermones a la página impresa nos obliga a quitar mucho de la substancia que da vida, la fuerza animadora detrás de los sermones. Nosotros perdemos al hombre mismo. La palabra hablada puede perseverarse por escrito, pero la chispa en el ojo, la emoción de la entrega, el movimiento de la mano, el trueno de la voz--- esto no se puede imprimir. La excelencia y el mensaje dentro de estos discursos demandan su preservación. Tal vez aquellos entre nosotros que conocemos a Wayne podrán sentir su alma—conmueve energía y escuchar su voz atronadora. Más importante, tal vez podemos escuchar al Hijo de Dios mismo mientras el "enseñaba muchas cosas por parábolas" (Marcos 4:2).

Un número de gente ha dedicado su tiempo, talentos, y energía para ayudarnos a producir este trabajo, y estamos en deuda con ellos.

La hermana George A. (Louva) Hogland de Lubbock, Texas, pasó largas horas transcribiendo, escribiendo, y revisando cada sermón. Su labor fue de mucho detalle, y queremos expresar una profunda apreciación por su interés e infatigable dedicación.

También deseamos agradecer al hermano Joe Norton de Hurst, Texas, quien fue responsable por la lectura y revisión del manuscrito así como el escribir la biografía. Su eficiencia profesional le ha dado a su trabajo un mérito de excelencia.

El hermano Virgil Hogland de Kansas City, Missouri, proveyó la ayuda financiera necesaria para tal proyecto, sin la cual este trabajo no hubiera sido posible.

Y ahora, este libro es lanzado con la oración de que pueda ser usado por el Señor a inspirar esperanza, y dedicación en la vida de cristianos por todos partes. En las propias palabras del hermano McKamie, "Mi intento principal ha sido hacer estos grandes sermones vivir de nuevo en los corazones de nuestra gente. Ellos han vivido para mí; yo quiero que vivan para otros." ¡Que el Señor bendiga esta obra para ese fin!

Bob C. Loudermilk
12917 W. Harvest Ct.
Wichita, KS 67235
Bob@quantumexpo.com

vi

Dedicado a...

... mi esposa, Jean, sin su influencia yo nunca hubiera llegado al conocimiento de la verdad.

... mis cuatro hijos quienes han escuchado estas lecciones desde sus más tempranos recuerdos y en quienes yo espero mayormente ver, como una parábola, una hermosa mezcla de lo humano y lo divino.

... mi congregación local en McGregor, Texas, cuyos miembros me han escuchado pacientemente a través de los años.

... la Causa de Él, de cuyos labios estas grandes verdades salieron primeramente.

J. Wayne McKamie

Reconocimientos

Yo saludo a Bob Loudermilk por compartir su visión de publicar este trabajo y por la paciencia que el exhibió mientras era escrito. Mi más grande gratitud a la Sra. George A. (Louva) Hogland, quien con habilidades de oficina y tremenda tenacidad hicieron posibles la transcripción y terminación de la primera edición de este trabajo: sin ella esto no se hubiera hecho. Mi profunda apreciación a Joe Norton quien contribuyó su espléndido instinto por el carácter real de la meta y por su erudición técnica.

Mi gratitud también va a Gary Robinson de Weatherford, Texas, por tener la idea de reimprimir este libro y después por seguir el proyecto hasta la terminación.

La historia de este libro se describe mejor en las palabras "otros hombres han trabajado, el autor ha entrado en sus labores." Una cosa inmediatamente evidente es que este trabajo no fue escrito por un erudito ni para eruditos. Fue diseñado para aquellos que aman al Señor y su Palabra y para aquellos quienes aman oír una y otra vez a "El que habló como nunca hombre habló."

J. Wayne McKamie

Reconocimientos de Traducción

Es un agradable deber reconocer aquellos quienes han hecho *Las Parábolas de Jesús* disponibles en el lenguaje Español. La tarea al principio parecía abrumadora y lo habría sido si no fuera por los compañeros obreros que voluntariamente vinieron a ayudar. Estoy en deuda por leer cuidadosamente y traducir uno o más capítulos, por comentarios útiles y correcciones, y por hacer posible un producto terminado que da un alcance mucho más amplio de influencia que el que estaba disponible en la versión de inglés.

Guzmán A. Domínguez de Waco, TX	Reconocimientos de Traducción
	Tabla de Contenidos
	Introducción, Biografía, Prefacio,
	Sermón Uno, Dos, Cuatro, y Doce
Juan Rodríguez Jr. de San Antonio, TX	Sermones Tres y Nueve
Jacob Rodríguez de San Diego, CA	Sermón Cinco
Elías Rodríguez de San Diego CA	Sermones Seis y Siete
Tony Melton de Allen, TX	Sermones Ocho y Diez
Randy Tidmore de McAlester, OK	Sermón Once
Antonio Corral de España	Corrigió Sermón Once
Johnny Montano Parra de Colombia	Corrigió Sermón Once
Joe Norton de Mansfield, TX	Asistencia con la Edición
Joel Blalock de Cleburne, TX	Apoyo Técnico
Gary Robinson de Weatherford, TX	Por coordinar el proyecto entero y verlo a un producto terminado.

Que el Señor bendiga esta labor de amor mientras que nos esforzamos para alcanzar a los quinientos millones de habla Hispana de nuestro mundo. Este trabajo sigue adelante en la secuencia que Jesús estableció en Marcos 4: 26-28, donde él describe el ciclo de la vida como una semilla; "un hombre echa simiente en la tierra... y la simiente brota y crece como él no sabe... primero hierba, luego espiga, después grano lleno en la espiga." Este libro es comparativamente un esfuerzo pequeño, enviado como una semilla que esperamos se albergue en los corazones de receptores dispuestos, tomara raíz allí, y traerá mucho fruto. Que tenga un grado de influencia en un mundo que necesita más dependencia en Jesús; y que pueda, al mismo tiempo, traer mucha gloria a Dios. En efecto que estos sermones de nuestro Señor encuentren buena tierra tanto aquí como en las regiones que se encuentran más allá.

J. Wayne McKamie

J. Wayne McKamie

Biografía

Los reinos de Dios siempre han incluido hombres quienes superaron lo ordinario y se hicieron ejemplares en cumplir las responsabilidades que Dios tenia para que ellos cumplieran. En cada caso, ellos tenían un profundo y continuo amor por Dios y desarrollaron una relación cercana con El. Durante la Primera Edad, los patriarcas trabajaron muy cerca de Dios y condujeron la gente como Dios les dirigió. Durante la Edad Mosaica, lo mismo pasó cuando Dios utilizo hombres como los profetas, sacerdotes, y jueces para conducir Su gente. Estos hombres tenían la ventaja de la comunicación directa con Dios y, muchas veces, el uso de los milagros en cumplir sus tareas.

Durante los años del principio de la Edad Cristiana, Dios puso un sistema en el cual los hombres ya no tendrían que utilizar milagros. En su lugar, Dios quería hombres que se levantarán y llevarán a cabo servicio a El por causa de su amor y dedicación a Él y a la Causa de Su Hijo—hombres quienes llevarían a cabo sus responsabilidades sin el uso de los milagros. La iglesia siempre ha estado bendecida con tales hombres—y J. Wayne Mckamie es tal hombre.

Antecedentes

Habiendo nacido dentro de una devota familia Bautista, Wayne creció en un ambiente rural, fielmente asistiendo a una iglesia Bautista en Moody, Texas. El nació en Abril 26, 1933, cerca de Moody en el Condado de McLennan. Su padre fue Dudley Clarence McKamie, y su madre fue Mary Ellen McKamie. El fue el más joven de cuatro hijos.

Desde sus más temprana edad, los padres de Wayne le enseñaron a creer y a amar a Dios. Ellos mantuvieron patrones extremos de moral y le enseñaron a hacer lo mismo, advirtiéndole en contra de beber alcohol, el juego de cartas, el baile, y la inmoralidad. El escuchó algunos de los más fuertes sermones en contra de tales cosas desde su hogar y el pulpito durante sus tempranos años de edad. El ha relatado que el creció con la convicción de que una botella de cerveza o una baraja de cartas sería bienvenida en su hogar como una víbora de cascabel.

Wayne estuvo expuesto por primera vez al patrón de adoración del Nuevo Testamento en 1949 cuando el asistió a un servicio de la Jones Hill iglesia de Cristo, como a siete millas al sur de McGregor, Texas, por una invitación de una compañera de clase, Jean Cherry (después se casaron). Billy Jack Ivey, un joven predicador de Oklahoma, habló en ese día. Wayne recuerda quedar impresionado por la unicidad del edificio así como la simplicidad de la adoración: "El edificio era un pequeño y típico cuarto de escuela de pueblo. Paredes acabadas de color gris soportadas por tablillas del techo de gran inclinación. El pozo que sirvió a la escuela por tantos años todavía está cerca del viejo portal del frente. Dos puertas se abrían en el portal de enfrente. Una vez adentro una opción de cortas bancas o escritorios antiguos proveían un asiento. Una sección elevada completamente al lado opuesto del edificio, el cual una vez sirvió como el punto de observación de los maestros, se había convertido en la plataforma del predicador."

Desde ese tiempo, Wayne continuó visitando la congregación de Jones Hill como también otras congregaciones en el área. Una de esas fue la Iglesia de Cristo de Whitehall a las afueras de Moody, unas ocho millas de la comunidad donde creció. El también visitó los servicios de varias otras congregaciones en la proximidad de Waco, Temple, y Belton, todas en Texas, escuchando sermones del evangelio predicados por tales hombres como Homer A. Gay, James R. Stewart, Irvin Waters, E.H. Miller, Lynwood Smith, Homer L. King, C.S. Holt, Gillis Prince, Isom Hayes, Billy Jack Ivey, Fred Kirbo, y Barney Welch. El recuerda las campañas evangelistas en la congregación de Jones Hill. Los hermanos pusieron luces afuera y tuvieron un servicio al aire libre por causa de las altas temperaturas del verano en Texas. Las multitudes siempre eran buenas durante esos tiempos porque "gente venía a los servicios en aquel entonces."

"Durante una de las primeras campañas evangelistas que asistió, escuchó a Lynwood Smith predicar en la congregación en la calle 29 de Temple. Uno de los primeros debates que escuchó fue entre Irvin Waters y John Staley acerca de que si la iglesia podía usar el vino fermentado en la Cena del Señor. Otro debate que el recuerda fue por E.H. Miller y John O'Dowd discutiendo si era bíblico usar copas individuales en la comunión de la Cena del Señor y ellos podían dividir la asamblea en clases Bíblicas."

En febrero de 1950, después de mucha búsqueda y estudio Bíblico, Wayne decidió dejar la Iglesia Bautista y obedecer el plan de salvación como está enseñado en el Nuevo Testamento. Él tenía casi diecisiete años de edad en ese tiempo. Barney Welch, quien estaba conduciendo una campaña evangelista en la congregación del Blvd. Vaughn en Fort Worth, Texas, lo bautizó dentro de Cristo.

Wayne se casó con Jean en Junio 29, 1951. A ellos, les nacieron cuatro hijos: Charles Wayne, Carlis James, David Neal, y Brian Dudley.

Trabajo Evangelístico

Recibiendo mucha motivación de parte de los hermanos quienes han estado en la iglesia por mucho tiempo, Wayne comenzó a hablar públicamente. Él predicó su primer sermón en la antigua congregación en la calle 4 de Waco a principios de 1951. Por causa de su entendimiento obvió de las escrituras, su talento excepcional como orador, y su fuerte y resonante voz, los hermanos continuaron motivándolo para que se hiciera un predicador de tiempo completo del evangelio. Tomando la decisión de seguir su consejo, la primer oportunidad de Wayne de hacer trabajo evangelistico llegó en Agosto 8, 1951, cuando comenzó a trabajar con la congregación en Harrodsburg, Indiana. Por lo tanto, él ha servido al Señor como un evangelista por sesenta y tres años. Wayne y su esposa, Jean, cargaron todas sus posesiones y sus regalos de boda y se dirigieron para Indiana en un carro que fue un regalo del padre de Jean.

Wayne recuerda las tremendas recompensas espirituales de aquellos años, pero también las dificultades que acompañaban a esas recompensas. Él estaba tremendamente ocupado, y se dio cuenta de los sacrificios que su nueva esposa estaba teniendo que hacer. El dice, que en verdad, muy pocos se dan cuenta de los grandes sacrificios que las esposas de los predicadores tienen que hacer para que sus esposos prediquen el evangelio. Su situación era un caso extremo. Tenían dieciocho años y solo habían estado casados por dos meses cuando se movieron a este trabajo que los había llevado más de mil millas de su hogar.

Mientras vivían en Harrodsburg, Wayne fue ordenado como un evangelista por Homer L. King en 1952. Durante los dos años que él y

Jean pasaron allí, él sobrellevo una tremenda carga para un joven Cristiano y nuevo evangelista. En verdad, por los primeros seis meses, no se quedaron en su hogar una noche porque estaban tan ocupados con visitaciones y otras responsabilidades para la iglesia. En adición para la edificación y levantamiento de la iglesia allí, el también comenzó el trabajo en el radio, comenzó estudios en los hogares, comenzó trabajo de misión en puntos cercanos, y desarrolló otras numerosas tareas conectadas con un esfuerzo evangelístico establecido. Predicando tres veces a la semana y preparando un sermón para la radio, para cada domingo por la mañana, motivó a Wayne a un estudio intensivo de la Biblia que lo mantuvo ocupado casi día y noche. Fuera de ese estudio, sin embargo, vino la sabiduría de la Biblia que le ha servido muy bien durante sus años de predicador.

Jean recuerda, también, acerca de su traslado para Indiana cuando se establecieron en la pequeña casa detrás del histórico edificio de la iglesia de ladrillo rojo. "La iglesia en Harrodsburg era la más grande Iglesia de Cristo que jamás habíamos visto o ser parte de ella. Había cerca de cien miembros. Yo nunca olvidaré el primer domingo ahí. Una campana grande sonaba a las 10 en punto y otra vez a las 10:30, llamando a los adoradores para que entraran. Los cantos eran hermosos." Ella comentó que tan extremadamente amigables era toda la gente en Harrodsburg y que tanto ella apreciaba eso. "aun así, yo me enfermé de nostalgia tanto que pensé que iba a morir."

"Realmente nosotros crecimos en Harrodsburg," ella dijo. "eran tiempos difíciles, el dinero era escaso, pero éramos felices." Ella se vuelve filosófica cuando ella reflexiona en sus años como esposa de predicador: "El Señor tenía algo especial planeado para mí. El tenía a Wayne McKamie esperando y una vida de predicación. Desde que era un pequeña niña, yo quería ser esposa de un predicador." Ella dice que nunca pensaron tanto en el futuro cuando comenzaron su viaje espiritual juntos: "Nosotros queríamos estar juntos y juntos estuvimos por los siguientes once años más que la mayor parte de las parejas lo estaban." Ella hizo esta declaración en referencia a aquellos años de viajes y predicaciones por los Estados Unidos antes de establecerse otra vez en Texas para criar a su familia. Ellos celebraron sesenta y tres años juntos en el 2014.

Mientras estaban en Indiana, Wayne se ganó la simpatía de los cristianos allí y estableció una reputación que ha estado con él. Él todavía es querido y altamente respetado dondequiera que trabaja o conduce series de predicaciones. El hecho de que él es llamado una y otra vez por algunas de las mismas congregaciones, para reuniones de predicaciones, testifica del aprecio que los hermanos en Cristo tienen para él.

La primera boda que él llevó a cabo fue en Harrodsburg en 1951, y el primer funeral fue también allí en 1952.

Regresando al lugar de su primer sermón, Wayne condujo su primera campaña evangelista en la congregación de la calle 4 en Waco en 1951.

Mientras vivía en indiana, Wayne tomó lecciones de voz y estudió música bajo el Dr. Ross en la Universidad de Indiana. El también asistió a la escuela de música del Cuarteto Stamps en Dallas en 1959, donde él estudió bajo Videt Polk y Bobby Burnett. Él ha cantado y hecho discos con el Cuarteto de Sunny South, Los Lamplighters, Celebración, y otros varios grupos de cantos evangélicos.

Después de completar su trabajo en Indiana, Wayne pasó los siguientes once años haciendo trabajo local en un número de diferentes estados y conduciendo campañas evangelistas en muchas partes de los Estados Unidos. Aun después de ese tiempo cuando se estableció en McGregor, Texas, para criar a su familia, el continuó conduciendo campañas evangelistas por todos los EE.UU., cuando el tiempo lo permitía. Los lugares donde el hizo trabajo local incluye Wayne, West Virginia, Memphis, Tennessee; Greenville, South Carolina; y en Andrews, Midland, Odessa, Waco, McGregor, y la congregación en Green Oaks en Arlington, en Texas.

Wayne ha predicado y/o llevado a cabo campañas evangelistas en cada estado donde nosotros tenemos congregaciones fieles excepto en el estado de Alaska. El recuerda los "días vigorosos" de las campañas evangelistas en los 1950's y 1960's cuando los hermanos hacían arreglos para usar "techos de ramas" o ponían carpas para reuniones misioneras en su propia ciudad o ciudades donde no había congregaciones fieles, y ellos atraían grandes números de gente de la comunidad para escuchar el evangelio. Estas reuniones usualmente eran muy exitosas por la evidencia de los grandes números como respuesta. Wayne recuerda que los hermanos encontraban un lote vacante, lo limpiaban, ponían luces con cables y linternas colgando, tomaban ventiladores de casas de funerales, y promovían la campaña. Durante una campaña como estas, en 1956 en Greenville, SC, Wayne y el Hno. E.H. Miller predicaron lo que él llamaba un "encabezamiento doble": ambos predicaron cada noche de la campaña. Su esposa Jean recuerda, "ellos predicaron y predicaron mientras nos sentamos por horas en sillas de metal." Las Campañas evangelistas duraban más en aquel entonces, algunas duraban dos semanas completas y abarcando tres domingos. Algunas duraban aún más si la gente continuaba presentando el interés en el evangelio. Los edificios se llenaban a toda la capacidad, muchas veces con personas paradas afuera y escuchando por las ventanas abiertas.

Durante esos años, él y sus compañeros evangelistas predicaban en cualquier avenida donde la gente podía ser reunida: en el campo, casas, escuelas, las cortes, prisiones, auditorios municipales, viejas tiendas, y otros lugares. Y mucha gente respondía al evangelio. El recuerda que durante algunas de esas campañas "su ropa para bautizar nunca se secaba." Para Wayne, el más grande número de personas que respondió durante cualquier campaña evangelista fue de cuarenta y uno. Y el más grande número de bautismos en un nuevo trabajo fue de treinta y cinco. Las campañas evangelistas realmente eran una ocasión grande durante esos tiempos. Los predicadores podían ir a cualquier comunidad y comenzar a predicar, asumiendo que la gente ya creía en Dios y en la Biblia como la palabra de Dios. Muchas veces jóvenes quienes querían ser predicadores del evangelio se presentaban para ayudar con los cantos, para ayudar en otras formas durante los servicios, y solo para aprender lo más que pudieran.

"Predicar era nuestra vida, nuestro trabajo," Wayne dijo. El recuerda un viaje en California cuando predicó treinta y cinco noches sin descanso, yendo de una campaña a otra—ese viaje fue en 1956. Había otras ocasiones cuando el predicó de un lado del estado hasta el otro para audiencias entusiastas y deseosas de escuchar el evangelio.

Además de ayudar a almas incontables para obedecer al Señor y en permanecer fieles, Wayne condujo numerosas bodas y funerales para compañeros Cristianos por toda la nación. Él también ha participado en muchos estudios de predicadores de la hermandad en este país.

Carrera Educacional y Profesional

Toda la educación pública de Wayne fue completada en el sistema de escuela de Moody. Después de muchos años como un respetado y conocido evangelista, el regreso a su hogar en McGregor y continuó su educación en el Colegio Junior de Temple, él fue elegido para ser un miembro de Phi Theta Kappa, una sociedad de honor nacional en el colegio junior. Transfiriéndose a la Universidad de Baylor, él completo los requerimientos para la Licenciatura en Artes con un título en Educación en 1964. Él fue un estudiante de honor en ambos Colegios Temple y Baylor.

Habiendo completado su Licenciatura, Wayne decidió en el otoño de 1964 enseñar en escuelas durante los meses del invierno y predicar durante los tres meses del verano más aparte en los fines de semana y durante los periodos de días festivos. Su meta era de proveer un ambiente estable para sus cuatro hijos mientras ellos estaban en la escuela. Él realmente continuó ese riguroso programa por los siguientes veinte cuatro años. Su primera posición era como maestro de sexto año en las Escuelas Públicas de Waco, como también ayudando en educación especial cuando se necesitaba.

En 1966, él se hizo maestro superior con la escuela de Hallsburg, ayudando a otros maestros y ayudando con algunas de las responsabilidades de director, quien estaba buscando jubilarse. Después de que el director se jubiló, Wayne enseño pero también tomo las responsabilidades de director. En preparación para esta posición, él había comenzado con un doctorado en educación de Ciencias en la Universidad de Baylor, un título que el completo en 1970. Muy pronto su posición fue ascendida a una combinación de superintendente y director, una posición que él tuvo hasta que él se jubiló en 1988. En ese tiempo, él regresó a predicar tiempo completo, el trabajo que el mas amaba.

Trabajo de Radio

Habiendo comenzado su trabajo de radio en Indiana, Wayne también ha tenido programas en muchos otros estados. Él ha extendido transmisiones a través del estado de Texas, incluyendo Midland, Hillsboro, y San Antonio. En este momento él tiene un programa transmitido desde Waco, Texas, y desde Lubbock, Texas, el cual ha estado en el aire continuamente por los últimos treinta y cinco años. La Radio fue tan efectiva en los días pasados así como la televisión y el internet es hoy en día.

En el 2002, Wayne pasó un poco más de un año yendo a un estudio profesional en Dallas para hacer una grabación entera del Nuevo Testamento. La congregación situada en Grauwyler Road en Irving, Texas, patrocinó este trabajo.

Trabajo Misionero

Por los pasados cuarenta y siete años, Wayne ha estado envuelto en el trabajo misionero en México, habiendo hecho su primer viaje para visitar congregaciones y puntos de misión en México, ha acompañado a predicadores nativos en áreas para explorar las posibilidades de nuevos puntos de misión, y ha observado predicadores nativos en su cumplimiento de responsabilidades evangelistas. Él también ha conducido numerosos estudios para predicadores en los pueblos y ha conducido muchas Reuniones de predicadores en Saltillo, en Monterrey, y en la ciudad de México con todos los evangelistas Mexicanos asistiendo a dichas reuniones.

El estudiar el lenguaje Español en ambos el Colegio Junior de Temple y la Universidad de Baylor le facilitó su trabajo entre los hermanos de habla Hispana en México. Él también se involucró en el Instituto Texano Bilingüe en Waco.

Wayne continúa comunicándose con Juan Rodríguez, Jr., acerca del trabajo allí y ocasionalmente con otros predicadores nativos. Él también se comunica con hermanos de este país acerca del trabajo en México.

Así también, Wayne se ha envuelto en el trabajo misionero en Sur América en los países de Perú, y Ecuador. Él ha hecho dos viajes misioneros al continente de África: uno fue a Ghana con este escritor donde el ayudo en conducir estudios Bíblicos intensivos para los predicadores locales y el otro fue a Zambia donde él trabajó con Roger Boone y Duane Permenter. En los 1980's, él y este escritor hicimos un viaje de buena voluntad a Inglaterra y Escocia a visitar hermanos y a establecer lazos con las congregaciones fieles allí.

Conclusión

Una ventaja que ha resultado bien con Wayne en predicar es su memoria fenomenal. Habiendo sido un lector voraz no solo de las escrituras pero también de la literatura clásica de la iglesia, la memoria de Wayne le ha permitido tener a su disposición grandes cantidades de información que él puede introducir al momento, mejorando su predicación y haciendo que las escrituras se hagan vivas para sus audiencias. A causa de su memoria, él siempre ha podido predicar sus sermones con notas abreviadas en vez de manuscritos.

Pocos de los que han escuchado los sermones de Wayne en su forma persuasiva y maestra, se han ido intactos en alguna forma—santo o pecador. Ningún cristiano sincero se ha sentado en la audiencia y ha escuchado la predicación del evangelio con la profunda y resonante voz de Wayne sin sentir una necesidad de vivir un poco más cerca del Señor.

Aparte del hecho de que sus predicaciones son informativas e inspiradoras, Wayne siempre ha puesto delante de la gente un modelo de un cristiano en todos los aspectos de su vida. Él es siempre diligente en hacer el trabajo de evangelista y ha probado ser un compañero agradable para muchos. El ama las almas de los hombres y pone todo esfuerzo para su salvación. Ha sido posible que mientras muchos escuchan predicar a Wayne, jóvenes y mayores, han tomado decisiones que los han puesto de regreso en un curso estable en sus vidas Cristianas. Tal vez es el mensaje de penetrar el sentido práctico que causa a la gente ser conmovida a la acción, más que cualquier otra característica de las predicaciones de Wayne.

La filosofía básica de Wayne realmente se resume sobre el fundamento que él ha construido sus años de servicio al Señor: "Yo creo en la inspirada, infalible, y una vez-por-todo-el tiempo dada Palabra de Dios."

Joe L. Norton
Mansfield, Texas
June 2014

Prefacio

"Nunca el hombre habló como este hombre." Y cuando consideramos que casi todo lo que nuestro Señor habló a las multitudes Él lo habló en parábolas, esto lo hace adecuado para que generación tras generación se levante con corazón, lengua, y pluma para hacer que estos grandes sermones vivan otra vez. Las parábolas de Jesús son, y siempre se mantendrán, como el corazón de sus enseñanzas.

El concepto de la enseñanza parabólica no era nuevo aun en el tiempo de Cristo. Sin embargo, fue él, quien puso la luz de la perfección sobre esto.

Una simple palabra en relación a las parábolas puede estar en orden en este punto. Sin intentar investigar los atributos teológicos, puede ser observado con seguridad que una parábola no es una fábula, metáfora, símil, o alegoría. Una parábola es una comparación puesta a un lado, un paralelo entre la verdad básica terrestre y la verdad celestial. No específicamente, pero generalmente, la popular "historia terrestre con significado celestial" es verdad.

Las lecciones del Maestro son de la tierra, terrestres. La lengua común, lo ordinario, lo creído, fueron Sus repertorios mientras el traducía vida a la religión y religión a la vida. Nunca podremos entender, yo pienso, estas grandes lecciones hasta que aprendamos a sentir estas comparaciones, este compuesto de lo humano y lo divino. Las experiencias humanas son la ventana a través de la cual El derrama la Luz de la verdad divina.

Las dinámicas de una parábola son mejor vistas en lo que nuestro Señor hizo con esta mezcla humana-divina. No podemos pensar mucho en la conmovedora imagen de un pastor buscando a sus ovejas, porque en un abrir y cerrar de ojos la verdad de Dios buscando a hombres perdidos está sobre nosotros. El rasgo conmovedor de cinco vírgenes con frio, lámparas obscurecidas desesperadas buscando aceite en la tranquila plaza del mercado, no pueden mantener nuestra mirada mientras imaginamos el tiempo cuando las almas no preparadas corrían inútilmente por los mercados cerrados de misericordia! Ah, en las parábolas Sus argumentos simples son incontestables; ¡Su llamamiento es inevitable!

A través de cada página el Rey universal
Desde la pérdida del Edén hasta el fin de los años,
Desde el Este al Oeste, el Hijo del Hombre aparece…

La Verdad a través del volumen sagrado está escondida,
Y propaga de extremo a extremo su ala secreta,
A través del ritual, tipo, y misterios argumentados.

                                        --- Isaac Williams

Sermón Uno

"Y les hablo muchas cosas por parábolas"

Mateo 13:1-9

"Y AQUEL día, saliendo Jesús de casa, se sentó junto á la mar. Y se allegaron á él muchas gentes; y entrándose él en el barco, se sentó, y toda la gente estaba á la ribera. Y les habló muchas cosas por parábolas, diciendo: He aquí el que sembraba salió á sembrar. Y sembrando, parte de la simiente cayó junto al camino; y vinieron las aves, y la comieron. Y parte cayó en pedregales, donde no tenía mucha tierra; y nació luego, porque no tenía profundidad de tierra: Mas en saliendo el sol, se quemó; y secóse, porque no tenía raíz. Y parte cayó en espinas; y las espinas crecieron, y la ahogaron. Y parte cayó en buena tierra, y dió fruto, cuál a ciento, cuál á sesenta, y cuál á treinta. Quien tiene oídos para oír, oiga".

1. El Sembrador

Damos la bienvenida a la asamblea de la noche, y queremos decir al comienzo que estamos extremadamente agradecidos de estar en Wichita esta noche. Confiamos que es para nuestro bien y para la gloria de Dios que estamos aquí. Les damos la bienvenida al servicio que da comienzo esta serie de reuniones evangelistas; y confiamos que antes que este tiempo se termine, podamos sentir que esta semana ha sido aprovechada bien. Confiamos que en el transcurso de una semana, mucho bien se pueda lograr. Yo me doy cuenta que vamos a estar hablando por un periodo corto relativamente, durante el curso del día, pero bastante se puede hacer durante este tiempo.

Estamos agradecidos por su invitación a venir a este lugar para estudiar con ustedes la Palabra de Dios y en particular este formato que tenemos delante de nosotros. Yo he estado predicando por unos veintisiete años y yo nunca he tenido la oportunidad, o al menos nunca he tomado la oportunidad, de hablar solo de las parábolas de Jesús. Es algo que he deseado hacer desde hace mucho tiempo, pero ustedes son los primeros en invitarme para hacer esa cosa en particular. Ustedes pueden pensar que las parábolas de Jesús no son más que algunas historias de la Biblia. Yo les aseguro que este no es el caso.

Mientras comienzo esta serie de reuniones evangelistas, yo pienso en lo que una persona dijo hace un tiempo, de lo que un predicador debe ser. Él enlistó varias cosas: un predicador debe ser un administrador, un promotor, un gerente de negocios, y un hombre de relaciones públicas. Pero yo quiero decirles, esta noche, que yo no vengo como ninguno de estos. Yo vengo a este lugar creyendo que un predicador del evangelio simplemente debe ser eso—un predicador del

4

evangelio. Y eso es todo lo que planeo hacer mientras yo estoy en su presencia en Wichita, Kansas—Yo planeo predicar el Evangelio del Señor Jesucristo. Estamos aquí para llamar a hombres de regreso a Jesucristo, para decir, como hemos cantado esta noche, "la antigua, antigua historia de Jesús y de Su amor." Ustedes recuerdan la segunda estrofa de ese canto que dice, "Yo amo decir la historia. Para aquellos que la saben mejor, parece hambriento y sediento escucharla como el resto." Espero que ese sea el caso mientras estudiamos noche tras noche.

Cuando primero pensé en presentar estas series, mi primera preocupación fue cuales parábolas enseñar. Hay tantas que el Señor utilizo para enseñar los muchos lados bonitos y las muchas facetas del Gran Reino de Dios. Yo me preguntaba en cuales usar, pero yo no tuve ningún problema en decidir cual yo iba a utilizar primero. Hay una razón en particular que hemos decidido comenzar con "La Parábola del Sembrador" o "La Parábola de la Tierra."

Yo quiero que noten primero que todo mientras comenzamos a estudiar, que vamos a decir algunas cosas esta noche que probablemente no vamos a decir cada noche. Vamos a poner un fundamento, explicando porque el Señor comenzó a hablar en parábolas. Cuando consideramos el ministerio personal de Cristo Jesús, notamos que se mueve junto a una verdad continua desde el tiempo que El nació hasta que se hizo evidente que Él tenía que estar en los negocios de Su Padre. Después hubo un periodo de tiempo en el cual el Señor abiertamente y libremente expuso los principios del Reino de Dios. Y entonces llegó el día cuando el Señor comenzó a hablarles en parábolas.

Alguien dijo—alguien quien ha tomado el tiempo para estudiar esto— que Mateo es cuarenta y tres por ciento parabólico—que cuarenta y tres por ciento del Evangelio de Mateo caería en esta categoría. Así que lo que tenemos es una nueva forma y un nuevo contenido en la enseñanza de Cristo Jesús, tanto que Sus discípulos vinieron a Él y dijeron, "¿Por qué les habláis en parábolas?" Ellos estaban asombrados que Jesús había cambiado Su método y que Él hablaba a ellos en esta ocasión solo en parábolas.

Esta parábola en particular es como una llave, si la puedo llamar así, para todas las otras. De hecho, en Marcos 4:13, cuando nuestro Señor había terminado la Parábola del Sembrador, Él dijo, "¿No sabéis esta parábola? Y ¿Cómo, pues, entenderéis todas las parábolas?" Entonces debo entender que hay algo en particular acerca de esta parábola que necesitamos entender. Si no conocemos esta parábola, entonces hay algunas cosas, que el Señor sugiere, que tal vez no sabremos de las otras. Tenemos alguna prioridad o algún énfasis puesto por el Señor sobre este estudio en particular, y entonces comenzamos con este.

Yo quiero decir en el comienzo que las parábolas no son fáciles. Tenemos tendencia a pensar de las parábolas como que son historias adorables que leemos a nuestros hijos, y eso es verdad. Pero yo quiero decirles, que no es toda la verdad. Las parábolas de Jesús algunas veces se hacen difíciles, yo estoy persuadido, porque estamos preocupados con los misterios del Reino de los Cielos. Cuando usamos la palabra "misterio," ahora o en el curso del estudio durante esta semana, lo estaremos utilizando en este sentido—y yo creo que es en este sentido que la Biblia lo usa - misterios en la Biblia no son cosas que son reveladas por la ciencia, pero cosas que son descubiertas por revelación. Nuestro Señor está diciendo, Yo voy a descubrirles, por estos medios, algunos de los más grandes misterios del Reino de los Cielos.

Yo si se esto: Estamos viviendo en la edad de plantar la semilla del Reino. Nuestro Señor ha partido de nuestra presencia; Él se ha ido a un país lejano, (Lucas 19; Daniel 7). Él se ha ido a "un país lejano para recibir para el mismo un Reino, y regresar." Él ha recibido ese Reino: Él ha sido coronado como Rey. Hemos recibido el Reino: estamos en la edad de plantar la semilla de ese Reino. Y este proceso va a continuar hasta el final. Si es la edad de plantar la semilla del Reino, entonces también es la edad del crecimiento.

¿Qué es una Parábola?

La palabra "parábola" viene de dos palabras: una que significa "echar o lanzar" y la otra significa "al lado de." La idea es que el Señor está tomando algo que nosotros entendemos, hasta cierto punto, y poniéndolo al lado de algo que de otra forma no entenderíamos. Son historias simples, y aun así son siempre verdad. En ningún tiempo debemos ver a una parábola como un mito o una fábula porque siempre fue algo verdadero—y desde este punto, el Señor procede con

Sus grandes verdades espirituales. Es como alguien dijo una vez, "Una parábola de Jesús es una historia terrenal con un significado Celestial." Hay una gran verdad en esa declaración.

Algo que yo he notado en preparación para este estudio es que Jesús siempre dibuja en la memoria de Sus oidores cuando Él habla en parábolas. Él se refiere a cosas que ellos conocían, y es solo por la memoria de algo familiar para ellos, que Sus historias comenzaron a tomar un significado real.

Yo quiero decir, también, que las parábolas de Jesús no son la base para la doctrina. Son la ilustración de las doctrinas—las más grandes doctrinas que usted conoce. Si las palabras del Sr. Spurgeon son verdad, y yo pienso que en este caso lo son, él dice, "Un sermón es la casa—las ilustraciones son las ventanas que dejan entrar la luz a la casa." Sabemos de las grandes doctrinas del Reino de Dios, y estas parábolas son los medios por los cuales el Señor derrama luz e ilustra esas grandes doctrinas.

Ahora, esta noche, y cada noche, vamos a proceder de lo simple a lo complejo. Vamos a movernos de lo conocido a lo desconocido, de lo visto a lo no visto. Van a haber algunas profecías maravillosas. Yo no soy profeta, pero el Señor lo fue: y Él nos da algunas profecías maravillosas en algunas de las parábolas que han sido, o van a hacerse verdad porque Él lo dijo. Trataremos de señalar esto cuando lleguemos a ellas noche tras noche.

Si usted tiene su Biblia abierta en esta noche, por favor volteé a Mateo 13, y vamos a pensar acerca de lo que se es dicho. Yo quiero que usted note, en el verso 10, ellos vienen al Señor maravillados que el Señor se ha apartado de Su forma de enseñar y ha cambiado a una forma nueva. "¿Por qué les hablas por parábolas?" Cuando el Señor da Su razón, Él nos da una justificación por la enseñanza en parábolas en Sus días; y cualquiera que sea la justificación en SU día, es la misma en NUESTRO día. Entonces, me siento seguro, aunque voy a decir esto—Yo pienso que es totalmente asombroso comprometerse a hacer algo en cualquier momento que suponemos decir que vamos a predicar el sermón de Jesús. No es una cosa pequeña lo que hacemos. Es con mucho temor reverencial y una gran responsabilidad que debemos considerar esta enseñanza. Cuando ellos preguntaron, "¿Por qué les hablas por parábolas?" Él respondió con dos razones: las parábolas dan verdad a los receptivos y la esconden de aquellos quienes no son receptivos. Él está diciendo, para utilizar el marco de esta lección, que una parábola puede dar la verdad para aquellos quienes quieren saber su voluntad, pero no va a añadir nada al almacén de los no creyentes o la persona quien no le importa aprender acerca de la verdad de Dios.

Noten en el verso 11, Él dice, "Porque á vosotros es concedido saber los misterios del reino de los cielos; mas á ellos no es concedido." Ahora esto puede parecer un poco duro para nosotros, pero el Señor está diciendo, "A vosotros... ES CONCEDIDO"—"MAS A ELLOS... NO... LES... ES... CONCEDIDO." Usted puede pensar que es una cosa extraña, pero realmente no lo es, porque el Señor está dando la verdad espiritual. Aquellos que quieren conocer esa verdad, Él dice, pueden hacerlo; y aquellos a quienes no les importa nunca tendrán algo de una parábola añadido a su almacén de aprendizaje.

Yo estoy convencido que todavía hay bastante verdad en eso cuando nos referimos a estudiar esto aun en nuestros días. De hecho, el Señor enfatiza esto tanto en el versículo 12, que Él dice, "Cualquiera que tiene"... escuche... "Porque á cualquiera que tiene, se le dará." "!El que tiene.... Recibe!" "Cualquiera que tiene, se le dará." Ahora, esto se escucha extraño. Diríamos en nuestro día, "Cualquiera que no tiene es el que debería tener." Bueno, hay alguna verdad en eso, pero lo que nuestro Señor nos está diciendo es—usar la verdad espiritual es poseer esa verdad espiritual. Y YO creo que esto es verdad todavía esta noche, que la única forma que vamos a poseer verdad espiritual, es siendo receptivos y de USAR esa verdad. "Cualquiera que tiene, se le dará." Mientras medimos la atención al Señor, así El medirá la sabiduría a nosotros por medio de su Palabra.

Yo no quiero cansarlos con la introducción, pero Yo quiero que piensen acerca de lo que Él está diciendo en el verso 13: "Por eso"... (O, por esta razón)... "Por eso les hablo por parábolas; porque viendo no ven, y oyendo no oyen, ni entienden." Ahora ¿qué ha pasado? Como hemos mencionado, hay aquellos quienes han rehusado y rechazado y simplemente se han volteado del Señor. Ellos aun han procedido al lugar que Él dice que es como "echando perlas delante de los puercos." Son totalmente desagradecidos de lo que Él está diciendo, y así Él está simplemente diciendo de estos individuos— "Viendo no ven, y oyendo no oyen." Yo les garantizo, esta noche, que en el siglo veinte, todavía tenemos mucha gente quienes se pueden sentar en la audiencia y ver, y no ven; oyen, pero nunca oyen. Como el apóstol Pablo nos dice, son gente "Que siempre aprenden, y nunca pueden acabar de llegar al conocimiento de la verdad." (2 Timoteo 3:7)

Y después nuestro Señor nos dice algo que yo pienso es muy hermoso. El cita de Isaías capítulo 6 acerca de esta gente y de sus corazones; después en el verso 16, Él dice:

> Más bienaventurados vuestros ojos, porque ven; y vuestros oídos, porque oyen. Porque de cierto os digo, que muchos profetas y justos desearon ver lo que veis, y no lo vieron: y oír lo que oís, y no lo oyeron.

Lo que está diciendo es que los profetas debían contentarse ellos mismos con simplemente lo que estaban profetizando, siempre tratando de entender lo que profetizaban. Pero, Él está diciendo mientras ellos tenían las visiones, USTED tiene al Mesías. Mientras ellos tenían visiones que la iglesia vendría, USTED posee la iglesia. Ellos estaban profetizando de las bendiciones de Dios: Nosotros estamos sentados en medio de ellas.

El Señor dice, "el que tiene oídos para oír... oiga." ¿Qué está El diciendo? ¿No tienen ellos oídos para oír? ¡Si, los tienen! A lo menos, El Señor está diciendo que la mera recitación de una parábola no significa que usted va a obtener algo de ella. Todos ellos lo escucharon en ese sentido. Cuando Él habla la parábola, ellos audiblemente la escuchan. Pero, Él dice, Yo quiero gente que tiene oídos con la capacidad de entender—de ENTENDER.

Ahora vean los versículos 51 y 52. Él dice a sus discípulos:

> ¿Habéis entendido todas estas cosas? Ellos responden: Sí, Señor. Y él les dijo: Por eso todo escriba docto en el reino de los cielos, es semejante á un padre de familia, que saca de su tesoro cosas nuevas y cosas viejas.

Yo pienso que esta es una cosa maravillosa la cual Él nos da aquí. Nuestro Señor dice, "¿Habéis entendido?" Nuestra meta esta noche, gente, es de entender estas cosas acerca del Reino de Dios. Él dice, "TODO escriba," no algunos, pero "TODO escriba" fue "instruido en el Reino de los Cielos," y esta es nuestra meta. Queremos ser "instruidos en el Reino de los Cielos." Él es semejante á un padre de familia, que saca de su tesoro cosas nuevas y cosas viejas. Nuestra meta: ser instruidos. Nuestra meta: poder sacar lo que sabemos del Reino de Dios para que otros puedan oír y puedan aprender—que podamos refrescar a nuestros oidores de ambas experiencias pasadas y presentes y sabiduría de Su verdad. "Viejas lecciones en ropas nuevas," El Señor está diciendo, "para que la gente pueda saber y entender Mi voluntad."

Ahora llegamos a esta parábola en particular, y usted va a notar en Mateo 13:1 que, "el mismo día, saliendo Jesús de casa." Podemos voltear a Marcos capítulo 3, si tuviéramos tiempo, y encontramos que el Señor en esta ocasión estaba en la casa y que había tanta presión— había tanta multitud allí—que el Señor apenas podía caminar.

La escritura declara que Él "salió de la casa," y este es evidentemente el tiempo cuando él fue "junto a la Playa" como le llamaríamos hoy— la orilla del mar; y Él se sube a un barco y lo empuja un poco. Debe haber sido un escenario hermoso en ese día, con los campos ondulados de Galilea en la distancia, ondulándose suavemente hacia la orilla de las aguas. Era cerca de Octubre o Noviembre, el tiempo de la cosecha de la semilla de invierno.

Mientras nuestro Señor mira hacia aquella gente, El comienza a decir, "He aquí el que sembraba salió á sembrar," y esa gente inmediatamente podían entender eso porque esto es vida para ellos. Esto es lo que hacen día tras día.

A propósito, usted puede seguir el estudio de esta parábola en particular en Mateo 13, Marcos 4, o Lucas 8; y en los tres relatos, usted tiene la historia idéntica. Yo voy a intentar, en el transcurso de esta lección, de dibujar estas tres juntas. Si no puede ver exactamente la palabra que yo use, por favor vea los otros relatos porque allí debe estar.

La Siembra

Observen lo que tenemos: tenemos un mensaje a la tierra y un mensaje a los sembradores. Y Yo quiero que todos tengamos el impacto por completo de lo que el Señor está diciendo. Estoy convencido que en esta parábola, tenemos una respuesta a muchos de los problemas que confrontamos individual y colectivamente. Tenemos una respuesta a nuestras formas débiles y anémicas—una respuesta que nos puede dar vida real.

Jesús dice, "He aquí el que sembraba salió á sembrar." Yo pienso que lo que hace la siembra tan importante, es aquello lo cual el hombre sembró. Cuando hablamos de la siembra, simplemente estamos hablando de la enseñanza o la predicación de la Palabra de Dios. Mientras pensamos acerca de aquello lo cual el sembró, esto era la semilla; y la Biblia le llama a esa semilla la "palabra del reino." ¿No hace esto algo significante—saber que somos gente quien tiene una pequeña parte en la siembra de la "palabra del reino" en los corazones del hombre hoy, así como fue en aquel día?

Nuestro Señor utiliza la idea de una semilla; y Yo supongo que no hay nada que tenga más grande potencial relativo que una semilla. Yo pienso que ninguno de nosotros, sin importar cuánto tiempo hemos vivido en la ciudad, nos hemos apartado tanto de la forma de vida agraria-- Yo les aseguro, Yo no lo estoy—tanto que no vamos a entender esta lección. Sabemos de lo que Él nos está hablando. Sabemos que hay un tremendo potencial en una semilla. Pero mientras no es sembrada en el campo—el cual es el corazón del hombre—se mantiene en potencia y solo en potencia. Debe ser sembrada antes de que podamos ver la cosecha de ella.

Usted sabe, que mientras pensamos acerca del potencial de una semilla, yo pienso de una bellota. Usted puede llevar una pequeña bellota, la cual es insignificante, y plantarla a un lado de su casa; y si todo sale bien, el día vendrá cuando el producto de esa pequeña semilla va a convertirse en un rival de la casa misma. Entonces hay un potencial tremendo dentro de una semilla, y el Señor lo está utilizando mientras El habla acerca de Su Reino.

Debemos tener la semilla correcta. Pablo dice, "Más os hago saber, hermanos, que el evangelio que ha sido anunciado por mí, no es según hombre; Pues ni yo lo recibí, ni lo aprendí de hombre, sino por revelación de Jesucristo." No debemos sembrar solo cualquier cosa; pero debemos sembrar, Pablo dice, una "semilla certificada". Esto hace la siembra que estamos intentando hacer aquí en Wichita, y por todo el mundo, tan importante. Predicando de la Palabra de Dios es lo numero uno. Tiene prioridad sobre todo lo demás. Yo creo que uno de los mejores ejemplos de este punto se encuentra en Hechos 6. Usted recuerda que en la iglesia primitiva, cuando todo parecía ir marchando muy bien y suave, de repente... ellos se encontraron en ¡un gran problema! Algunos comenzaron a quejarse. Los griegos comenzaron a quejarse en contra de los hebreos porque, ellos dijeron, "que sus viudas eran menospreciadas en el ministerio cotidiano." ¡Un problema real! Pero usted recuerda, los apóstoles no dejaron pasar este asunto; ellos les llamaron y dijeron, "Buscad pues, hermanos, siete varones de vosotros de buen testimonio, llenos de Espíritu Santo y de sabiduría, los cuales pongamos en esta obra. Y nosotros persistiremos en la oración, y en el ministerio de la palabra." Él está diciendo que sin importar que tan importantes puedan ser estas cosas, no hay nada tan importante para la iglesia del Señor como sembrar la semilla. Es algo que simplemente se debe hacer.

Usted sabe, dondequiera que usted va, usted encuentra un terreno. Cualquiera vez que se dice, "el sembrador salió á sembrar," Él quiere que entendamos que esto es en el campo y, por supuesto, el campo es ¿Qué?—los corazones de los hombres. Yo pienso algunas veces que tenemos la tendencia a pensar que el campo es un lugar lejano. Gente, la edad de romanticismo no está muerta. ¡Todavía tendemos a pensar que en algún lugar lejano—"Si solo yo estuviera allí, Yo haría cosas más grandes para Dios! Si Yo estuviera allí, ¡Qué gran sembrador de la semilla realmente Yo sería!"

Usted sabe, Yo he aprendido esto, que cualquier cosa que estamos haciendo aquí en Wichita, Kansas, esta noche, con todo lo que tenemos, es lo que haríamos si estuviéramos allá. Porque esa gente allá están pensando que si ellos estuvieran en Wichita, Kansas, ellos harían algunas cosas grandes para Dios. "¡Debe ser diferente en Wichita, Kansas!" Así que, nos vemos tentados a pensar, "Bueno, si tan solo estuviéramos allá, nosotros haríamos algunas cosas grandes, grandes." Yo pienso que nosotros debemos darnos cuenta de que dondequiera que encontramos un campo—un corazón—tenemos la semilla del reino... ¡Tirela allí! Solo la eternidad revelara los resultados reales.

Los Predicadores se reúnen algunas veces, y hablan de campañas, de series. Me imagino que son como gente que se van de pesca y hablan de –"¿Cuántos pescaste?" Los predicadores se reúnen algunas veces, después de que han tenido campañas, y dicen, "¿Cómo estuvieron las reuniones en aquel lugar?" Yo recuerdo haber leído hace algunos años de dos que estaban hablando de cómo les había ido en el lugar donde habían estado, y uno pregunto: "¿Cómo te fue?" "Bueno", el dijo, "No hice casi nada. Yo bautice una pequeña niña con pecas." Pero el hombre siguió, mientras reflexionaba en esto—mirando atrás en los años—y dijo que no se habían dado cuenta que esa pequeña niña con pecas se había convertido en una madre de cuatro predicadores del evangelio. Por lo tanto no deben pensar, "Bueno, no hay mucho por hacer aquí." Porque en cualquier lugar donde encuentran un humano, usted ha encontrado un campo, usted ha encontrado un mundo, y usted debe plantar la semilla. Tirela allí y deje que Dios se encargue de los resultados.

Preparación

Algunas veces nosotros insistimos en hacer todo nosotros mismos. Cuando usted piensa acerca de este asunto de ir a sembrar la semilla, y usted piensa acerca del campo— lo cual, por supuesto, es el corazón—Yo estoy persuadido que una de las cosas reales que nosotros tenemos que entender es la preparación del campo. Cuando Yo era un niño en el hogar, en una granja en Texas, nosotros pasábamos horas sin contar y días y días y días afuera en el campo preparándolo. No habíamos sembrado ninguna semilla, y Yo me disgustaba un poco acerca de eso. Mi padre no lo hacía. Cuando hablábamos de eso—"¿Por qué trabajamos y trabajamos y trabajamos, y no hemos plantado una sola semilla?"—el insistía en que hacía una gran diferencia de como haces la cama para la semilla, como preparas el lugar. Cristo Jesús ya lo había dicho, dos mil años atrás en esta parábola, ¡que eso es bien importante! Él dijo que necesitamos algunas gentes buenas, honestas de corazón en la cuales plantar la semilla del reino.

¿Saben cuál es una de las más grandes oportunidades? Una de nuestras más grandes oportunidades está en los corazones de nuestros hijos. Usted tiene, esta noche, si usted tiene hijos, corazones que se le han dado a usted, que no están llenos con rocas de pecado y los tropiezos de iniquidad. Jesús dijo, "de los tales es el reino de los cielos." (Mateo 19:14)

Yo estaba en Huntington, West Virginia, hace muchos años, tocando puertas alrededor del el edificio de la iglesia y conocí a una pequeña señora; y mientras venía a la puerta, tenía varios hijos agarrados de su falda. La invité a las reuniones. Le dije, "Por Favor venga. Simplemente estamos aquí para predicar el evangelio de Cristo Jesús, y queremos que venga." Ella dijo, "Bueno, yo voy a tratar de hacer eso." Y insistí, "¡Por Favor hágalo! Cuando venga, por favor ¿podría traer a esos niños con usted?" Y ella dijo, "No, probablemente no voy a hacer eso. Soy de la opinión que debemos dejar a los niños crecer y dejarlos que ellos decidan por sí mismos, cuando ellos están grandes, lo que quieren ser y lo que quieren creer." Eso es como decir, "¿Ve la mancha en mi jardín? Este año no lo voy a arar; este año no lo voy a plantar; este año no lo voy a cultivar. Lo voy a dejar decidir por sí mismo si quiere crecer espinos o fresas." ¡Yo les aseguro que no van a crecer fresas! ¡Pero de seguro si le van a crecer yerbas! Y entonces debemos realizar que tenemos una oportunidad maravillosa en los corazones de nuestros hijos. Aquí es simplemente un lugar maravilloso en el cual podemos plantar la semilla del reino.

Nuestra gente me habla acerca de lo que necesitamos; Yo les voy a decir lo que necesitamos. Necesitamos solo gente simple, honesta de corazón que escuchen el evangelio. No importa que tan bueno sea el que siembra.... Este fue perfecto. Y la semilla puede ser perfecta; pero a no ser que tenga un corazón honesto en el cual plantarla, usted no va a poder llevar acabo mucho.

Algunos años atrás, trabajé en un estado del norte. Poco después de llegar, dos personas jóvenes comenzaron a asistir los servicios. Ellos estaban interesados y asistieron fielmente; continuaron escuchando el evangelio ser predicado. No tardó mucho en que el hombre obedeciera el evangelio—Me refiero a un tiempo corto. A ese hombre joven nunca le habían enseñado algo religiosamente, excepto que él debía ser una buena persona, que había un Dios en el Cielo, y que este Libro es Su Palabra. Él era honesto; simplemente quería obedecer el evangelio. Aquella joven mujer escuchó al predicador por casi un año antes de que obedeciera. Y ella les diría en esta noche—que primero tenían que ser desenraizadas todas esas cosas horribles que habían sido plantadas en su corazón, que la Biblia no enseña. Era como sembrar semilla en el monte y primero tenían que removerse algunas de esas cosas.

Cuando los pioneros vinieron a este país, comenzaron a hacer sus caminos hacia el este. Cuando llegaron a un área nueva, no llevaron las pocas semillas preciosas que tenían y caminaron en aquel desierto y las echaron y dijeron, "ahora tendremos una gran cosecha." Lo que ellos hicieron fue trabajar, a pesar del esfuerzo quebrándose la espalda, por limpiar un poco de terreno; y ellos plantaban un poco de semilla. Después el año siguiente limpiaban un poco más, y plantaban un poco más. Haríamos bien en tomar una lección de esto, porque este método es lo que el Señor está razonando. En nuestros corazones, algunas veces nosotros necesitamos hacer algunas limpiezas, y necesitamos sembrar algo.

Yo pienso que es lamentable tener una congregación donde todo lo que siempre tienen es un proceso de limpiar; o donde todo lo que tienen es un proceso de plantar. Necesitamos alguien para limpiar, y necesitamos hacer algo para plantar para que eventualmente tomemos nuestros corazones para Dios—esto es lo que nuestro Señor nos está diciendo. Yo he aprendido mucho tiempo atrás que es más fácil mantener un campo limpio, poco a poco, que dejarlo crecer y pensar, "Bueno, algún día lo limpiare todo." Aquellos que no están familiarizados con estas cosas, pueden pensar que todo lo que tienen que hacer es dejar el campo a través de los años y después ir a él y ararlo, y que todo va a quedar bien. Pero, Yo les garantizo esto, usted no ha terminado—y no va a terminar—porque esas semillas van a estar allí, y van a estar regresando año tras año, una y otra vez. Yo pienso que la lección espiritual es muy aplicable para nosotros.

La Tierra Junto al Camino

Pero yo quiero que nosotros veamos las condiciones en las cuales estas semillas cayeron. Yo pienso que esta es la gran carga y el enfoque de esta parábola. Cristo Jesús dice, "He aquí el que sembraba salió á sembrar, Y sembrando, parte de la simiente cayó junto al camino." Esto, por supuesto, es la imagen de un granjero Galileo mientras va caminando, aventando la semilla. Y estos son los caminos que van por los campos, los caminos que han sido cocinados por el sol día tras día. Y mientras la semilla va cayendo, alguna de la semilla cae en la tierra dura en donde no hay forma de que la semilla pueda penetrar.

Ahora ¿hay algún problema con el sembrador? El problema es con la tierra; y por favor recuerde esto—que la tierra es el Corazón del hombre. Aquí es donde viene el problema real. Y así obtenemos un buen perfil del corazón del hombre.

Puedo recordar cuando Yo era un niño, que afuera al final del surco, había una porción que le llamamos el "surco final." Un hermano en Mississippi me recordó que es un "surco de vuelta." Usted le puede llamar como quiera, pero al final es un lugar duro, muy duro. Se ha detenido a reflexionar que la tierra al final del surco, o el surco de vuelta, o el camino aplanado, es de la misma textura que el otro. Este toma el mismo sol; toma la misma lluvia; toma lo mismo de todo, excepto que no está trabajado. No está arado, y nosotros simplemente corremos sobre él una y otra vez, y por eso la semilla no puede penetrar. Oh, Yo he visto algunas semillas caer allí, y tal vez pueden entrar en una pequeña abertura en un lugar, y producen una pequeña planta larguirucha que realmente nunca llegan a ser nada; pero generalmente, no sale nada.

Entonces, nuestro Señor está diciendo, que lo que hace la diferencia está en el corazón del hombre. Ahora uno puede pensar, "Bueno, mi corazón puede estar duro por adentro, y yo tal vez no soy lo que debo ser en este aspecto; pero algún día yo voy a abrir mi corazón, y yo voy a dejar la semilla del reino entrar, y yo realmente voy a ser algo para Dios." ¡No cuente con esto! Nuestro Señor dice, "y vinieron las aves."

Quiero que se den cuenta que Satanás sabe que la Palabra de Dios es tan peligrosa para su causa que él no va a dejar que esa semilla se quede allí en ESE tipo de tierra. Y si Satanás puede convencernos que no necesitamos predicar el evangelio y que no debemos plantar la semilla, él ha ganado la batalla sin disparar un solo tiro. Pero ahora, si esa semilla se mete en esa tierra, o ese corazón, entonces él va a traer muchas otras influencias para poder matarla. Pero, si solo la puede mantener afuera en primer lugar, entonces es una batalla fácil; él ha ganado, y todas las cosas están bien para él.

Yo estaba en Andrews, Texas, hace muchos años tocando puertas y conocí a un joven y comencé a hablar con él acerca del plan del Señor y la forma antigua de adoración. Como es que en el comienzo, solo había una iglesia; y como está adoraba al Señor; y como había en su

16

pueblo, en ese momento, una congregación que adoraba y servía al Señor como lo hacían en aquel tiempo. Ese joven estaba interesado. Él dijo, "Háblame más de esto; vamos a discutirlo." Lo estudiamos; lo hablamos. Y mientras me iba esa noche, él dijo, "Te llamaré; yo quiero que regreses." ¡Esa llamada nunca llegó! Y la siguiente vez que yo vi a ese joven, muy apenas me habló. Yo entendí—las aves vinieron, ellas realmente vinieron. Allí casi estaba un corazón abriéndose para recibir la Palabra, y Satanás lo vio, y las aves vinieron y se la llevaron lejos. Como un pájaro revoloteando al pasar, Satanás viene y se lleva cualquier oportunidad, cualquier posibilidad, de su aprendizaje de la verdad de nuestro Dios.

¿Quiénes son estas personas junto al camino? Jesús dice, "Ellos escucharon y no entendieron." Estos son lo insensibles; estos son los Faraones, los Félix, las Drusilas. Estos son aquellos quienes no son molestados por la Palabra de Dios. Yo me he parado muchas veces ante la audiencia de gente; y en esa audiencia, muchas veces, he visto gente quienes no fueron tocados nada. Estaban totalmente sin molestias; no hizo ninguna diferencia lo que estaba predicando o lo que estaba diciendo; no fueron molestados por la Palabra de Dios.

Los Pedregales

En Su sermón Cristo Jesús dice que algunas de las semillas "cayeron en pedregales." Él nos da la imagen esta vez de la semilla siendo capaz de entrar en esta tierra, y la semilla comienza a crecer. Él nos dice que mientras esta planta comienza a crecer—cuando sale el sol, y esta planta trata de buscar alcance hacia abajo—esta planta comienza a marchitarse. El utiliza esta expresión—"porque no tenía profundidad de tierra." No había ningún lugar para que esta fuera porque ese corazón solo tenía una pequeña y delgada capa de tierra— allí hubo alguna respuesta emocional al evangelio, pero no había nada para sostenerla. Todos hemos visto una tierra así—una tierra que está tan poco profunda que es como piel estirada sobre un hueso. Por causa de su naturaleza, la más pequeña humedad y el más pequeño calor combinado con un poco de ayuda de abajo van a causar que la planta comience a crecer rápidamente. Pero la planta se muere tan rápido como esta comienza. Se marchita, "porque no tenía profundidad de tierra."

Ese es una imagen hermosa que el Señor está proyectando. Puede usted imaginar a esa gente mientras están sentadas allí, escuchando a nuestro Señor enseñar esa lección, y Él dice, "Estos son Ellos…." Él dice, "Ustedes saben de quien estoy hablando." Estos son aquellos "que oyen la palabra, y luego la reciben con gozo." Y "antes es temporal," pero luego, Él dice, "se marchitan." Aquí están aquellas respuestas entusiasmadas emocionalmente. Aquí están los oidores superficiales de la Palabra de Dios. Estas son las personas a quienes al predicarles es como un estupefaciente.

Uno de los antiguos predicadores dijo que cuando un predicador viene a una ciudad a predicar el evangelio, para unos es una droga, para otros es un buen tónico, y usted podrá decir cuando se terminen las reuniones, si la gente ha estado en una juerga religiosa o si ellos han sido realmente ayudados. Estos son aquellos para quienes el evangelio es un intoxicante. Es una cosa hermosa, y ellos están entusiasmados por el momento. Estas son las personas de Grandes Campañas. Estos son los Sr. Temporal. Estos son aquellos en Juan 6 quienes "ya no andaban con él"; se voltearon y se fueron.

Eso ya no es verdad. Pero en vez de eso, les diré que es tan verdadero que me maravilla que algo tan viejo puede ser tan actual. Conozco gente sin convicciones reales. He visto a gente quienes, simplemente por un pequeño problema que se levanta en la iglesia, pueden estar con nosotros hoy e irse mañana. Ellos se van y ud. no los ve más. Son aquellos de los cuales el Señor habló hace mucho tiempo atrás.

Recuerdo una situación hace muchos años en West Texas donde un hombre quería hacerse un anciano en la iglesia. De hecho, el insistió en ser un anciano de la iglesia. El hombre no estaba calificado en ningún sentido del término para ser un anciano, y no le fue permitido. El siguiente Día del Señor el hombre se fue a la Desviación. ¡Él pudo haber sido un "gran" anciano en la iglesia! Estos son aquellos de los que habló nuestro Señor. Alguna oposición los hace parciales o totalmente apóstata. No tienen raíz; no tienen propósito de tenacidad.

Notemos lo que pasó, Jesús dice que todo va marchando bien hasta que sale el sol. Y quiero que vean lo que es el sol. Se toma la luz del sol para comenzar la prueba real. Usted puede ver las cosas en la luz del sol, usted no las puede ver en ningún otro tiempo. En este caso, el sol sale, y la planta se comienza a morir.

Jesús dice, juntando los tres relatos, que el sol es "tribulación," "persecución," y ofensa "por causa de la palabra." Hay aquellos quienes simplemente no pueden soportar esta idea. Y uno diría, "Bueno, ese no es el problema del corazón; es el problema del sol." Eso no es verdad. Pensé en algo durante el estudio, que se necesita el sol para hacer que una planta crezca saludablemente.

¿Se da usted cuenta de lo que el Señor está diciendo? Está diciendo que usted nunca va a crecer y ser el tipo de cristiano que debería ser sin el sol—eso es, sin tribulación, persecución, o la necesidad de mantenerse firme en lo que es correcto ante los ojos de Dios. Si una persona es un Cristiano real y tiene convicciones reales, deja salir el sol—deja que los vientos de la tormenta de la persecución soplen—y todo lo que van a hacer es simplemente enterrar sus raíces un poco más al fondo en el almacén de amor de Dios; él va a estar allí, y él va a estar allí para quedarse.

Si yo fuera a abandonar la iglesia, si yo me saliera esta noche y dijera, "Vean gente, yo ya terminé, hasta aquí llegué." No me importa lo que yo les diga cual es el problema, Jesús dice que cuando yo salgo y estoy anunciando al mundo con una voz de trompeta, "Mi corazón no está bien con Dios." Lo puedo llamar lo que yo quiera llamarle, pero Él dice cual es mi problema... cual es su problema... es nuestro corazón. Usted corrija su corazón, y usted lo puede soportar, y usted va a ser lo que debe ser. Entonces debemos concluir que la tribulación establece la fe real, mientras destruye lo falsificado.

Los Espinos

Ahora nuestro Señor tiene otra parte de Su sermón; vamos a ver esta rápidamente. Nuestro Señor nos dice que mientras este hombre sembraba, algunas semillas "cayeron entre los espinos." No hay problema con la semilla cayendo en esta tierra. Esta comienza a crecer, y todo está bien; pero mientras comienza a crecer, algunas otras cosas también comienzan a crecer. Aquello que se veía tan bien al principio, se encuentra absolutamente ahogado por las espinas, las raíces de las cuales estuvieron allí todo el tiempo.

Yo quiero que piensen acerca de esto por un momento. La tierra no está dura. No hay piedras. Se puede germinar. Puede emerger. Pueden crecer... pero también las espinas. Y ellas pueden crecer muy bien; de hecho, son tan prolíficas que eventualmente ellas van a ahogar la planta. Nuestro Señor está diciendo que usted no tiene que cultivar lo malo; hermano, ¡va a trabajar por sí mismo! Y Él está diciendo que corazones que son descuidados se revertirán al desierto, y sabemos que esto es verdad. Usted no deja el campo solo y decide que usted lo va a limpiar en una noche. ¿Cuántas veces he visto situaciones en las cuales las gentes simplemente han dejado ir sus vidas, y han dejado ir sus familias? Entonces, muchas veces con lágrimas en sus ojos, vienen a mí y dicen, "Podría usted hablar con esa persona o hable con aquel," Y tratamos, en unos pocos momentos, de reparar la negligencia de muchos, muchos años. Esto simplemente no funciona muy bien.

Ahora, quiero que vean este campo en particular, porque como un hermano cerca de mi hogar dijo, "Aquí está la parcela que la mayoría de nosotros trabajamos." Mírenlo bien. ¿Qué son los espinos? Los escritores dicen que son "el engaño de las riquezas," "los cuidados de este mundo," "los placeres de esta vida," y "la lujuria de otras cosas." Estas son las cosas que nos ahogan. Hay alguna persona aquí, esta noche, quien se levantara en esta audiencia y dirá, "¿Eso no es verdad con mi vida?" ¡Seguramente es verdad! Y ¡sabemos que es verdad! Estas son cosas que ahogan la Palabra de Dios.

Notemos lo que son. En un sentido estamos tratando con enemigos desde el interior, vamos a decirlo así—los problemas del corazón. En el otro sentido estamos tratando con enemigos de afuera. Aquí hay algunas cosas extras en nuestros corazones; tal vez se les cortó lo de arriba a esas viejas espinas, pero nunca realmente sacamos las raíces. Las viejas raíces de amargura todavía están allí, y ellas comienzan a crecer. Estas son aquellas cosas que Pedro nos dice en 1 Pedro capitulo dos, "batallan contra el alma." No hay una persona sentada aquí esta noche, de cualquier edad, quien no entiende que hay cosas que batallan contra el alma.

Estas son como Lot de hace mucho tiempo. Lot quería lo mejor de dos mundos, ¿no era así? El "fue poniendo sus tiendas hasta Sodoma." Note usted que no puso sus tiendas EN Sodoma, el "fue poniendo sus tiendas Hasta Sodoma." Pero cuando usted voltea a un capitulo después, las escrituras dicen, "Lot se sentó en la entrada." Se introdujo. Cuando usted pone sus tiendas hasta Sodoma, usted generalmente se va a introducir.

Y hay una cosa que quiero que veamos rápidamente—vean a esa planta. ¿Qué es lo que usted ve? ¿Ve usted una planta que nunca se comenzó? ¡No! ¿Ve usted una planta que comienza a crecer y por causa de la dureza del corazón, se marchita y comienza a morir? ¡No! ¿Cuál es el problema con la planta? ¿Está viviendo? ¡Está viviendo! Somos propensos a decir, "Señor, ¿cuál es el problema? La planta está viviendo." No es suficiente que podamos decir, "He ido al rio, He sido bautizado, yo soy un miembro de la iglesia del Señor. Estoy viviendo... entonces ¿Cuál es el problema?" El problema es— ¡no está produciendo fruto! Entonces el Señor está diciendo a aquellos en Su viña, "¡Yo no necesito ningún árbol de adorno!" El Señor está diciendo que Él quiere gente que produzca frutos para él.

Y se da usted cuenta esta noche que el Señor nos está diciendo fuertemente que si no estamos llevando fruto para Él, las cosas no están bien con nuestra alma, aunque seamos de Él y estemos aquí. Estos son aquellos en quienes la Palabra de Dios, a lo más, mantiene una disputa en sus vidas. ¿No se escucha esto familiar para usted? No estoy diciendo esto solo a usted... para NOSOTROS. Algunas veces encontramos que la Palabra de Dios tiene un pequeño agarre en nuestra vida; pero, hermano, es un agarre disputado, y una batalla constante que sigue y sigue.

La Tierra Buena

Por último, esta noche, nuestro Señor nos habla acerca de la semilla que "cayó en buena tierra." En este tiempo mientras el hombre salió a sembrar, simplemente cae en el lugar correcto... no hay problema. Esta se sumerge dentro de la tierra y comienza a crecer. No hay tierra dura debajo de ella, pero recuerde que hay un sol sobre ella, también. ¡Usted tiene que tener el sol! La planta está allí, y está creciendo y comienza a dar fruto—la escritura dice, "cuál a ciento, cuál á sesenta, y cuál á treinta." ¿Quiénes son estos? Nuestro Señor dice que estos son aquellos quienes reciben la Palabra en un corazón bueno y honesto. Ellos oyeron y entendieron. Tenían oídos para oír, y oyeron. Entendieron estas cosas. Sería interesante escuchar a aquellos quienes abogan por la doctrina de la depravación total inherente, como explican que esta era tierra buena antes que la Palabra de Dios la tocara. ¡Tierra buena!

Mateo utiliza cuatro preposiciones que nosotros deberíamos ver. La semilla cayo "JUNTO al camino," "EN pedregales," "ENTRE espinas," "EN tierra buena." Todas estas se acomodan hermosa y perfectamente. Observe—en la tierra buena la cantidad de fruto que nace fue en varias cantidades; y estoy alegre por eso.

Cuando era un niño en el hogar, solía escuchar a mi padre entrar al fin del año y hablar de esa colina rocosa donde plantamos algodón. No parecía molestarle mucho que solo saliera un poco de algodón. No esperaba mucho de ese campo. Pero les voy a decir esto: él se molestaba bastante cuando el pequeño pedazo de tierra abajo realmente no producía. Se molestaba porque tenía las capacidades y las posibilidades. El potencial siempre estaba allí.

Me sorprendo mientras estamos sentados en esta audiencia si nuestro Señor no mira abajo en nuestras vidas con gran preocupación como algunas veces decimos, "Bueno, no puedo hacer lo que alguien más está haciendo; por lo tanto, no voy a hacer nada." Él quiere saber lo que usted está haciendo. ¿Qué PUEDE hacer usted? Él sabe lo que usted puede hacer; él solo quiere que usted haga lo que puede hacer. Y esto es lo que él quiere que yo haga. Yo me pregunto, esta noche, ¿Está mi Señor satisfecho conmigo? Esa es la pregunta. ¡No estoy haciendo lo que usted está haciendo! Pero, ¿Está mi Señor satisfecho conmigo?

Bueno, vamos a cerrar para no agotarlos. Déjenme preguntarles esto-- ¿Qué clase de tierra es USTED esta noche? Usted se da cuenta de que hace dos mil años, Cristo Jesús predicó un sermón que es tan perfecto, tan aplicable, que si usted ha escuchado el evangelio ser predicado, usted está retratado en ese pizarrón esta noche. Su retrato está allí. Estamos allí.

Cualquiera de los dos, usted ha escuchado el evangelio ser predicado una y otra vez, pero usted realmente nunca abrió su corazón y lo recibió; usted lo escucho, pero no lo entendió—nunca lo ha recibido con un corazón bueno y honesto. O, ¿…?

Hubo un tiempo cuando usted "con gozo recibió la palabra"; usted todavía lo puede recordar. Usted la recibió y la dejo comenzar a hundirse en su corazón. Pero muy pronto el sol salió y por todos estos años usted ha estado diciendo que el sol la mató. Las tribulaciones, las persecuciones, los problemas fueron mucho para usted. ¿Por qué no simplemente aceptar el hecho?—eso no es lo que lo hizo. Fue su corazón. Su corazón no estaba bien. O, ¿…?

Esta noche este es su retrato. Usted es un miembro de la iglesia. Usted viene a cada servicio. Usted está aquí, pero usted sabe en su corazón que usted no está produciendo ningún fruto para Dios—Usted solo está aquí. Usted realmente no está haciendo nada para Dios. Usted realmente no está haciendo lo que usted es capaz de hacer. Cualquiera cosa que sea. ¿Es este su retrato esta noche? O, ¿…?

Usted ha recibido la Palabra de Dios en "tierra buena," y está produciendo fruto para El. Ahora recuerde, Jesús dice que usted está en uno de estos retratos; yo creo sinceramente que esta es la verdad. ¿Cómo está respondiendo a la "palabra del reino"?

Este es el sermón de nuestro Señor. ¿Lo obedecerá usted esta noche? Él todavía está diciendo esa misma historia. Si usted no es un cristiano, ¿por qué no viene esta noche recibiendo la Palabra, arrepintiéndose de sus pecados, confesando al Cristo Santo, y siendo sumergido en Su nombre para el perdón de sus pecados?

Sermón Dos

"Y les hablo muchas
cosas por parábolas"

Lucas 10:23-29

"Y vuelto particularmente á los discípulos, dijo: Bienaventurados los ojos que ven lo que vosotros veis: Porque os digo que muchos profetas y reyes desearon ver lo que vosotros veis, y no lo vieron; y oír lo que oís, y no lo oyeron. Y he aquí, un doctor de la ley se levantó, tentándole y diciendo: Maestro, ¿haciendo qué cosa poseeré la vida eterna? Y él dijo: ¿Qué está escrito de la ley? ¿cómo lees? Y él respondiendo, dijo: Amarás al Señor tu Dios de todo tu corazón, y de toda tu alma, y de todas tus fuerzas, y de todo tu entendimiento; y á tu prójimo como a ti mismo. Y díjole: Bien has respondido: haz esto, y vivirás. Mas él, queriéndose justificar á sí mismo, dijo á Jesús: ¿Y quién es mi prójimo?"

2. *El Buen Samaritano*

Les damos la bienvenida al servicio de la noche, el segundo en esta serie de predicaciones, y a otro estudio de la Palabra del Señor. Estamos agradecidos por su presencia la cual creemos que indica un interés en las cosas no vistas y eternas, esas cosas que son divinas. Es por la fe, por supuesto, que vemos "las cosas que no se pueden ver" como el apóstol expresa en muchos lugares. Y por eso estamos agradecidos esta noche por la gente que está dispuesta a poner a un lado una cierta porción de su tiempo para atender a lo que creemos son las más grandes realidades de la vida.

Mientras hablamos acerca de la muerte y acerca del juicio, acerca del Cielo y acerca del Infierno, acerca de Dios y del Diablo—acerca de grandes doctrinas de la Biblia—Creemos que sería de suprema locura del hombre ignorar estas verdades. Son palabras que son aplicables para nosotros, como mencionamos en el comienzo de la serie. El Señor, dos mil años atrás, predicó un sermón que es perfectamente aplicable esta noche en Wichita, Kansas, y es tan actual como, o tal vez más actual que, las noticias de primera plana del periódico.

Como fue anunciado, estudiaremos esta parábola; y nuestro hermano ha leído la introducción o la ocasión para nosotros. Algunas veces vemos las parábolas como solo historias hermosas, cosas que deberíamos leer a nuestros hijos—y que deberíamos hacerlo—pero yo les aseguro, un estudio de las parábolas es más que eso. Es una cosa sorprendente de estar delante de un grupo de gente, y especialmente ante el Cielo mismo, y anunciar que estudiaremos uno de los sermones de Jesús. Pero creemos que esa era la intención de Él para nosotros. Entonces no es presunción que hablemos a la gente en parábolas.

Lucas capítulo diez revela una de las más hermosas y más significativas parábolas de la Biblia entera. Ha sido leída por muchos pero practicada por tan pocos. Es una parábola de aplicación y significado universal. Si, esta noche, esta parábola fuese leída y entendida y aplicada, esta removería cualquier apariencia de orgullo y arrogancia o envidia o egoísmo de su corazón, y lo motivará a determinar entregarse todo sobre el altar de servicio y sacrificio a Dios. Si entendemos apropiadamente y aplicamos esta parábola, removerá todas las guerras, sistemas de clases, y parcialidades de nuestro mundo. Si hay en las Sagradas Escrituras una parábola de beneficio y servicio practico para la humanidad, es esta lección que Jesús enseñó mucho tiempo atrás.

Hay tres divisiones en esta parábola; una pregunta, una respuesta, y una aplicación. Esto es lo que este sermón trae consigo; aunque tal vez es más de lo que podremos decir mientras vemos a estos tres puntos.

La Ocasión para la Parábola

Hay una ocasión para esta parábola; de hecho, algún evento en particular ocasiono cada parábola de Jesús para ser predicada. Él no se levantó por la mañana como yo lo hago y digo, "¿Que voy a predicar esta noche?" Yo les aseguro que desde el tiempo que yo me levanto en la mañana, hasta que he terminado con el sermón esa noche, mi mente nunca está libre de esto. Yo estoy pensando acerca de cuál será el mejor orden o manera de la presentación. Pero Yo no pienso que Jesús se levantó por la mañana y pensó, "¿Qué voy a predicar hoy?" o "¿Qué diré hoy en Galilea?" o "¿Qué predicaré en Capernaum o tales lugares?" El solo conocía a individuos y trataba con ellos y sus necesidades como se presentaban. Él podía conocer a la gente, y Él que era el Gran Doctor, los sanaba con su súper abundante salud.

La Pregunta

En este día hay una razón específica para este sermón en particular. Hay un doctor de la ley y que ha escuchado de la fama y sabiduría de Jesús. Él ha escuchado de este hombre quien su fama se ha esparcido tanto como una persona sin letras que posee tremenda sabiduría.

¿Cómo sabe éste letras, no habiendo aprendido? (Juan 7:15).

Aquí está un hombre, renombrado, que puede hacer la pregunta, "¿Quién de vosotros me redarguye de pecado?" y nadie podía responder. El doctor de la ley viene y lo tienta, para probarlo, y examinarlo. Y eso es exactamente lo que hace. Quiero que observen su pregunta propuesta a Jesús: "¿haciendo qué cosa poseeré la vida eterna?"

No hay nada malo en esta pregunta. De hecho, la pregunta es buena. Y si usted quiere saber lo que una persona cree, si quiere que algo se le revele a usted, la respuesta dada a esta pregunta, en aquel entonces o ahora, es un gran revelador. "¿haciendo qué cosa poseeré la vida eterna?" El doctor de la ley en esa ocasión no tenía una voz legal como pensamos la tienen hoy en día. Un doctor de la ley en esos días, o a lo menos este doctor, era un hombre quien era tan educado y tan sabio en la Ley del Antiguo Testamento que era un profesional. Él era una persona quien sabia la ley. Si había alguien que quería un punto aclarado, estos hombres podían aclararlo. Yo entiendo que en el Sanedrín Judío había doctores de este tipo; y si uno de los ancianos pedía una aclaración o si decía, "¿qué es lo que este pasaje en particular dice?" el doctor se podía levantar en esa audiencia y decirle exactamente lo que decía. Él lo sabía: ¡El era un profesional!

Este hombre pregunta a Jesús, "¿haciendo qué cosa poseeré la vida eterna?" El rápidamente se da cuenta que tan talentoso es el Señor porque el Señor inmediatamente se voltea a él y le dice, "¿Qué está escrito de la ley? ¿Cómo lees?" De esta respuesta entendemos que el Señor, en aquel entonces y ahora, espera que leamos Su palabra y la entendamos como El. Algunas veces pensamos que hay eclesiásticos en este mundo, que leen cosas especiales que en las multitudes comunes no leen o que el Señor sabe algunas cosas que nosotros no podríamos saber. En esta ocasión El solo dice, Voy a contestar tu pregunta de la vida eterna preguntándote que me digas lo que dice, y el doctor inmediatamente responde. Una vez más, les digo que él es muy bueno porque el cita correctamente de Deuteronomio 6:5 y Levíticos 19. Él le responde. Escrito esta,

Amarás al Señor tu Dios de todo tu corazón… y de toda tu alma… y de todas tus fuerzas… y de todo tu entendimiento; y á tu prójimo como a ti mismo.

Jesús inmediatamente contesta; observe que Él no contesta su cita. Jesús está diciendo, en efecto, eso es correcto. El simplemente dice, "haz esto, y vivirás."

El doctor ahora se encuentra confrontado con un aspecto práctico de este asunto. El aprende que es más que sabiduría; aquí está un hombre diciéndole, "haz esto, y vivirás." Nuestro Señor lo hace tan simple que es la obediencia la que conduce a la vida. Podemos reconocer muchas cosas. Podemos estar aquí y decir como amamos a Cristo. Podríamos hablar de muchas cosas. Pero lo que realmente importa, Jesús dice, es el punto práctico de la obediencia. "haz esto, y vivirás."

Por favor observen lo que Él está diciendo, "Haz esto." Aquí está un hombre quien sabía estas cosas porque El las citaba correctamente, pero el Señor le está señalando uno de los puntos más importantes de la parábola. Él está señalando el gran abismo que existe entre lo que SABEMOS y lo que HACEMOS. Aquí está un hombre que sabía, que él podía citar el pasaje y citarlo correctamente. Pero el Señor le dice que él no está haciendo lo que él sabe que debe hacer. En ningún lugar dice el Señor, "CONOCE esto y vivirás." Yo estoy convencido que el Señor todavía nos está diciendo esto a nosotros. Y el Señor todavía está golpeando a ese gran abismo que existe entre lo que sabemos y lo que estamos haciendo. Tan poco como podemos saber, gente, estoy convencido que todavía no siempre hacemos lo que sabemos que debemos hacer. El Señor quiere que entendamos este punto.

Él está diciendo que el amor y la vida son inseparables, y el hacer y el vivir son inseparables; y a causa de esta enseñanza, este doctor se encuentra el mismo a la defensiva. ¿Qué tan rápido se han volteado las mesas? El vino a este lugar a poner a Jesús en vuelo, pero él se encuentra ahora a la defensiva. Y observe, en vez de hacer lo que Jesús le dice, "haz esto, y vivirás" y que ese fuera el final del asunto, el procede a justificarse a sí mismo. La escritura declara, "Más él, queriéndose justificar á sí mismo, dijo á Jesús: ¿Y quién es mi prójimo?"

Desde Adán hasta ahora, siempre estamos tratando de justificarnos. Y eso es solo humano. Yo sé que si alguien cruza algo que yo creo, inmediatamente me encuentro, correcto o incorrecto, dando una justificación por lo que yo digo o por lo que hago. Me imagino que hay algo de bueno en esto si estamos siguiendo lo que la escritura dice,

> Sino santificad al Señor Dios en vuestros corazones, y estad siempre aparejados para responder con mansedumbre y reverencia á cada uno que os demande razón de la esperanza que hay en vosotros (1 Pedro 3:15).

Pero una cosa es poder dar una razón de las Sagradas Escrituras por lo que somos— y otra cosa es el tratar de justificarnos nosotros mismos en eso que es contrario a las escrituras.

La Segunda Pregunta

Ahora vamos a hablar de la segunda pregunta. Parece estar fuera de lugar y fuera de contexto al principio. Aquí está un hombre que "dispuesto a justificarse a sí mismo, dijo a Jesús, ¿Y quién es mi prójimo?" ¿No es esto extraño? ¿Por qué hace una pregunta acerca de su prójimo? ¿Por qué no dice, "Que significa amar a Dios con todo tu corazón y toda tu alma, y mente y fuerza?" Nosotros hombres modernos podemos hablar de esto de ahora en adelante. Podemos decir, "¿A qué se refiere de corazón? ¿A qué se refiere por alma? ¿A qué se refiere por fuerza? ¿A qué se refiere por Dios?" Podemos debatir por un largo tiempo, pero él no habla de ninguna de esas cosas. Ni siquiera las menciona. Lo que hace es incriminarse el mismo y deja escapar lo que realmente es su problema. El no ama a su prójimo, y el busca justificarse el mismo diciendo que él no sabe quién es.

Usted sabe lo que este hombre está haciendo cuando dice, "¿Quién es mi prójimo"? Él está partiendo algunos cabellos teológicos. Ahora, algunas veces somos muy buenos en esto, pero no creo que seamos tan expertos—y yo espero que nunca lo seamos—como lo eran los judíos. Cuando se trataba de decidir quiénes eran sus prójimos, ellos podían partir el cabello en el medio, y ellos lo podían partir otra vez. Ellos decían, "este hombre es mi prójimo, y ese hombre no es mi prójimo." Y, "esta gente son mis prójimos, y aquella gente no son mis prójimos." Y yo les aseguro, un Samaritano siempre era excluido. En ningún tiempo ellos incluían un Samaritano en ninguna forma. ¡Nunca!

El Doctor está diciendo, "Ahora yo no sé quién es él, pero, Jesús, quiero que te ocupes y me definas mi esfera de actividad; Yo quiero saber quién es mi prójimo." Él está diciendo que él quiere saber si su prójimo comienza aquí y termina allí.

¿Pueden ver cuál es el problema? Él está asustado que él podría amar a alguien que no es su prójimo. A no ser que él pueda tener este punto definido, él podría hacer mucho—él podría amar a alguien que no tiene que amar. Estamos sorprendidos con este doctor; y pensamos, "¡Bueno, esa es una cosa extraña!" Pero, No debemos estar tan sorprendidos con él porque nosotros hacemos la misma cosa.

Al escuchar, no oigo, "¿Y Quién es mi prójimo?" pero escucho— "¿Tengo que ir a la iglesia todo el tiempo? ¿Tengo que atender las reuniones en la noche? ¿Tengo que ir a las series de servicios? ¿Tengo que visitar a los enfermos? ¿Tengo que hacer esto y lo otro?" Y, cuando hacemos este tipo de preguntas, estamos haciendo la misma pregunta que ese doctor hizo hace tanto, tanto tiempo atrás.

Queremos que alguien defina nuestra esfera de actividad para que podamos decir, "La obligación comienza aquí, y termina allí." Entonces podemos ocuparnos y lo hacemos para poder decir con certeza, "¡Yo... he... cumplido... mi... obligación... y he terminado!" El Señor no lo va a dejar ir así. El no dejo ir así a este hombre, y él no va a dejarnos ir así a nosotros. Él quiere que entendamos que el único límite que el verdadero amor conoce es su propia inhabilidad de proceder más lejos. Este amor no conoce fronteras como estas.

Todavía cantamos el himno antiguo, "En la Cruz," por Issac Watts.

"¡Ay! ¿Y mi Salvador sangró?
¿Y mi Soberano murió?
¿Y entregaría esa cabeza sagrada,
Por tal gusano como Yo?"

¿Recuerdan la segunda estrofa?

"Pero gotas de pena nunca podrán pagar
La deuda de amor que debo Yo:
Aquí, Señor, Me entrego Yo mismo,
Es todo lo que puedo hacer."

Ah, tenemos una deuda de amor que nunca en este mundo podremos pagar. ¡Nunca podremos! Yo les aseguro, cuando nosotros tomamos una mirada al Calvario y lo que se hizo allí por nosotros en esa colina solitaria, estamos convencidos que nosotros nunca, nunca pagaremos esa deuda de amor.

En Romanos 13:8, Pablo tiene un pequeño pasaje maravilloso:

> No debáis á nadie nada, sino amaros unos á otros; porque el que ama al prójimo, cumplió la ley.

¿Han pensado acerca de esto? Qué cosa tan extraña que Pablo diga, y especialmente a nosotros en esta generación: "No deba nada a nadie." ¿Cómo interpreta usted eso? Bueno, tal vez usted no quiere tratar con esto, pero debemos ocuparnos y comenzar a interpretar esto porque si hay alguien sentado en este cuarto esta noche quien no debe algo a alguien, él es la excepción y no la regla. Seguramente Pablo está diciendo que debemos cumplir nuestras obligaciones financieras. Cuando Yo estoy cumpliendo con mis obligaciones financieras, Yo no debo algo a ningún hombre. Si digo yo voy a cumplir esta obligación en el 15 del mes y la cumplo, estoy cumpliendo mis responsabilidades financieras. Usted puede interpretar eso como usted quiera, pero él está diciendo, "No debáis á nadie nada, PERO...." Ahora como una pequeña luz roja intermitente, él está diciendo, aquí está algo diferente—"sino amaros unos á otros." Ve usted, podemos cumplir nuestras obligaciones financieras, pero hay una obligación de amor que nunca vamos a terminar de pagar. Aquí hay una deuda que está bien tener, siempre y cuando continuemos pagando. "No debáis á nadie nada, sino amaros unos á otros." El verdadero amor nos hará decir, "¿Qué PUEDO hacer por mi Señor?" no decir, "¿Qué debo hacer yo?" y "¿Quién es mi prójimo?"

La respuesta

Nosotros, así de esta manera, tenemos la ocasión para la parábola, y este es el punto en el cual el sermón comienza; mientras el Señor responde al doctor, quien está parado delante de Él. El Señor comienza, "Un hombre descendía de Jerusalén á Jericó, y cayó en manos de ladrones." Espero que cada menor aquí esta noche sepa la historia; No puedo recordar el día que yo no sabía esta historia. Él dijo, "Un cierto Hombre...." Vean a esta palabra si quieren ver algo interesante: "Un CIERTO" Después observen que Él dice enseguida: "Un cierto HOMBRE...." ¿Quién es ese? hablamos acerca de ser definido y luego indefinido, Él lo hace con esa declaración; pero hay una razón porque El hace eso. "Un hombre descendía de Jerusalén á Jericó," y esto está muy bien dicho porque este camino descendía mas de algunas quince millas de terreno rocoso y áspero y en esas quince millas descendía unos tres mil pies. Entonces en verdad estaba "descendiendo de Jerusalén a Jericó," y la escritura declara que en algún lugar por ahí el hombre cayó en una mala jugada.

A este camino se le llamaba algunas veces en la literatura religiosa como el Camino Rojo, o el Camino Sangriento. Estaba lleno de ladrones, infestado con salteadores de caminos, que era lugar peligroso, muy peligroso. Pero Jesús dice que este hombre descendió; y en algún lugar del camino los ladrones cayeron sobre él, lo hirieron, se fueron y lo dejaron medio muerto. No les importo si él vivía o moría. Pero otra vez, véanlo a él. ¿Quién es él? "Un cierto hombre descendía de Jerusalén á Jericó." ¿Diría usted que es de una raza en particular? El Señor no identifica su raza, ni su credo, ni su color. ¿Quién es él? Él puede ser cualquiera, ¿o no? Y pienso que este es el punto. Él es un humano que tiene necesidad de lo que alguien más pueda hacer. No es una necesidad inventada pero una persona en necesidad definida. Realmente usted no puede determinar quién es él, y el Señor lo deja de esta manera por una razón.

El Señor está diciendo—ahí está tu prójimo; él no es solamente el hombre que vive al lado. El Sr. Webster dice que su prójimo es su "habitante cercano," pero Yo les aseguro que es más que eso. Nuestro Señor amplía nuestro alcance; Él quiere que nosotros sepamos que nuestro prójimo no solo es el vecino quien vive al lado o el hombre quien se mueve en el mismo circulo socio-económico. Él es cualquier humano quien tiene necesidad de lo que usted puede hacer.

Hay una pequeña formula que alguien expreso hace algunos años, y pienso que es muy buena. El simplemente dijo que habilidad mas oportunidad es igual a responsabilidad. Me gustaría pensar que si hay una fórmula que necesitamos memorizar, debería de ser esta. Quiero que piensen acerca de esto. Si usted tiene una habilidad y una oportunidad lo confronta, ¿no hay una responsabilidad? Si no hay habilidad y usted se confronta con una oportunidad, puede ser que usted no tiene una responsabilidad. O si usted no tiene oportunidad mientras posee una habilidad, usted no puede tener responsabilidad. Pero, cuando usted pone estas dos juntas, ¡usted automáticamente tiene una responsabilidad!

El Señor declara que este hombre "cayó en manos de ladrones." Me gusta como Él lo pone. Esta es una de las marcas de inspiración. Si usted quiere leer algo que le enseñe la diferencia entre la Palabra de Dios inspirada y los libros apócrifos—los libros apócrifos son bien nombrados porque la palabra quiere decir que es de origen dudoso— lean la epístola de Bernabé; observe que muchas de ellas son como situaciones de "vivir felices para siempre"—son tan aparentes que no son como ESTE Libro.

Este Libro lo dice tal como es. ¿Quiénes son esas personas? La escritura dice él "cayó entre ladrones." Nuestro Señor no sugiere que él cayó entre un grupo de individuos quienes eran económicamente y culturalmente necesitados. Él no dice que aquí hay algunos pobres compañeros quienes, por causa de su tropiezo temporal en su progreso hacia arriba, no son lo que deberían ser. El solo los llama "ladrones." Y eso es lo que eran. Nosotros somos los que hemos inventado tales expresiones lujosas acerca de esta gente. La Biblia solo los llama lo que son: "ladrones." Y su filosofía de la vida es que se van a llevarse lo que usted tiene si ellos lo pueden obtener.

Me pregunto, ¿Si usted ha conocido a alguien así? ¡Seguramente que sí! Nuestro mundo no ha cambiado a tal grado de que hemos sobrepasado esta filosofía. Todavía está en nuestro mundo. Me molesta que haya aquellos en este mundo quienes ven a otro ser humano y solo ven una fuente de ganancia y no les importa acerca de la persona. Es simple, "¿Qué puedo obtener de esa persona?" Y aun vivimos en tiempos donde los medios legales son utilizados con fines inmorales. Por ejemplo, aquellos en la industria infame del licor no están en este mundo para ennoblecer a la humanidad--- y les aseguro que cada vez que yo tengo la oportunidad de dar una palabra en contra de esto lo hare, porque yo sinceramente creo que es infame. Ellos no están en el mundo para ennoblecer su juventud, se los prometo. Ellos están aquí para tomar lo que pueden tomar, no importa lo que le pase a un jovencito o a una jovencita o a usted o a la sociedad en general.

Los medios legales están siendo utilizados con fines inmorales, y me molesta cuando levanto una revista y promueve el producto final del arte cervecero. O manejo por el camino y veo, no a una persona adulta, sino a un joven o a una joven en la flor de la juventud de su vida retratada tomándolo.

Una noche, hace muchos años, estábamos en Columbus, Ohio, en camino a Pennsylvania para unas reuniones; y nos paramos cerca de las tres de la mañana para un descanso. Paramos en el centro porque pensé que sería más seguro parar ahí por unos minutos, y caminar alrededor y descansar en un área alumbrada. Me di cuenta muy pronto que mi decisión no fue sabia porque mientras estábamos sentados allí, vimos un numero de cosas indeseables. Por la calle un joven y una joven salieron de un bar ayudando a dos personas más grandes que ellos, evidentemente eran su padre y madre, quienes estaban tan borrachos que no podían caminar. Y ellos dos estaban tratando de llevar a Mamá y a Papá al hogar. Solo deseaba que fuera posible capturar ese momento y decir, "¡Miren, Mundo, AQUÍ está el producto final del arte cervecero!" Estos, también, han caído entre aquellos cuya filosofía es, "Yo tomaré lo que usted tiene si puedo hacerlo; y no importa lo que le pase a usted."

Las siguientes palabras en la parábola parecen una cosa extraña al encontrarlas en uno de los sermones de Jesús. Él dijo, "Y aconteció, que descendió… por aquel camino." Si ha estudiado esas palabras, "aconteció," usted ha aprendido que Él no está hablando de pura coincidencia. El esta mas bien hablando de una concurrencia de eventos donde el vacío es traído a la relación de lo completo, donde la habilidad para ayudar de una persona es traída dentro de la relación de otra persona con necesidad de ser ayudada. "Y aconteció, que descendió un sacerdote por aquel camino." Usted conoce la historia. Yo he pensado a menudo que si usted no conoce la historia tan bien, yo podría realmente hacer algo con esto. Pero usted ya conoce la historia. Usted sabe lo que va a pasar. Usted sabe que este hombre va a descender por el camino. No hace ninguna diferencia si él es un sacerdote, usted ya sabe que no va a hacer nada por el hombre herido. Si nosotros hubiéramos estado parados allí y no supiéramos eso, Yo les diría, que podríamos ver en el camino y podríamos tomar todo tipo de valor; ¡ese hombre es un sacerdote de Dios! Aquí hay un hombre del antiguo sacerdocio Levítico. Aquí hay un hombre quien adora al Señor, aquí hay un hombre quien sirve en un desfile de uniformados en la ciudad de Jerusalén; él va a ayudar. Pero no puedo hacer mucho con eso esta noche porque usted sabe que él no lo ayudó. Él caminó y lo pasó y dejó a ese hombre morir. ¡Él dejó ese pedazo temblando de humanidad morir! Él pasó por allí.

Una vez más vemos el camino; y si usted no lo sabía, Yo le puedo dar una gran esperanza en que un Levita va descendiendo por el camino. Ahora, un Levita no es un sacerdote, sino un ayudante alrededor del templo; y mientras un sacerdote puede estar muy ocupado, un Levita puede ayudar. Pero usted ya sabe que él es peor que el sacerdote porque Lucas dice el "viéndole" y se pasó y lo dejo morir.

Ahora, ¿cómo explicamos eso? Como explicamos ese tipo de actividad a un mundo ya frio e insensible que está diciendo, "¿Cómo sabe usted si debemos confiar en la gente o no? ¿Cómo sabe usted si debe confiar en la persona que está en la banca con usted esta noche? ¿Cómo sabe usted qué tipo de personas son?" ¿Sabe usted qué? Yo ni siquiera trato de explicar eso. Creo que debemos hacer lo que Jesús está haciendo, solamente decir—ahí están.

Nuestro Señor quiere que nosotros entendamos que aquí hay gente en quien hay una forma de religión, pero el poder se fue. Él quiere que nosotros sepamos que esa gente no hizo lo que deberían haber hecho. Ahora yo no sé qué pensaban. Cuando ellos descendieron y vieron a ese hombre en esa condición pésima, Yo no sé qué pensaron. De hecho, no estoy autorizado para darles algunas excusas porque Jesús no da ninguna. Pero no puedo creer que ellos pasaron por allí y no pensaron algo.

Yo les diré algunas excusas que pudiéramos haber pensado si hubiésemos estado allí: "Esto podría pasarnos a nosotros. Después de todo, todos saben la clase de lugar que es este; y si nosotros nos quedamos alrededor, esto nos puede pasar a nosotros; después de todo, los ladrones todavía pueden estar cerca; o podría ser que si nosotros nos paramos a ayudar a este hombre, alguien nos puede acusar de esto; y ¿cómo podríamos probarle al mundo que nosotros no estuvimos envueltos en esto?" Y para ser más exactos en esto, solo podríamos decir, "Hermano, ese es su problema. Nosotros no lo metimos en eso. El debería haber sabido mejor lo que pasaría por venir por este camino. Ese es su problema, déjenlo que lo resuelva él."

¿Usted sabe lo que nuestro Señor está haciendo con la historia de ese sacerdote y el Levita? Él está diciendo que Él quiere que los veamos como realmente son. Realmente no pienso que el sacerdote, mientras servía en el desfile de uniformados en Jerusalén, hubiera hecho lo que hizo. No puedo creer que el Levita, en sus tareas del templo, habría hecho tal cosa en la ciudad de Jerusalén, Pero afuera en este solitario estrecho de camino, ¿Quién lo sabría? De este incidente nosotros debemos desarrollar un buen pensamiento que es una lección poderosa. Nuestro Señor está diciendo, que lo que nosotros somos en realidad se revela mejor, en como actuamos en lugares donde no nos conocen.

Todos nosotros podemos pensar atrás en tiempos y lugares donde hemos estado, y sentido, "Nadie me conoce aquí." ¡Yo he llegado a la conclusión que no hay ningún lugar así! Yo he estado en aeropuertos congestionados, lejos del hogar y encontrado gente que conozco. Tome una larga y verdadera mirada a usted mismo en tal escenario. Piense como pensó, como actuó, como se vistió. Tome una larga y verdadera mirada porque ese es el que usted es realmente. Lo qué nosotros somos se revela mejor, en como actuamos en lugares donde no somos conocidos.

¿Cuál es la filosofía del sacerdote y del Levita? No era que iban a llevarse algo que pertenecía a otro. Ellos nunca podrían causar tal daño. Su punto de vista era solo, "Yo voy a retener lo que es mío. Yo no le hice ningún daño. Ese es su problema." Esto es un pensamiento negativo y una religión negativa. Estos son negativos que a menudo escuchamos, "Bueno, la Cristiandad NO está haciendo ciertas cosas. YO NO lo hice, YO NO PODRIA meterme en este arreglo, Yo NO PODRIA hacer ese tipo de cosa." Este es el lado negativo. Ellos solo están diciendo, "Yo me quedaré con lo que es mío."

Gente, nostotros estamos viviendo en un mundo que se está haciendo cada vez más egoísta. Y nosotros vamos a tener que ser extremadamente cuidadosos para no llegar al lugar donde nosotros comencemos a pensar y actuar como el mundo a nuestro alrededor. La escritura declara en 1 Corintios 13:5, el amor "no busca lo suyo" para decir nada acerca de buscar lo que pertenece a otro. Ni siquiera insiste en lo suyo. En Romanos 12:10 Pablo dice, "Amaos los unos á los otros con amor fraternal; prefiriéndoos los unos á los otros." Piense lo que está diciendo.

La escritura dice que después de que ellos vieron a ese pobre hombre golpeado, ellos "pasaron de un lado." Entonces debemos entender que cada camino tiene lo que Jesús llama este lado o el otro lado. Y uno puede proyectar esta idea y decir "este lado" es el lado del Señor y "el otro lado" es el lado del diablo. Y usted puede ir un poco más lejos y decir que este es el lado dificultoso y que ese es el lado fácil. Ellos "pasaron al otro lado."

Estoy seguro que el sacerdote y el Levita habrían hecho su trabajo en la ciudad de Jerusalén. Pero en este estrecho del camino solitario, aunque ellos pudieron haber pagado su diezmo de menta y anís y comino, ellos omitieron justicia y fe y misericordia. Eran ortodoxos, pero tenían corazones fríos e insensibles.

Extraña seria la persona que puede realmente pensar acerca de esta enseñanza sin ser reprendido por esta. Mientras vemos atrás al camino de la vida, y algunos de nosotros ya hemos recorrido un largo camino, podemos ver atrás y lamentablemente ver tiempos cuando pudimos haber hecho más. Pudimos haber viajado un poco más lejos. Pudimos haber estudiado más. Pudimos haber predicado con más diligencia. Ah, pero es muy fácil tomar el otro lado. Recordemos que el Señor está desdoblando estas grandes verdades a este doctor, y pienso que lo que realmente lo aplasto es la persona que es introducida enseguida en la parábola. Él ha nombrado a un sacerdote y a un Levita y ahora Él dice, "Un cierto Samaritano, que transitaba, viniendo cerca del…." El doctor de la ley se debe haber preguntado ¡porque estaba trayendo a un samaritano! De toda la gente en la tierra para traer a la historia-- Pero Jesús deliberadamente introduce al Samaritano.

Los judíos odiaban a los Samaritanos. Los Samaritanos odiaban a los judíos. Siglos de odio y discordia los dividieron. Los Samaritanos eran una raza mestiza. Ellos adoraban en un lugar mientras que los judíos adoraban en otro. ¿Recuerdan el día cuando ellos habían agotado su vocabulario de depravación al hablar de Jesús y lo habían llamado de todas cosas malas que ellos podían pensar? Finalmente dijeron, "tú eres Samaritano, y tienes demonio" (Juan 8:48). No podían pensar algo peor para llamarle—"¡Tú eres Samaritano!"

En algunos de mis estudios Yo he aprendido que algunos de los Judíos podían, al acercarse a un pueblo Samaritano, moverse en ángulos rectos alrededor de este. Ellos no pasaban por los pueblos

Samaritanos. Una de las leyes de los Fariseos era que si una pared se caía sobre un hombre en el día Sábado, la única cosa que se le permitía hacer era quitar lo suficiente de esa pared para ver si él era un judío o un Samaritano. Si él era un judío, lo podían descubrir. Si él era un Samaritano, lo dejaban allí. ¡Ellos se odiaban unos a otros! Sin embargo, fue en este estrecho solitario del camino que "un cierto Samaritano, que transitaba, viniendo cerca de él." ¿Qué hizo? La escritura dice que bajo de su bestia de carga, vendó sus heridas, le echo remedios aceptables, y revivió la chispa de vida.

Quiero preguntarles, "¿Por qué no dijo EL?, 'Los ladrones todavía pueden estar cerca.' ¿Por qué no dijo ÉL?, 'Me pueden acusar de esto.' Después de todo es un judío. 'Yo soy de una raza odiada. Seguramente seré acusado de esto.'" ¿Por qué el no hizo eso? Usted puede ver la diferencia—uno de ellos era ortodoxo, pero frio; el otro despreciado, pero compasivo.

Aquí está un hombre que tenía un regalo que dar, y ese regalo era la compasión. El más grande regalo que un hombre puede dar posiblemente es el regalo de compasión. Él se bajó a ayudar. Usted sabe, hay tiempos en que uno necesita un discurso, y todos los hemos tenido. Pero hay algunas veces que usted no necesita un discurso. El Samaritano no le da un discurso a este pobre hombre. No necesita un discurso: el necesita vivir. Él es un humano. Él necesita algo. El buen Samaritano traduce la palabra "religión" a la palabra "vida." De eso se trata. "Él tuvo compasión de él." ¿Cuál es su filosofía? Su filosofía es simple—lo que es mío es tuyo. Y esa es una filosofía extraña en el tiempo en el cual vivimos. Él está diciendo, "Voy a utilizar lo que tengo para otros." ¡Ese es un hombre de Dios!

Estaba leyendo hace algunos años que cuando William Booth, el fundador del Ejército de Salvación—que no es ni ejercito ni salvación—estaba muy enfermo y su gente iban a una convención del movimiento que él había fundado. Alguna de su gente—algunos de sus asociados cercanos—vinieron a él y le dijeron, "General Booth, ¿tiene algún mensaje para la gente?" El hombre para este tiempo estaba tan débil que todo lo que pudo hacer era tomar un lápiz y garabateo una palabra en el papel. Era la palabra "otros." Esta era su filosofía de vida. "Otros, Señor, si otros. Deja que este sea mi lema," así dice el antiguo himno muy conocido.

La Aplicación

El Samaritano vendó las heridas del hombre herido y después dice, "¿Por qué algunos de los otros hermanos no hacen algo alguna vez?" No, ¡él no dijo eso! Él vendó sus heridas, les echo aceite y vino; y poniéndole sobre su cabalgadura, lo llevó al mesón, y pasó la noche enfriándole la frente con fiebre, y a la siguiente mañana, de todas las cosas, sacó dinero y pagó al huésped. Después dice, "Cuídamele; y todo lo que de más gastares, yo cuando vuelva te lo pagaré." En nuestro día le llamamos a esto religión de la decima milla. Eso es lo que el Señor llama religión de segunda milla. ¿Qué vemos en este hombre? Vemos un corazón tierno. Escuchamos una voz de confianza. Vemos una bolsa abierta. Vemos una mano disponible. ¡Este es hombre de Dios!

Este doctor de la ley está parado allí y ahora el Señor regresa a él y le dice, "¿Quién... fue el prójimo de aquél que cayó en manos de los ladrones?" ¿Qué puede contestar este pobre hombre? Solamente salió así, "El que usó con él de misericordia." A menudo he pensado que el debió haber ido a su casa y se pregunto, "¿Por qué en el mundo conteste así?" Pero no había nada más que contestar. "El que usó con él de misericordia."

Cuando El dice, "Quien... fue el prójimo," nuestro Señor está enseñando que el amor tiene su propia medida. Es como el sol. El sol no se levanta por la puerta del este por la mañana y dice, "¿Sobre quién alumbrare hoy?" El sol solo sale y alumbra, y alumbra a todo y a todos excepto a aquellos quienes voluntariamente se esconden de sus rayos. Y Yo les aseguro que va a haber algunos quienes se van a esconder de los rayos de su amor. Pero ese no es problema de ustedes.

Cuando Yo era un niño pequeño, recuerdo que el pastor de nuestra iglesia tenía un problema: él se iba a ir después de estar allí por algún tiempo. El me parecía un hombre bueno. Él había visitado mucho y hablado mucho. Yo recuerdo el discurso que él hizo aquella noche. Él dijo, "Hermanos, los he amado, pero," el hizo una pausa, "algunos de ustedes no me han dejado amarlos." Yo estaba tan joven que realmente no entendí, pero yo entiendo esta noche. Les diré esto: cuando usted encuentra que simplemente ama, va a haber algunos que no lo va a dejar amarles—pero ese no es su problema. Ellos son como una planta que voluntariamente esta puesta en el sótano. No importa que tanto el sol pueda brillar, no es la culpa del sol que la planta no reciba algunos de sus beneficios.

La planta está simplemente en el lugar equivocado. Y por eso, esta noche, nuestro Señor está diciendo que necesitamos aprender la lección de amor. Yo les diré esto: tenemos una alternativa. Nuestro Señor nos está diciendo esta noche que o aprendemos a amar—o nos perdemos. Esa es la alternativa. No debemos decir en la iglesia, en esta congregación o en alguna otra congregación, "Yo voy a amar esta gente, pero no voy a amar a aquellos. Voy a amar a este individuo, pero no voy a amar a ese individuo." No va a funcionar. Eso no es lo que Él está diciendo.

Sería extraña la persona que podría estudiar esta parábola y no sentir algún sentimiento de culpa mientras vemos hacia atrás en el camino. "El que usó con él de misericordia." Puedo mencionar antes que terminemos—mi título esta noche no es anti-escritural, pero no es escritural tampoco. En el sentido más estricto, cuando usted mira en Lucas 10, usted no va a encontrar esta palabra "buen." No está allí. Yo puedo recordar todavía el día que se me ilumino. Sería extremadamente difícil anunciar que vamos a estudiar La Parábola del SAMARITANO. Abro mi Biblia, y observo en la línea de arriba que quienquiera que puso esos títulos allí—No fueron los apóstoles-- que dijeron aquí está La Parábola del BUEN Samaritano.

Yo nunca recuerdo haber leído alguna cosa acerca de la historia que no le llamo el "BUEN Samaritano." Y Yo pienso que el punto es tomado bien. Ese hombre era tan bueno que, aunque la palabra no está allí, universalmente le llamamos "bueno." ¿No debería ser así en su vida esta noche? ¿No debería usted vivir en tal manera de día en día que la gente simplemente le llame a usted una buena persona? Como Bernabé—Siempre he pensado que uno de los más grandes elogios de Bernabé fue lo que las escrituras simplemente dicen,

> Porque era varón bueno (Hechos 11:22-24).

Una hermosa, hermosa cosa.

Nuestro Señor ha golpeado a ese gran abismo que existe entre lo que sabemos hacer y lo que hacemos. Quiero que piensen que pasaría en Wichita, Kansas, esta noche, si cada quien comenzara a hacer lo que él sabe que tiene que hacer... Esta ciudad pronto sabría del Señor. Puede haber algunos aquí esta noche quienes saben que deben ser cristianos. Ellos saben que ellos deben creer el evangelio. Yo pienso que nosotros sabemos que nosotros no podemos ser miembros de la iglesia del Señor y ser salvos a no ser que nosotros estemos dispuestos a arrepentirnos de nuestros pecados, y esto es lo que Jesús declara en Lucas 13:3. Nostros sabemos que nosotros debemos confesar nuestra fe en el Mesías. Nosotros sabemos que tenemos que ser sumergidos en Su precioso nombre para la remisión de nuestros pecados, porque Él dijo,

> Y les dijo: Id por todo el mundo; predicad el evangelio á toda criatura El que creyere y fuere bautizado, será salvo (Marcos 16; 15-16).

Piensen lo que pasaría en esta ciudad si cada persona comenzará a hacer lo que él sabe que tiene que hacer. Me pregunto si en esta audiencia, esta noche, usted está aquí y usted sabe lo que el Señor quiere que usted haga. Si usted no es un cristiano, eso es lo que Él quiere que usted haga. ¿No hará eso usted? Si usted está en esta audiencia y usted es un cristiano; pero usted se ha desviado hacia el pecado, y usted no ha sido fiel al Señor, usted sabe lo que el Señor quiere que usted haga. Yo no tengo que decirles eso. Él quiere que usted se arrepienta, ¿o no? Él quiere que usted confiese esas cosas, Él quiere que usted tenga las oraciones de la gente de Dios y hacer lo correcto—no con la gente pero hacer lo correcto con Dios. Él quiere que usted haga eso. Hay aquellos quienes se han apartado muy lejos de la verdad eterna de Dios, de las verdades antiguas de la Biblia, que se han ido tan lejos de Su patrón. Ellos regresarían si ellos hicieran lo que ellos deben hacer.

Esta noche, ¿tiene usted la habilidad? Usted tiene una oportunidad. ¿Tiene usted una responsabilidad? Usted tiene la habilidad para creer; usted tiene la habilidad para arrepentirse; usted tiene la habilidad para confesar a Cristo; usted tiene la habilidad para regresar al Pastor y Obispo de su alma. Usted tiene, de seguro, una oportunidad. ¿Cuál es usted esta noche? ¿Es un sacerdote? ¿Es usted un Levita? ¿Es usted un Samaritano? ¿Cuál es la pregunta? ¡Vida Eterna! Como uno de los antiguos predicadores dijo, "Los mares en los que nosotros navegamos son aquellos que dan oleaje a las playas de la eternidad." Y, hermanos, ¡eso es correcto! No es una cosa pequeña lo que estamos haciendo esta noche. ¿Puede pensar sobre estas cosas? ¡Vida Eterna! "HAGAN ESTO y vivirán," mientras nos paramos y mientras cantamos.

Sermón Tres

"Y les hablo muchas cosas por parábolas"

Mateo 25:1-13

"Entonces el reino de los cielos será semejante a diez vírgenes que tomando sus lámparas, salieron a recibir al esposo. Cinco de ellas eran prudentes y cinco insensatas. Las insensatas, tomando sus lámparas, no tomaron consigo aceite; mas las prudentes tomaron aceite en sus vasijas, juntamente con sus lámparas. Y tardándose el esposo, cabecearon todas y se durmieron. Y a la medianoche se oyó un clamor: ¡Aquí viene el esposo; salid a recibirle! Entonces todas aquellas vírgenes se levantaron, y arreglaron sus lámparas. Y las insensatas dijeron a las prudentes: Dadnos de vuestro aceite; porque nuestras lámparas se apagan. Mas las prudentes respondieron diciendo: Para que no nos falte a nosotras y a vosotras, id más bien a los que venden, y comprad para vosotras mismas. Pero mientras ellas iban a comprar, vino el esposo; y las que estaban preparadas entraron con él a las bodas; y se cerró la puerta. Después vinieron también las otras vírgenes, diciendo: ¡Señor, señor, ábrenos! Mas él, respondiendo, dijo: De cierto os digo, que no os conozco. Velad, pues, porque no sabéis el día ni la hora en que el Hijo del Hombre ha de venir".

3. Las Diez Vírgenes

Una vez más tenemos el privilegio de estudiar juntos la Palabra del Señor, y apreciamos que hayan venido a estudiar con nosotros. Nosotros creemos que el Señor está aquí en este lugar. Diferente al hombre que hace mucho tiempo dijo, "Ciertamente Jehová está en este lugar, y yo no lo sabía" (Génesis 28:16). Yo confío que todos estamos conscientes que el Señor está aquí y que cada vez más lleguemos a estar conscientes de ese hecho.

La Biblia enseña que cuando nos congregamos por la autoridad de Jesús, Él está en medio de nosotros. No creemos que haya algo mágico en el nombre de Jesús, y de que tan solo con pronunciar su nombre, automáticamente va a hacer que todo esté bien; pero creemos que cuando nos reunimos por la autoridad de Jesucristo, Él está en nuestra presencia. Esto hace lo que pareciera para algunos ser de otro modo una situación triste y llegar a ser algo que es muy significativo y muy viable. Nosotros estamos hablando a almas que nunca van a morir, y tenemos en nuestra presencia nada menos que al Rey de todos los reyes. Eso debería demandarnos lo mejor que tenemos para dar, especialmente cuando venimos a estudiar uno de los sermones de Él.

Estamos muy agradecidos de que tenemos ante nosotros el registro divino de las parábolas de Jesucristo. Yo pienso que debemos recordar, esta noche, que cuando venimos a estudiar las parábolas de Jesús, no estamos estudiando fabulas, no estamos estudiando proverbios, y no estamos estudiando alegorías. Las parábolas de Jesús son esas cosas que están dentro del mundo espiritual, y sin embargo nunca transgreden el orden natural de las cosas. Las parábolas de Jesús son como las columnas nubladas y ardientes de hace mucho tiempo. Esto guio a los Israelitas a los lugares que Dios quería que fueran, pero eran total obscuridad y confusión para los Egipcios. Debe ser algo similar a eso cuando venimos a estudiar las parábolas del Señor.

Yo no pienso que es por accidente que el Señor usó parábolas para sacar tantas analogías en la Palabra, acerca de la relación entre Cristo y Su iglesia y el esposo y su esposa, o que tenemos lecciones acerca del nuevo nacimiento basado en la idea del nacimiento natural, o que Él es llamado un Rey y que Él se refiere a la iglesia como un Reino. Estas son palabras y conceptos que nosotros los mortales entendemos. Así que, mientras una persona viva en este mundo natural, él nunca debe estar sin reproche o regaño porque todo este mundo con sus reyes y súbditos, con los vivientes y mortales, con el sol y la luna, con los que duermen y los que despiertan, con la luz y las tinieblas – toda la cosa es una comparación gigantesca que puede ser hecha. Y era sobre estas cosas que el Señor, como diríamos algunas veces, capitaliza; y El dijo así es la manera que es con el Reino de Dios.

Yo estoy convencido que usted no puede entrar en una joyería, tomar un diamante hermoso, verlo de un solo lado, y decir que usted puede apreciar la belleza de esa gema. Es solamente cuando uno lo toma y lo voltea, y ve todos los lados, y mira en las profundidades de su brillantez de muchas maneras, que quizás entonces empiece a ver la belleza de esa piedra. Y yo pienso que eso es exactamente lo que el Señor está haciendo. Nuestro Señor esta diciendo que usted no puede nada más ver una sola vez a Su Reino y ver todas sus bellezas y todas sus glorias. Así que, en esta noche, tenemos el privilegio de ser capaces de escuchar cuando el Señor declara, "El reino de los cielos es semejante a…" Y, en esta noche, estamos escuchando a una de estas lecciones que El dio hace mucho tiempo.

La ocasión de esta lección en particular la encontramos en Mateo 24. Aquí el Señor esta contestando la pregunta de los discípulos que querían saber, "¿Cuándo serán estas cosas, y que señal habrá de tu venida, y del fin del siglo?" El Señor en este tiempo les empieza a describir algunas de esas cosas y Él empieza la parábola. Es más, Él tiene una serie de parábolas que surgen de esta pregunta. La Parábola de la Higuera, La Parábola del Padre de Familia, y la Parábola de los Talentos. Ahora cuando Él habla acerca de la segunda venida, el Señor empieza a hablar de siervos fieles y prudentes. Él habla de siervos malvados; Él habla del castigo; Él habla de la salvación. El está hablando de eventos futuros o algo que ocurriría en el gran más allá, y es aquí donde nos encontramos una palabra muy significativa al principio cuando Él dice, "ENTONCES el reino de los cielos será semejante..." Esto hace a esta parábola una cosa muy especial porque Él no está diciendo simplemente, "El reino de los cielos es semejante a" Él está diciendo, "ENTONCES el reino de los cielos será semejante a..." Así que él se mueve a un evento distante en el futuro, que sin embargo tiene un impacto en las vidas que vivimos aquí esta misma noche. Así que Él nos da la Parábola de las Diez Vírgenes.

La Boda Judía

Nuestro Señor dijo, "Entonces el reino de los cielos será semejante a diez vírgenes que tomando sus lámparas, salieron a recibir al esposo". Es interesante que el Señor tome algo que es tan simple y algo que es algo de la vida diaria para esa gente, para enseñar una tremenda lección. La estructura particular aquí es la boda judía. Yo debo confesarles que yo no sé mucho acerca de las bodas judías excepto por lo que leo. Yo he tratado de aprender acerca de ellos, no solamente ahora pero en el tiempo cuando esto fue hablado. Una boda Judía era una ocasión gozosa. Era un tiempo en que la gente se reunía. Y era un tiempo de unión de vidas que eran queridas y preciosas para ellos. Había un compromiso. Había los esponsales. Y había una forma de ceremonia. Yo no tengo manera de saber lo que era, pero lo que si se es que cuando estaban comprometidos, o cuando hacían los esponsales, era una cosa muy comprometedora. Yo les aseguro esto, entre los Judíos ustedes no estaban comprometidos a cierto hombre joven o mujer joven esta semana y la siguiente semana a alguien más, o el siguiente mes o el siguiente año a alguien más. Era extremadamente comprometedor. Si tuviéramos tiempo esta noche, nosotros hablaríamos de este punto de vista de Deuteronomio 22 y Mateo 1:19. Si por alguna razón este matrimonio o compromiso no se llevaba a cabo, ellos tenían que hacer un asunto de esto y estar de acuerdo en abandonarlo. Se acuerdan ustedes del caso de José y María cuando él se da cuenta de que ella estaba embarazada.

Después del compromiso y de los esponsales, podían transcurrir varios meses o aun un año. Y entonces en un tiempo particular el novio con su compañía iría a recibir a su novia. Ahora en este caso tal parece que el novio viene de un lugar lejano y ellos no saben en que tiempo el novio va a venir. Entiendo que aun muchas veces si era una situación cerca del hogar, ni aun así sabían; así que tenían que esperar.

Diez vírgenes constituían una compañía, o simplemente podemos decir un acompañamiento. Cuando el novio decidía que era el tiempo para venir y tomar a su novia, algunos correrían delante de él diciendo "Aquí viene el esposo". Después de recibir a su novia, toda la procesión seguiría hacia su casa. Era en este momento cuando las diez vírgenes se unirían a la procesión. Y una vez llegando a su nuevo hogar, empezaría la fiesta.

Ahora yo pienso que esto es interesante. Cuando el Señor dice, "Entonces el reino de los cielos será semejante a diez vírgenes". El quiere que entendamos que aquí están las figuras centrales de la parábola completa. Y lo que es realmente sorprendente, si ustedes se detienen a pensar acerca de esto, es que el novio no es la figura central. Uno pensaría, al leer el resto de la Biblia, que el novio seria la figura central; pero eso no es verdad. ¡Son las diez vírgenes! Así que esto les da a ustedes el sentido y el punto de esta parábola en particular. Noten que la Biblia dice que ellas "tomando sus lámparas", lo cual indica que esta procesión se llevaría a cabo en la noche, y ellas, "salieron a recibir al esposo".

Cuando miramos a la palabra "virgen", vamos a la palabra Hebrea "ALMAH". La expresión es usada en Isaías 7:14, cual el habla del Mesías y del nacimiento virginal de Jesucristo. "He aquí que la virgen concebirá". Esto era algo, por supuesto, de lo cual no había precedente. Esto era algo que nunca había ocurrido antes – o desde entonces. Ellos usaban el término "ALMAH" para querer decir una doncella joven en edad de casarse. Aveces van a encontrar a alguien que simplemente quieren traducir la palabra virgen "una joven doncella en edad de casarse", pero por favor siempre tengan en mente que también quiere decir una que es sexual y moralmente pura. Y eso es algo que nunca debemos perder de vista cuando usamos esta expresión. Los griegos usaron el término "PARTHENOS". Y si alguien debería de saber, ellos deberían de saber. Se acuerdan que ellos construyeron un gran templo, las ruinas del cual todavía permanecen en este mismo momento, y ellos lo dedicaron a las "PARTHENOS" o a las vírgenes – el templo de las vírgenes.

Esta es la base de lo que el Señor está enseñando; pero cuando dejamos de lado el cortinaje de la parábola, nosotros queremos saber de quién está hablando el Señor cuando menciona a las vírgenes. Yo estoy convencido que el Señor simplemente está hablando de nosotros. El está hablando de los que profesan seguir a Jesucristo, el Cordero de Dios. El está hablando acerca de aquellos en los cuales hay una profesión de una fe pura. Él está hablando de aquellos en los cuales hay la ausencia de fornicación espiritual. Esos individuos son cristianos; y yo diría que estamos viéndonos a nosotros mismos, los hijos de Dios.

Las Prudentes y las Insensatas Vírgenes

Por favor noten que en este grupo tenemos a ambas, las prudentes y las insensatas, aun entre las llamadas vírgenes. Así que Él va a traer esto a una línea muy fina por lo cual ellas son prudentes e insensatas. Ahora noten que en la parábola el Señor da muchas similitudes entre estas dos clases. Él inmediatamente las divide a ellas y habla acerca de cinco y cinco. Yo no pienso que el número es necesariamente importante, pero yo pienso que la división es extremadamente importante. El quiere que entendamos que cinco de estas son prudentes y cinco de estas son insensatas; y aunque hay algunas diferencias, Yo quiero que piensen primero acerca de las similitudes. Primero que nada, las Escrituras declaran que todas fueron a encontrarlo, todas ellas tenían el equipo necesario. Todas tenían una invitación. Todas ellas tenían una lámpara. Todas ellas tenían aceite y todas ellas cabecearon y se durmieron.

Cuando yo empecé a estudiar esto, yo pensé, "¡Allí está el problema! Ellas cabecearon y se durmieron – eso es lo que hizo a cinco de ellas insensatas". ¡Pero ese no es! Las Escrituras claramente declaran que "cabecearon TODAS y se durmieron", así que esto no tiene nada que ver con la lección en particular que el Señor está enseñando.

El Señor quiere que entendamos que cinco de ellas eran prudentes y cinco eran insensatas. Por favor noten que Él no las divide en las buenas y las malas. El va a hacer eso en Mateo 25 cuando Él contempla el fin del tiempo, y ellos están ante el Señor como el Pastor divide las ovejas de los cabritos. Él les llama los buenos y los malos, los salvos y los perdidos. Pero aquí la distinción es... ¿qué? ... son simplemente llamadas las prudentes y son llamadas las insensatas. Así que hay algo bueno allí. Ellas no son, lo que podríamos decir, todas hipócritas. El simplemente dice que hay algunas que son prudentes y hay algunas que no lo son.

El sigue adelante con Su sermón y dice que "Las insensatas, tomando sus lámparas", pero ellas "no tomaron consigo aceite". Aquí está el punto sobre el cual gira la parábola. Yo estoy convencido que todo depende de entender que es "tener aceite" o "no tener aceite", cuando Él dice que "las insensatas tomando sus lámparas". ¡Así lo hicieron todas! Las insensatas tomaron sus lámparas... pero "no tomaron aceite consigo". Esto salta a la vista y nos dice, "¡Aquí está el problema! ¡Aquí esta la razón por la cual son llamadas insensatas!"

La Lámpara y El Aceite

Cuando nosotros vemos a la lámpara, yo pienso que Él está simplemente diciendo que por lo menos tenemos dos cosas involucradas. Tenemos la lámpara y tenemos aceite. La lámpara parece indicar la profesión visible de fe. Es algo que es muy tangible, que es muy visible, algo que está siempre allí afuera. El aceite es algo que está dentro de la lámpara – no visto pero muy vital. Es más, es tan vital que sin eso Él dijo tú llegas a ser un individuo insensato. Cuando yo leo eso o pienso de eso, yo inmediatamente pienso de lo que Santiago tenía que decir cuando dijo que "el cuerpo sin espíritu está muerto" (Santiago 2:26). Ven como se necesitan los dos. Si, en esta noche, ustedes van a vivir, se requiere el cuerpo y el espíritu. Yo pienso que ustedes pueden proyectar esa idea al pensar acerca de las obras y al pensar de la fe.

El Señor está diciendo que se necesitan las dos cosas juntas para constituir lo que El realmente quiere. En otras palabras, el Señor no simplemente desea que digamos, "¡Que hermosa lámpara tengo yo! ¡Qué gran profesión de fe!". Yo debo decir esto, no hay nada de malo con la lámpara. De vez en cuando yo me encuentro con alguien que me dicen que si tú realmente eres espiritual, que no necesitas la lámpara – que no necesitas querer adorar a Dios. Yo les aseguro que hay gente en Wichita, Kansas, en esta noche, que les dirá que si ustedes son realmente de una mentalidad espiritual, ustedes no necesitan reunirse en pequeños locales de iglesias y para citar a uno de ellos, "cantar himnos pequeños a Dios" porque Dios conoce a los que son de mentalidad espiritual. ¡Ustedes no necesitan formas de adoración! ¡Ustedes no necesitan la lámpara! Pero yo estoy en desacuerdo con eso. Por alguna razón el apóstol Pablo dice, "no dejando de congregarnos, como algunos tienen por costumbre," (Hebreos 10:25). El no solamente está estableciendo el hecho de una asamblea sino que también pone las reglas y normas para esa asamblea. Él ha en efecto estructurado la asamblea y nos dice la manera en la que nosotros vamos a adorar a Dios.

Nosotros nunca debemos menospreciar la lámpara y la necesidad que tenemos de tenerla. Nuestro Señor está diciendo que la necesitamos, pero Él está diciendo mas – Él está diciendo que hay algo más. ¿Cual dirían ustedes que es Su propósito? Nuestro Señor quiere recalcar en nosotros la necesidad de una constante vigilancia. El nos advierte de mantener buenas obras. La construcción de un edificio no incluye el mantenimiento. No porque alguien construye un edificio, lo termina y lo deja, eso no tiene nada que ver con el mantenimiento del mismo. Nuestro Señor vino a este mundo y construyó una gran cosa llamada Cristiandad. Pero simplemente porque Él la construyó, eso no lo hace a usted un cristiano. El ha edificado una casa y nos dice, "Ocúpenla hasta que yo venga". "Ocupar" significa más que solo estar allí. Él dice que debemos ejercitar una constante vigilancia; debemos constantemente estar sacando del gran abastecimiento que es el Espíritu Santo. Como Pablo diría en Gálatas 6:9, "No nos cansemos, pues, de hacer bien; porque a su tiempo segaremos, si no desmayamos." Él está diciendo que no es suficiente con decir, "Señor, Señor". No es suficiente tener lo de afuera, pero debemos de corazón estar haciendo la voluntad de nuestro Padre que está en el cielo.

Cuando Él habla acerca del aceite, Él debe estar hablando de nuestro estado espiritual interno. Él quiere que entendamos que debemos ser gente que somos genuinos; debemos ser gente que somos sinceros. Mi gente, si nosotros no somos sinceros hasta la medula, yo no entiendo por qué estamos aquí. Nosotros debemos ser la gente más sincera que camine sobre esta tierra. Nosotros debemos ser la MEJOR gente que camina sobre la tierra, y eso no es arrogancia; eso es Cristiandad. El Señor espera eso de nosotros. Probablemente el más grande nivel que yo he escuchado es, "Sed santos, porque yo soy santo." (1 Pedro 1:16). Ese es el más grande nivel que posiblemente podamos tener.

En Colosenses 3:1-5 el Apóstol Pablo dijo, "Si, pues, habéis resucitado con Cristo, buscad las cosas de arriba, donde está Cristo sentado a la diestra de Dios. Poned la mira en las cosas de arriba, no en las de la tierra. Porque habéis muerto, y vuestra vida está escondida con Cristo en Dios. Cuando Cristo, vuestra vida, se manifieste, entonces vosotros también seréis manifestados con él en gloria. Haced morir, pues, lo terrenal en vosotros: fornicación, impureza, pasiones desordenadas, malos deseos y avaricia, que es idolatría".

El prosiguió en ese capítulo tercero a establecer los grandes principios que deberían guiar a aquellos que han resucitado con Cristo. Y yo supongo esta noche que, por lo general, yo estoy hablando con gente que han resucitado con Cristo. El espera que ustedes hagan lo que él dijo, "sino vestíos del Señor Jesucristo" (Romanos 13:14). No simplemente despojarse del viejo hombre con sus hechos, sino ponerse algo – no simplemente la lámpara, pero él está diciendo que también el aceite.

Bueno, nuestro Señor nos está diciendo, "Y cinco eran"… ¿qué? … "insensatas". El no dice que cinco eran hipócritas. El no dice que cinco de ellas eran inmorales. El no dice que cinco de ellas estaban pretendiendo algo falso. El simplemente dice, "Y cinco eran insensatas". ¿Quiénes son estas personas? ¿Que son ellas? Ellas son las descuidadas en el trabajo. Ellas son negligentes en oración. Ellas están yendo a través de una serie de obligaciones externas, pero realmente nunca logran algo para Dios. Ellas son la hoja del maíz pero nada de granos; Ellos son de los que habló en Gálatas 4:19, yo pienso que este un pasaje muy descriptivo, muy hermoso. Pablo dijo, "Hijitos míos, por quienes vuelvo a sufrir dolores de parto, hasta que Cristo sea formado en vosotros". ¿Se dan cuenta de lo que está diciendo? Pablo está diciendo que ustedes han sido formados en Cristo, pero hermanos, Cristo realmente nunca ha sido formado en ustedes. Y él dijo, "por quienes vuelvo a sufrir dolores de parto, hasta que Cristo sea formado en vosotros". Estos son aquellos en 2 Timoteo 3:5 que tenían "apariencia de piedad" pero "negaran la eficacia de ella". Así que aquí, en verdad está la forma, pero ¿donde está el poder? El poder real viene cuando obtenemos el Espíritu Santo de Dios a través de las verdades preciosas que El nos ha dejado, la cual Él declara que es la "espada del Espíritu".

El Tiempo de la Crisis

¿Notaron ustedes? En la parábola, esta gente tenía algo de aceite. Cuando ellas empezaron, ellas tenían algo. Es más, estaba prendiendo. Y se acuerdan que cuando se oyó el clamor, "¡Aquí viene el esposo; salid a recibirle!", ellas "se levantaron, y arreglaron sus lámparas." Y dijeron "nuestras lámparas se apagan". Se pueden imaginar la frustración de estar viendo que la llama en esa mecha se está haciendo pequeña y pequeña – y ellas sabían lo que estaba pasando. ¡Ellas SABÍAN lo que estaba pasando! Y dicen, "Dadnos de vuestro aceite; porque nuestras lámparas se apagan". Yo quiero que ustedes piensen por un momento fugaz, que tan bien se acomoda esto con lo que nuestro Señor tenía que decir en la primera parábola que estudiamos. Él dijo que estos son los que "al momento reciben con gozo la palabra… y duran por un poco de tiempo", pero en un rato empiezan a marchitarse, empiezan a morirse. Él usa la expresión "se secó". Aquí El está diciendo que ellos "se apagan". Las llamas se están desvaneciendo lentamente porque no hay suministro de donde abastecerse.

Así que otra vez estamos hablando de la fe temporal de la gente que no está arraigada y fundamentada en la verdad. Ustedes saben, yo estoy convencido que la única manera en la que alguna gente van a ser salvos es que ellos crean en el Señor, se arrepientan de sus pecados, confiesen el Cristo santo, y que sean sumergidos en Su nombre, y que el Señor se los lleve en ese momento. Ellos nunca parecen ser capaces de permanecer y permanecer y permanecer. Y como en esta ocasión, sus lámparas estaban allí, pero solo por un momento breve; no había suficiente aceite para mantenerlas prendidas.

Yo estoy contento que la Biblia dice, y siempre han estado allí, "cinco de ellas eran prudentes". ¿Quiénes son estas gentes? Jesús dijo que estos son los que se establecen para vivir la vida cristiana. Yo espero, en esta noche, que estoy hablando a gente que ha decidido en su mente y que están aquí para quedarse. Yo quiero decirles, si yo entiendo a mi corazón, yo lo he decidido en mi mente. ¡Esto es para mí! Yo he caminado muchas millas. Yo no tengo pensado hacer alguna otra cosa. ¿Y usted? ¿Ha pensado hacer alguna otra cosa en vez de vivir la vida cristiana? Quiero decir, ¿ha pasado alguna vez por su mente que algún día usted se pueda involucrar en otra cosa en la que no pueda ser cristiano? Yo pienso que eso debe ser simplemente descartado. Yo estoy aquí, y esto es lo que yo tengo pensado hacer el resto de mis días – simplemente vivir la vida cristiana, establecerme en la paciencia, establecerme en el negarme a mí mismo, como nuestro Señor ya nos ha enseñado en las otras parábolas. Unos pocos sentimientos cariñosos y entusiasmados no lo van a hacer. Se necesita tener principios más los sentimientos para que un individuo sea lo que el Señor quiere que sea.

Uno de mis trabajos cuando yo era un niño – y esto me pone muy atrás en algún tiempo de la edad media – era mantener la lámpara de Aladino llena. Yo todavía puedo recordar – cuando estábamos sentados alrededor de la mesa leyendo, y la lámpara empezaba a ponerse tenue, yo sabía lo que estaba mal. Yo también sabía que era lo que seguía porque mi padre veía con malos ojos a alguien que no hacia su trabajo, por muy pequeño que este fuera. ¡Mi trabajo! Y no le servía de nada sugerirle a mi papa que afuera había bastante queroseno en el barril. ¡Eso no servía de nada! Él lo quería en la lámpara, y él quería un suministro constante para que esto no ocurriera. Y yo estoy convencido de que esto es lo que nuestro Dios quiere. A través de la Palabra, el Espíritu Santo nos ha hecho disponible un suministro ilimitado.

Cabecearon Todas y se Durmieron

En seguida El dice, "Y tardándose el esposo…" Yo quiero que noten, el esposo viene cuando él está listo. En este caso la novia esperaba hasta que el esposo decidía que este era el tiempo de que la boda se llevara a cabo. "Y tardándose el esposo, cabecearon todas y se durmieron". Primero, yo me imagino la imagen de inclinar la cabeza, y gradualmente quedarse bien dormidas. Pero como les dije antes, yo realmente no veo eso como el problema principal. Yo no pienso que deberíamos hacer una gran cosa de ese hecho que "cabecearon y se durmieron", porque TODAS lo hicieron. La cosa que debemos de ver es simplemente esto, que cuando el vino, ellas no fueron capaces de responder porque no estaban preparadas. Y noten esto, esas cinco personas insensatas, que estaban dirigiéndose a las tinieblas de afuera, durmieron tan profundamente y tan plácidamente como las que estaban preparadas. Y así, esta noche, nosotros no debemos dejar que algún sentido de seguridad falsa nos arrulle, y nos haga pensar que el Señor se está tardando en venir, así que todo está bien. Y nosotros debemos recordar esto, de que no solamente porque nos sentimos seguros y que pensamos que todo está muy bien – que todo está bien – podemos dormir plácidamente y estar dirigiéndonos a la destrucción. Nuestro Señor dijo, "Hay camino…" Y esta es una de las cosas más aterradoras en la Palabra de Dios para mí. El dijo, "Hay camino que al hombre le parece derecho; Pero su fin es camino de muerte" (Proverbios 14:12). No puedo pensar de una tragedia más grande, que pensar acerca de gastarme toda mi vida y llegar al final del viaje y saber que todo haya sido en vano. No tenemos más que una vida para vivir en ESTE mundo. Y si hay un camino que "parece derecho", nuestro Señor está diciendo inmediatamente, por supuesto, que hay un camino que ES derecho, y debemos encontrar ese camino.

Aquí Viene el Esposo

Estas individuas están reposando, y sin embargo están dirigiéndose a la destrucción. Las Escrituras dicen, "Y a la media noche…" Noten el significado de esto. En un tiempo de sueño profundo, en un tiempo inesperado, en un tiempo sin previo aviso, el clamor se oye por la calle. Pueden imaginarse ustedes a estas personas sentadas allí y ellas están durmiendo y todo está en silencio y de repente se oye el clamor, "¡Aquí viene el esposo," y ellas despiertan. Las Escrituras dicen, "Entonces TODAS aquellas vírgenes se levantaron, y arreglaron sus lámparas". Ellas querían dar lo mejor en ese momento. Pero ven ustedes, ustedes no pueden esperar. La preparación no puede ser en el tiempo del examen. La misma naturaleza de la preparación la hace ser algo que debe ocurrir con anticipación. Y es hasta este tiempo que las insensatas descubren que no tenían aceite. En verdad que es sorprendente que ellas no investigaron acerca del fundamento de su fe, que ellas simplemente supusieron que allí estaba. No solamente debemos suponer que todo está bien. El apóstol Pablo está diciendo, "Examinadlo todo; retened lo bueno" (1 Tesalonicenses 5:21). El está diciendo, "Procura con diligencia presentarte a Dios aprobado" (2 Timoteo 2:15). El está diciendo por favor investiguen el fundamento de su fe una y otra vez. No esperen hasta que sea demasiado tarde. Ahora es el tiempo de tomar una mirada real a este asunto en su vida.

Dadnos de Vuestro Aceite

La hora de la verdad ha llegado y ellas dicen "Dadnos de vuestro aceite". Saben, tuvo que haber sido un sentimiento desesperado. Hace algún tiempo yo estaba hablando con un joven, que había hecho su trabajo de opositor por su conciencia, (en lugar de ir a la guerra, JR) en un lugar donde tenía que tratar con los dementes. El dijo que una de las cosas más difíciles con las que se enfrento, que fue muy difícil para acostumbrarse, era el oír los gritos horribles y las suplicas por misericordia de esas personas trastornadas, cuando ellas pensaban que alguien las estaban golpeando. En su estado demente, ellos sentían que alguien las estaba golpeando, y ellos gritaban por misericordia. Debe haber sido algo como eso cuando estas individuas se dan cuenta de repente de la desesperación de ese momento, y ellas gritan, "¡Dadnos de vuestro aceite!"

Eso me recuerda de Lucas 16, en también otra lección, cuando un hombre grita a través de la gran cima que no podía cruzarse, diciendo "envía a Lázaro para que moje la punta de su dedo en agua, y refresque mi lengua; porque estoy atormentado en esta llama." O escucharlo pedir que Lázaro fuera enviado a prevenir a sus cinco hermanos "a fin de que no vengan ellos también a este lugar de tormento." ¡Desesperación! A lo mejor usted ha estado en un tiempo cuando sintió un poco de eso. ¡Yo lo he estado! Una o dos veces yo estado en una situación cuando yo sentí una desesperación absoluta, y quizás sentí lo que algunas de estas individuas debieron haber sentido. Ellas fueron en verdad repentinamente pesadas en las balanzas y sabían que habían sido halladas deficientes, y simplemente no saben qué hacer más que gritar a las que estaban a su alrededor, "¡Dadnos de vuestro aceite!"

Yo quiero que escuchen a la respuesta. Nuestro Señor hace que las otras cinco digan, "No, eso no" Eso parece muy frio al principio. ¿Cómo puedo reconciliar la idea de las cinco vírgenes prudentes, representando la imagen de cristianas, dando esta clase de respuesta a aquellas que ahora están perdidas? Pero estoy convencido de que lo que estamos viendo aquí no es despreciar, es simplemente algo que tiene que ver con el hecho de que no puedes pedir prestado lo que se tiene que comprar. Ellas no podían pedir prestado algo que ellas mismas tenían que comprar. Cuando ustedes piensan acerca de esto, uno debe concluir que algunas cosas solamente vienen de Dios y no de los hombres. Y que si ustedes van a ser abastecidos de ellas, deben venir de Él. Cada hombre debe vivir por su propia fe. Tenemos pasajes como Gálatas 6:5 donde Pablo dice, "porque cada uno llevará su propia carga". Tenemos pasajes que dicen, "¿Qué debo hacer para ser salvo?". Tenemos pasajes como, "ocupaos en vuestra salvación con temor y temblor," (Filipenses 2:12). Usted puede ayudar a una persona hasta cierto punto. Usted le puede enseñar a alguien donde está enterrado el mineral, pero usted no puede cavar por él. Cada persona debe finalmente tratar con la salvación por su propia cuenta, como decimos, con sus propios pies.

Yo estaba en Salt Lake City hace algunos años, y yo escuché como uno de los ancianos (elders JR) Mormones, como se identificaba el mismo, explicaba las doctrinas de esa iglesia en particular. El explicaba los arreglos en representación de que ellos tienen, los cuales son muchos. En cierto lugar allí, uno puede bautizarse; y por ciertas consideraciones, uno puede ser bautizado por algún ser querido que no haya sido bautizado – usted se podía bautizarse POR ellos. Pero déjeme asegurarle, que la Biblia no enseña tal cosa. Y yo creo que la mejor razón por la que nadie puede vivir por usted, y nadie puede pecar por usted, y nadie puede ser bautizado por usted, es simplemente porque nadie puede morir por usted. No hay arreglos en representación de. Nuestro Señor está diciendo que la salvación es una cosa muy personal. Es algo que USTED debe arreglar mientras está en el cuerpo.

Es como el carácter – usted no compra el carácter. Usted no presta el carácter. Usted no hereda el carácter. ¡Qué grandioso seria! Yo estoy seguro que hay mucha gente que ha vivido y que le gustaría mucho hacer un testamento y heredarles a sus hijos e hijas su carácter cristiano. Pero ustedes no lo compran, ustedes no lo prestan, y ustedes no lo heredan.

Esto es cierto también con la obediencia. Pablo dijo, "Porque es necesario que todos nosotros…" – no algunos de nosotros – "TODOS nosotros comparezcamos ante el tribunal de Cristo". ¿Para hacer qué? "para que cada uno reciba según lo que haya hecho mientras estaba en el cuerpo," (2 Corintios 5:10). Es como la preparación. ¿Cómo compartimos la preparación? Yo pienso de algo que leí hace muchos años acerca de uno de los predicadores de antaño. El hermano Wilson era un hombre que estaba extremadamente bien versado en las Sagradas Escrituras. Yo entiendo que estaba capacitado para presentar lecciones tremendas de la Palabra de Dios, caracterizadas por su gran profundidad, y lo hacía con una simplicidad maravillosa. Una noche estaba predicando, según cuentan, y estaba haciendo un gran trabajo con las Sagradas Escrituras. Después de que terminó, una hermana vino a él y le dijo, "¡Hermano Wilson, yo daría la mitad de mi vida si pudiera conocer las Escrituras como las conoce usted! Y el hermano, de pocas palabras, le contesto, "¡Hermana, eso es exactamente lo que me ha costado – la mitad de mi vida!

Las vírgenes clamaron, "Dadnos de vuestro aceite". ¿De qué estamos hablando? ¡Salvación! ¡Preparación! ¡Planeación! ¡Estar listos! Estas son cosas que no podemos compartir. Así que no estamos viendo algo que podamos pasarlo de uno a otro. Ahora vean lo que hicieron. Ellas les dijeron, "id más bien a los que venden, y comprad para vosotras mismas". Esto no es despreciar a estas personas. Este es el consejo de amor. El consejo para esas individuas es ir a los surtidores de la gracia divina, ir a los mercados de la misericordia. Encuentren a los que están explicando estas grandes verdades; encuéntrelos y obtengan su abastecimiento de este gran aceite. Ustedes tienen, como lo explica en Lucas 16, "a Moisés y a los profetas", ¿se acuerdan? "comprad para vosotras mismas".

La lección parece indicar que el aceite podía ser comprado. Pero yo les voy a decir lo que no se podía comprar. ¡El tiempo no se podía comprar! El Sr. Shakespeare dijo que el tiempo y la marea no esperan a ningún hombre; y eso es correcto. El aceite podía ser comprado, pero no había tiempo para comprarlo. Yo pienso que el Señor nos está diciendo muy fuertemente de una cosa muy importante – ese producto precioso que nosotros algunas veces nos referimos como "tiempo".

La Puerta se Cerro

Las Escrituras dicen, "Pero mientras ellas iban a comprar..." – mientras ellas estaban afuera tratando de reparar su negligencia del pasado – "vino el esposo; y las que estaban preparadas entraron con él". Si ustedes quieren todo el sermón en pocas palabras, aquí esta – "¡Y... LAS... QUE... ESTABAN... PREPARADAS!" Allí está de lo que El está hablando. "Las que estaban preparadas" entraron con él a las bodas; "y se cerró la puerta". ¡Si hablamos de tocar la nota final, esa es! Yo casi puedo sentirlo cuando El dice, "y se cerró la puerta". ¡Esa es la nota de irrevocabilidad! Una puerta cerrada ¿para qué es? Es para el beneficio y para la exclusión. Es para el gozo y el beneficio de aquellos que están dentro; pero la misma puerta es para la exclusión de aquellos que están afuera. Yo quiero decirles lo que es la tragedia de la puerta cerrada – las individuas la cerraron ellas mismas. Oh, estoy seguro que pudieron haber dicho, "Ellos me la cerraron". ¡No! ¡La cerraron ellas mismas! Ellas no estaban listas. Las Escrituras dicen, "Después vinieron también las otras vírgenes, diciendo: ¡Señor, señor, ábrenos!" Aquí está el grito por misericordia del que hablaba hace un momento. Aquí están estas individuas diciendo, "Señor". Noten, como reclaman una relación intima con él. Ellas están diciendo. "Señor, señor ábrenos". Con cuanta seriedad ellas buscan, cuanto desearían ellas que la puerta se les abriera y que simplemente las dejaran entrar.

¿Saben lo que nuestro Señor está diciendo? Nuestro Señor está diciéndonos que las oportunidades perdidas no pueden ser recuperadas. Yo les garantizo, que no hay una persona sentada aquí en este edificio, esta noche, de cualquier edad que no se dé cuenta de la tragedia de las oportunidades perdidas. Ha habido algunas oportunidades que hemos tenido y que las hemos dejado ir. Las hemos dejado escurrirse, y no hay manera de que podamos recuperar esas oportunidades. Pero usted tiene una oportunidad ahora. El Señor no está hablando a los muertos; Él está hablando a los vivos. Usted todavía tiene una oportunidad. Usted está todavía en la tierra de empezar otra vez. Hemos tenido oportunidades de creer el Evangelio; hemos tenido oportunidades de arrepentirnos de nuestros pecados. Hemos tenido abundantes oportunidades de confesar al Cristo santo y ser sumergidos en Su nombre para la remisión de nuestros pecados, pero no lo hemos hecho. Hemos dejado que se escurran.

Hace algún tiempo yo escuché a mi hijo usar una ilustración que pensé que era muy buena, si lo puedo decir así. El dijo de uno que había ido a la siguiente puerta y tocado para entrar. Él dijo que toco y toco porque sabía que alguien estaba en la casa – la sombra se movía. Pero aun así nadie abrió la puerta. La persona decidió irse y regresar el día siguiente e intentar otra vez. El regreso para tocar una y otra vez y aun así nadie abrió la puerta. Déjenme preguntarles – cuantas veces

60

iría usted de regreso cuando usted sabe que están en la casa – usted sabe que están allí – pero simplemente no abren la puerta. Pero la tragedia real es, que algún día usted va a tocar y ellos ya no van a estar en la casa. Ellos ya nunca más estarán en la casa. Y eso es lo que nosotros estamos viendo en esta lección particular.

"Señor, ábrenos". ¿Qué fue lo que Jesús les respondió? El dijo, "De cierto os digo, que no os conozco". ¿Escuchan lo que Él está diciendo? Aunque ellas están diciendo, "Señor, Señor", Él está diciendo "no os conozco". Y eso es el equivalente exacto de decir ustedes no me conocen. Ustedes nunca me conocieron – en su fe. Ustedes nunca me conocieron – en completa remisión de sus pecados. Ustedes no son Mis hijas; ustedes simplemente no han permanecido fieles. Ustedes no se preocuparon por su alma.

Finalmente, yo pienso que la cosa que es más conmovedora para mí, es que la Biblia enseña que esa exclusión es definitiva. ¡Si tan solo hubiera alguna manera de abrir la puerta! Pero la puerta nunca giraría para abrirse. Nunca girarían las bisagras hacia afuera. Este es el fracaso de las insensatas. ¡La puerta nunca se va a abrir!

Por lo tanto Velad

Nuestro Señor concluye, "Velad, pues, porque no sabéis el día ni la hora en que el Hijo del Hombre ha de venir". Casi dos mil años han pasado ya, casi dos mil años desde el día que el Señor se fue y dijo que Él iba a regresar. Usted y yo estamos viviendo en ese tiempo, esta noche. Si alguien en el mundo debería estar escuchándolo a Él decir, "Por lo tanto velad", esos debemos de ser nosotros. Él dijo, "No sabéis el día ni la hora", así que usted sabe que la única manera segura es estar preparados. Nuestro Señor no está diciendo que debemos ser observadores de las estrellas. Cuando Él dijo, "Por lo tanto Velad", Él no está diciendo, como alguna gente interpreta esto, que necesitamos vestirnos con mantos blancos y subir a la montaña más cercana y estar mirando a los cielos. Él no está diciendo que nosotros debemos mudarnos y formar una comunidad hasta que Jesús venga. Lo que Él está diciendo es, "Por lo tanto velad". Ven, la manera en que nosotros velamos es al estar preparados cada día.

La pregunta que nos hemos hecho a través de los años es, "¿Cuando vendrá el Señor?" Si nosotros pusiéramos en el periódico que vamos a predicar acerca de cuándo va a venir el Señor, y pudiéramos convencer a la gente de que sabemos cuándo va a venir Él, yo pienso que tendríamos mucha gente aquí. Por supuesto, estas serían las palabras de un insensato – no sabemos cuándo. Él dijo "No sabéis el día ni la hora". Nosotros hacemos la pregunta, "¿Cuándo va a venir Él?" pero debemos hacer la pregunta, "¿Estamos LISTOS para Su venida?" Importa poco esta noche, CUÁNDO va a venir Él, lo que importa es – ¿ESTÁ USTED LISTO? ¿Está usted velando? ¿Está usted esperando? "¿Está su lámpara recortada y ardiendo brillante?"

Yo quiero que piense acerca de esto por un momento – esa puerta está abierta esta noche y mientras esté abierta, los asesinos arrepentidos y las prostitutas pueden entrar por ella. Pero cuando esa puerta se cierre, el hombre más moral no va a entrar por ella. Y eso debe de decirnos algo. ¡Tan cerca! ¿Donde estaban ellas? Solamente afuera de la puerta, y sin embargo fueron perdidas. Ellas no estaban a diez mil millas de la boda. Ellas estaban solamente afuera de la puerta, pero ellas estaban perdidas. La puerta se cerró. Ninguna penitencia, ninguna cantidad de dinero, ningunas oraciones – ¡nada la abrirán! Piense acerca de eso. Esa puerta, esa puerta antigua si usted quiere, que recibió a Aarón después de su idolatría, esa puerta que recibió a David después de su adulterio, esa puerta que recibió a Pedro después de su negación, ¡esa puerta está abierta hoy! La puerta de la misericordia está abierta ahora. Está abierta en esta noche.

Si el clamor se escuchará esta noche, "Aquí viene el esposo", ¿estaría ud. listo? Estuve en Tulsa dos noches después, de que ocurrió la tragedia muy cercana entre nuestros jóvenes allí. Y un hombre joven pasó al frente y dijo, "Quiero que la gente ore por mí, quiero ser perdonado de mis pecados". Y me dijo, "Estuve pensando, si yo hubiera muerto en ese choque la otra noche, yo hubiera estado perdido. ¡No quiero estar perdido!" Cuanto necesitamos parar y pensar lo que estamos haciendo. Hablamos acerca de cuándo va a ser "el fin del mundo". Déjeme decirle, si ud. camina fuera de estas puertas en esta noche y se muere o lo matan allá en la carretera, ¡ese es el fin del mundo para usted! Ud. necesita pensar acerca de su condición, acerca de la vida que está viviendo. "¡Horrenda cosa es", Pablo dijo, "caer en manos del Dios vivo!" (Hebreos 10:31). Pero, ¿alguna vez ha pensado que horrenda cosa seria caerse FUERA de las manos del Dios viviente? Cualquiera de las dos es una tragedia real.

¿Está usted aquí y usted no es un cristiano? ¿Quisiera llegar a ser cristiano esta noche?

Sermón Cuatro

"Y les hablo muchas
cosas por parábolas"

64

Lucas 12:13-34

"Y díjole uno de la compañía: Maestro, di á mi hermano que parta conmigo la herencia. Más él le dijo: Hombre, ¿quién me puso por juez ó partidor sobre vosotros? Y díjoles: Mirad, y guardaos de toda avaricia; porque la vida del hombre no consiste en la abundancia de los bienes que posee. Y refirióles una parábola, diciendo: La heredad de un hombre rico había llevado mucho; Y él pensaba dentro de sí, diciendo: ¿qué haré, porque no tengo donde juntar mis frutos? Y dijo: Esto haré: derribaré mis alfolíes, y los edificaré mayores, y allí juntaré todos mis frutos y mis bienes; Y diré á mi alma: Alma, muchos bienes tienes almacenados para muchos años; repósate, come, bebe, huélgate. Y díjole Dios: Necio, esta noche vuelven á pedir tu alma; y lo que has prevenido, ¿de quién será? Así es el que hace para sí tesoro, y no es rico en Dios. Y dijo á sus discípulos: Por tanto os digo: No estéis afanosos de vuestra vida, qué comeréis; ni del cuerpo, qué vestiréis. La vida más es que la comida, y el cuerpo que el vestido. Considerad los cuervos, que ni siembran, ni siegan; que ni tienen cillero, ni alfolí; y Dios los alimenta. ¿Cuánto de más estima sois vosotros que las aves? ¿Y quién de vosotros podrá con afán añadir á su estatura un codo? Pues si no podéis aun lo que es menos, ¿para qué estaréis afanosos de lo demás? Considerad los lirios, cómo crecen: no labran, ni hilan; y os digo, que ni Salomón con toda su gloria se vistió como uno de ellos. Y si así viste Dios á la hierba, que hoy está en el campo, y mañana es echada en el horno; ¿cuánto más á vosotros, hombres de poca fe? Vosotros, pues, no procuréis qué hayáis de comer, ó qué hayáis de beber: ni estéis en ansiosa perplejidad. Porque todas estas cosas buscan las gentes del mundo; que vuestro Padre sabe que necesitáis estas cosas. Mas procurad el reino de Dios, y todas estas cosas os serán añadidas. No temáis, manada pequeña; porque al Padre ha placido daros el reino. Vended lo que poseéis, y dad limosna; haceos bolsas que no se envejecen, tesoro en los cielos que nunca falta; donde ladrón no llega, ni polilla corrompe. Porque donde está vuestro tesoro, allí también estará vuestro corazón".

4. El Rico Insensato

Nosotros creemos, esta noche, que nuestro Señor ve a esta asamblea; y creemos que Él está satisfecho. Nos ha enseñado por tanto tiempo que debemos "reunir a la gente juntos, hombres, y mujeres, y niños, y el extranjero que está a la puerta, para que escuchen, y que ellos puedan aprender, y temer al Señor su Dios... y que sus hijos, los cuales no han sabido nada, puedan escuchar, y aprender" (Deuteronomio 31:12-13). Creemos que el Señor está satisfecho cuando gente viene junta para escuchar a Su voluntad y ciertamente cuando esas gentes están dispuestas a adorar Su nombre y aprender más de Él.

Mientras llegamos a esta lección en particular, estamos continuando las parábolas de nuestro Señor; y hemos llegado a una esta noche que es excesivamente valorable. Yo creo que si nosotros podemos decir La Parábola del Buen Samaritano fue extremadamente práctica, podemos decir que ésta está junto con ella en cuanto a lo práctico cuando nosotros consideramos las vidas que vivimos día tras día como los hijos de Dios. Tenemos una lección valorable, y una que es siempre actual.

Nosotros queremos pensar que algunas de estas lecciones, en algún lugar de nuestro crecimiento por todos los siglos del tiempo, no serían aplicables. Nosotros queremos pensar que nosotros hemos sobrepasado a estas cosas y que ya nosotros no necesitamos amonestaciones como esta, pero Yo sé que esto no es verdad. Yo sé que estas cosas son tan actuales como los titulares de hoy o tal vez aún más actuales que eso. Si el Señor ha escrito estas palabras para nosotros esta noche, en esta generación, no podían ser más aplicables o más necesitadas.

Usted recuerda que en esta ocasión nuestro Señor está predicando algunos de sus más grandes sermones. Él está hablando a la gente acerca del Cielo y el Infierno. Él está discutiendo la deidad de Cristo mismo como el Hijo de Dios. Él está discutiendo no menos que la blasfemia en contra del Espíritu Santo, y todavía en medio de esta discusión, hay un hombre quien no está escuchando una palabra de lo que está diciendo.

A menudo un predicador se pregunta realmente que tanto la gente sentada en la audiencia está sacando de lo que está diciendo. Algunas veces cuando veo a la audiencia, veo a gente que está hablando o leyendo— ¡es asombroso lo que usted puede ver desde aquí! Cuando usted ve lo que está pasando, a menudo se pregunta de que tanto esa gente está sacando de lo que se está diciendo. La razón por la cual digo esto esta noche es que hace dos mil años Jesús trato con la misma cosa. Yo puedo entender por qué alguien no está interesado en lo que Yo estoy diciendo, pero no puedo ver como alguien se puede sentar en la audiencia de nada menos que el Rey de todos los Reyes y Maestro de maestros, el más grande Maestro que ha caminado en la tierra, mientras que ÉL está explicando el tema de blasfemia en contra del Espíritu Santo, y no tiene su mente en lo que Él está diciendo.

Pero en esta ocasión, este es el caso mientras que nuestro Señor está predicando. De repente, este hombre solo deja escapar, "Maestro, di á mi hermano que parta conmigo la herencia." Ahora eso no tiene nada que ver en el mundo con lo que Jesús está hablando; y parece ser que en lugar de escuchar todas estas grandes cosas, él está sentado allí pensando acerca de una herencia. Evidentemente su padre ya está muerto, y él debe haber sido el hijo más joven en ese arreglo antiguo de Deuteronomio 21 donde declara que el hijo mayor debía recibir cerca de dos tercios, y el resto había de ser dividido entre los otros. Él vino ese día y por alguna razón decidió escuchar o a lo menos estar en la presencia del gran Maestro, pero él está tan obsesionado por cosas materiales y por el hecho de que él no va a obtener lo que venía para él, que él simplemente no puede escuchar. Entonces lo deja escapar, "Maestro, di á mi hermano que parta conmigo la herencia." Yo supongo que mientras él escuchaba, él decidió que Jesús es una persona inteligente, y parecía ser que aquí hay un Hombre quien conoce algo acerca de la gente. Tal vez sería que Él es el Hombre quien puede rectificar algunos de estos arreglos antiguos y hacer algo.

Yo pienso que es digno de notar que nuestro Señor despacha este asunto rápidamente. El rápidamente pregunta, "Hombre, ¿quién me puso por juez ó partidor sobre vosotros?" Ahora, yo no creo que el Señor está diciendo que hay algo malo con las cosas materiales. Yo no creo que Él está diciendo que hay algo malo con ser jueces o arbitros quienes justamente ven sobre este tipo de cosas y hacen juicios. Pero Él está diciendo que esa no es la razón por la cual él vino a este mundo. Él vino a salvar las almas de los hombres, y Él quiere que nosotros entendamos que hay cosas mejores y más grandes que el dinero. Y así lo encontramos poniéndolo abajo. Él sabe, mientras Él habla a aquel individuo, que no solo es verdad con este hombre, pero parece ser siempre verdad con nosotros. Necesitamos la lección que Él entonces procede a dar. No hay uno de nosotros aquí en este cuarto, ninguno, que no necesitamos escuchar esta antigua lección que nuestro Señor enseña.

Mientras hablamos acerca de los enemigos que la iglesia ha confrontado, es mi observación, por el estudio de este libro y el estudio de la historia—ambos sagrados y profanos—que la iglesia siempre ha tenido enemigos. Y este hecho nunca debe ser sorpresa para nosotros. Desde que somos soldados de la cruz, supongo que una de las primeras cosas que debemos reconocer es que hay enemigos.

Siempre ha habido radicalismo, y siempre ha habido liberalismo; pero Yo les diré, tan grandes y formidables como puedan ser esos enemigos, Yo todavía pienso que uno de los más grandes enemigos que la iglesia de nuestro Señor ha encontrado es el materialismo. Y por eso en esta ocasión, nuestro Señor quiere hablarnos una vez más acerca de los asuntos reales y vitales de la vida, y Él escoge hacerlo en el marco de esta lección en particular. Todo niño en este cuarto de cualquier edad que sea conoce esta historia. Pero no hay un adulto aquí quien ha aprendido la lección como deberíamos hacerlo. Entonces escuchemos a nuestro Señor mientras Él nos dice acerca del Rico Insensato.

Un Hombre Rico

"La heredad de un hombre rico había llevado mucho." Nuestro Señor nos presenta a un hombre quien evidentemente está muy bien financieramente. Él es un agricultor o a lo menos tiene muchas tierras.

Él no ganó lo que tiene por robar o por extorsión. La Biblia no indica que él es un saqueador en ningún sentido de la palabra. Pero él es un hombre quien simplemente trabaja y cosecha las bendiciones de Dios. Yo creo que si hay algo que se acerca a la honestidad tanto como uno puede, es cuando el abre la tierra y pone la semilla adentro y espera a cosechar las bendiciones de Dios. Y esto es lo que este hombre hace.

Nosotros no estamos viendo a un hombre que hace que otros pierdan para su ganancia. Estamos simplemente viendo a un hombre quien es industrioso. Yo supondría que si nosotros pasáramos por su casa temprano por la mañana, veríamos a este hombre afuera. Él ya está levantado. Y él está afuera trabajando su tierra. Y si nosotros pasáramos por la tarde al anochecer, la luz está encendida porque él está trabajando en sus records; y decimos—no hay nada malo con eso: él es industrioso, y eso es bueno.

Un día este hombre se despierta al hecho de que sus tierras están listas para la cosecha. El grano dorado está ondulándose en esas tierras, y él está confrontado con el hecho de que sus graneros están llenos, y él no tiene un lugar donde poner esta gran cosecha. Lo que nuestro Señor está haciendo, estoy persuadido, es dejarnos ver dentro de un individuo.

¿Alguna vez se han preguntado que pasa dentro del corazón de otra persona? Yo sí. Y algunas veces Yo los he visto a ustedes y me he preguntado porque ustedes hacen lo que hacen. Y los miro y me pregunto porque ustedes no hacen algunas de las cosas que deberían estar haciendo. Y estoy seguro que ustedes me ven y se preguntan porque yo actuó como lo hago. Nuestro Señor está retirando la cortina de un corazón mundano y diciendo que Él quiere que nosotros veamos lo que realmente pasa dentro de su corazón.

La cosa que me asusta en esta lección es que cuando el Señor retira la cortina del corazón de ese hombre y me deja ver adentro, se ve tan parecido al mío. Esa es la cosa que me molesta, pero pienso que ese es el punto. Él quiere que nosotros veamos las similitudes. Él quiere que nosotros entendamos estas cosas. Vemos a este individuo, y sus equivocaciones son inmediatamente manifestadas. Él está haciendo lo que Pablo dijo que no hagamos—eso es, de hacer "provisiones de la carne en sus deseos." Pablo dice, y no hagáis eso (Romanos 13:14). Y eso es exactamente lo que esta persona está haciendo.

Algunas veces un cambio de repente en circunstancias es el mejor revelador de nuestro carácter verdadero. Ahora todo está yendo bien para este compañero. Año por año él está plantando y cosechando, y está poniendo en sus graneros, y él está disfrutándolo. Pero él tiene un problema real hoy. Es tiempo de la cosecha, y no hay lugar para ponerla. Y entonces él comienza a luchar con este problema nuevo en su vida. Este cambio de repente en las circunstancias es un revelador real; y algunas veces nosotros encontramos esa situación entre nuestros propios corazones y entre nuestras propias vidas.

En este estudio, la cosa que esta fácilmente aparente es que aquí está un hombre quien vive en un pequeño horrible mundo, y él toma TODA la habitación en ese mundo. Quiero que noten el uso prolífico de las palabras "Yo" y "mí." Él comienza a pensar, "¿qué haré, porque no tengo donde juntar MIS frutos… MIS graneros… MIS bienes… MI alma?" Una y otra vez tenemos estos pronombres. Seis veces él usa la palabra "Yo" y cinco veces él usa la palabra "mi," y él no tiene concepto de todo lo que es administración. Él simplemente está diciendo Yo lo hice, MIS frutos, MIS bienes, MIS graneros, MI alma, muchos años son MIOS. Todas estas cosas son MIAS.

Este hombre está ciego de la fuente de sus bendiciones. Él no se da cuenta que Dios es Quien le está dando estas bendiciones a él. Yo recuerdo que estaba en una granja de un hermano, en una área donde nosotros estábamos conduciendo una serie de predicaciones en Missouri; él tenía algunos puercos. Los puercos estaban comiendo bajo un árbol de bellotas. Mientras ellos estaban comiendo las bellotas que se caían del árbol, nunca en ningún momento ellos vieron hacia arriba para ver de dónde estaban viniendo. Pero eso lo esperamos de los puercos. Pero el Señor está diciendo que Él no espera eso de aquellos quienes son hechos a Su imagen. Él espera que la gente vea hacía arriba y vea de donde vienen sus bendiciones.

El rico insensato lucho contra este problema y dijo, "no tengo donde juntar mis frutos"; mis graneros están llenos. Pero eso realmente no era verdad. Él tenía bastantes graneros. Ambrosio, un escritor antiguo, dijo, "Si, él tenía bastantes graneros, y no vio ninguno." Hermanos, él tenía las bocas de huérfanos y él tenía las casas de viudas y él tenía los hogares de los pobres y él tenía la gente que trabajaba para él, pero no podía ver esos graneros. Todo lo que podía ver era su granero, y ese granero estaba lleno. Otros graneros nunca los reconoció. Usted podría decir, "¿Qué es lo que el Señor quiere que él haga?" Quiero decir, después de todo, él ha producido estas cosas y sus graneros están llenos. Todo lo que él quiere hacer es expandirse. Él quiere algunas mejoras capitales. ¿Dios quiere que los pierda? ¡No!

Yo pienso que lo que Dios quiere que el haga es ponerlo en un lugar donde él nunca lo va a perder. Él quiere que él vea lugares donde él puede poner cosas materiales para nunca perderlas mientras él vive y hasta la eternidad.

¿No es una cosa sorprendente que la sabiduría del hombre está diciendo, "Mantenla," mientras que Dios está diciendo, "Dala"? Y una vez más, el problema que tenemos se está enredando en ese mismo razonamiento. Estamos viendo realísticamente nuestros propios corazones en algunas de estas cosas, y estamos viendo los tiempos en los que vivimos.

Salomón dijo en Proverbios 1:32, "Y la prosperidad de los necios los echará a perder." También dijo en Eclesiastés 5:10, "Él que ama el dinero, no se hartará de dinero; y el que ama el mucho tener, no sacará fruto." ¿Usted recuerda esa cosa que usted quería y tenía que tenerla y usted pensaba que no podía vivir sin ella? ¡Si usted pudiera agarrar eso, si tan solo pudiera obtener eso, usted estaría satisfecho! Usted lo tiene, y no lo está.

"Cosas," esto es de lo que Jesús está hablando—y eso es la razón por la que Yo estoy deliberado con la lectura—"cosas." "¡Cosas!" El utiliza repetidamente la palabra "cosas." Ah, ¡si yo solo pudiera tener eso o aquello! Lo que aprendemos es que estas cosas que brillan tanto hoy, mañana están en algún lugar en una tienda de segunda, y el tiempo después de eso están en tienda de basura o están en el montón. "¡Cosas!" Nuestro Señor quiere que nosotros las pongamos en la perspectiva apropiada, y Él lo hace con esta lección en particular.

Vamos a ver a nuestro hombre. Aquí está él. Él tiene toda esa cosecha allí. Quiero decir, ¡la presión está allí! Se lo suficiente de la agricultura que, hermanos, cuando los campos están blancos a la cosecha, usted cosecha o la pierde. Cuando el grano dorado está listo, usted lo cosecha o todo se termina. Yo miro a este hombre mientras lucha con su problema. El lucha con este asunto hasta que eventualmente él llega a una respuesta. Aquí está su torre de bienes y su torre de fuerza. Escúchenlo a él, "Esto haré: derribaré mis alfolíes, y los edificaré mayores." Esto es lo que hay que hacer. ¡Voy a expandirme! Yo voy a ampliar mi visión. Yo voy a construir mi imperio. Voy a construir algunas cosas grandes.

¿Usted sabe lo que nosotros le diríamos de este hombre? ¿Qué diría el mundo acerca de él, esta noche? Nosotros diríamos que él es un hombre con éxito en los negocios. Nosotros diríamos que él está "bien sentado." Diríamos que tiene seguridad, él tiene futuro, él tiene tantas grandes cosas, y las vemos y decimos ¡qué cosa maravillosa realmente es esta! Y él se sienta hacia atrás y dice, "Y diré á mi alma"... ¡escúchenlo a él!... "Alma, muchos bienes tienes almacenados para muchos años; repósate, come, bebe, huélgate."

La Biblia nos enseña que ni siquiera debemos decir que vamos a hacer esto o aquello mañana. Santiago nos enseña en Santiago 4:13-15, "Ea ahora, los que decís...." Esa es una antigua expresión Inglesa que significa que debemos decir a aquellos que dicen, "...Hoy o mañana iremos a tal ciudad, y continuaremos allí un año, y compraremos y venderemos, y tomaremos otra vez." Santiago dice, "En lugar de lo cual deberíais decir: Si el Señor quisiere, y si viviéremos, haremos esto ó aquello." Dos cosas. Dos cosas muy vitales—si vivimos y si el Señor quiere, "haremos esto, o aquello." Pero lo que estamos viendo es un hombre quien no se jacta el mismo de mañana; más bien se jacta de muchos años—Yo tengo "muchos bienes almacenados para muchos años." ¡Que cosa tan sorprendente es esta!

Aquí está el con todas estas cosas y sentándose hacía atrás y sintiéndose grande de su situación. Y Dios dice, "Necio, esta noche vuelven á pedir tu alma." Que tan diferente realmente es. Su alma era requerida, era demandada. ¡Aquí está un hombre quien se debe ir! Él debe dejar todas sus posesiones en la tierra y ser movido de un tirón hacia afuera por las raíces del único solar que él ha conocido, y ese es este mundo y sus bienes que le rodean. Ese es su único solar, y el Señor está diciendo que esta noche él va a dejar todo esto.

Hemos Sido Insensatos

Mientras pensamos sobre esta parábola que Jesús entregó hace mucho tiempo, la pregunta debe ser esta--¿Hemos sido insensatos? ¿He sido

Yo un insensato? Ahora, Yo no pienso que hay una persona en este cuarto quien podría pensar que él es un insensato. Yo no quiere pensar de mi mismo como un insensato; Yo no creo que nadie quiere, y aun así debemos confrontar el hecho que, a pesar de que leemos esta historia y aunque sabemos que lo que Él está diciendo es verdad, aun así muchas veces nos hacemos ciegos al buscar detrás de las cosas de este mundo como si en verdad la eternidad no existe. Nosotros simplemente pasamos por alto estas grandes declaraciones.

Nosotros debemos determinar que siempre debemos incluir a Dios en nuestros planes. En cualquier tiempo en que usted se encuentre haciendo un plan o planes en los cuales Dios no está incluido, por favor no continúe con eso. Si usted no puede poner a Dios dentro de sus planes, cualquier cosa que sea, simplemente déjelos—no haga esos planes.

En negocios a menudo leemos acerca de aquellos arreglos en los cuales hay un socio en silencio y un socio activo; y de vez en cuando el socio activo decide, "Bueno, él nunca está aquí. Todo lo que ha hecho es invertir en este negocio, y él está viviendo en alguna otra parte y nunca ayuda. Yo hago todo el trabajo. Yo junto todas estas cosas, Yo mantengo los libros y le mando un cheque cada mes." De repente ese individuo decide que la otra parte no tiene el derecho de tener todo eso. Y por eso no le manda todo lo que él debe. A eso le llaman desfalco. A él le llaman malversador, y a tales los ponen en la penitenciaria. Pero Yo quiero que usted piense sobre esto esta noche.

Algunas veces decidimos que Dios no está aquí y Él no está caminando a nuestro lado. De modo que Él no sabe, Él no echa de menos todo lo que es para Él. Nosotros simplemente no le damos de nuestro tiempo y talento y habilidad y medios. Gente, es aquí donde debemos ser cuidadosos. ¡Pongan a Dios en sus planes! Este es el tipo de cosa que estábamos hablando la otra noche, y Yo he hablado por todo el país.

Yo pienso que es maravilloso cuando usted tiene un avance en su trabajo; pero, hermano, dondequiera que usted planee cambiarse, si la iglesia no está allí, si ese es un lugar donde no hay comunión Cristiana o comunión para sus hijos, Yo quiero decirle, usted está planeando una cosa peligrosa. Por favor incluya a Dios en sus planes; y si Dios no está allí y Su casa no está—Su asamblea no está allí—y no hay comunión Cristiana para usted, tire esos planes porque usted y Dios podrán hacerla donde usted está. Usted probablemente no la va a hacer en ese tipo de situación.

La mejor razón que Yo sé por la cual siempre debemos incluir a Dios en nuestros planes es simplemente esta—NOSOTROS estamos en el plan de Dios. ¡Yo creo eso esta noche! Yo creo que cada persona sentada en este cuarto y fuera de este cuarto tiene un lugar en el gran plan de Dios. Hay una banca en Su plan para usted. Estamos todos en Su plan. Debemos parar y pensar—soy un insensato esta noche, si no lo hago—yo necesito pensar, "¿Por qué he nacido?" Yo me envuelvo algunas veces en este mundo material. Cada mañana despierto en un mundo material. Yo voy a trabajar en un trabajo material. Yo trato con cosas materiales. Yo me envuelvo tanto en tales cosas que algunas veces Yo realmente pierdo mi equilibrio espiritual, y me olvido lo que estoy haciendo aquí. ¿Por qué nací en este mundo? ¿A dónde voy? ¿De qué se trata todo esto? ¿Qué debe tener prioridad? ¿Es esto ahora lo que nuestro Señor está diciendo? ¿Qué es la vida? Usamos esta palabra y la Biblia usa esta palabra. Etiqueta el tiempo desde el momento en que uno nace hasta el tiempo que el muere como "vida." Vida es un campo de prueba. De vez en cuando, pasando por ciertas partes de este país, podemos llegar a través del gran campo de prueba de una de las compañías de automóviles. Ellos ponen allí sus carros y los pasan por exámenes rigurosos para determinar si realmente pueden pasar la prueba. Yo quiero decirles que la vida es un campo de prueba, y debemos verla así. Una cosa que debemos ver que la vida no es—la vida no es para alcanzar fama o fortuna: ese no es su propósito. Yo pienso que debemos, para ser fiel a lo que el Señor está diciendo, recordar tanto a nuestra gente joven y a nosotros mismos que eso no es para lo que es.

Yo sé que usted está viviendo en un mundo que le está diciendo: "Adelántate." Hermano, le está diciendo, "Suba la escalera del éxito y la fama y la fortuna, no importa a quien pise usted. Simplemente llegue allá arriba; eso es lo que debe hacer." Pero eso no es lo que está diciendo ESTE Libro.

Uno de los relatos interesantes de la historia, y no estoy seguro de que sea totalmente un hecho histórico, pero dicen una historia de Felipe de Macedonia y de su pequeño hijo que creció con tal ambición. ¡El creció con una ambición de conquistar el mundo! Daniel, el profeta, ya había profetizado acerca de este evento y dijo que esa nación que ejercería gobierno sobre toda la tierra. Y Alejandro el Grande, con sus soldados revestidos de bronce, conquistaría el mundo entero. La historia es dicha, sea verdad o no, que llegó a su tiempo y lugar donde él pudo pararse sobre la cumbre de su fama, en cuanto a conquistarlo todo, y habiéndolo hecho, se fue a su tienda y lloró amargamente porque no había más mundos por conquistar. Evidentemente él pensó que para eso era la vida.

Poco antes de su muerte, Albert Einstein dijo, "Si Yo tuviera que hacerlo todo otra vez…." Yo quiero que piensen sobre esto. El genio que él era, con todas sus teorías de relatividad, dijo, "Si Yo tuviera que hacerlo todo otra vez, mejor preferiría ser un peluquero, o un plomero, o algo por el estilo." Él también dijo, "De esto no se trata la vida."

Yo he pensado a menudo acerca del hombre de esta parábola. ¿No se ha preguntado usted si la gente se preguntaba qué pasó con él? Él no había estado enfermo. Yo me refiero, No hay indicación de que él tuviera algunos problemas. Yo no sé cómo le llamaron; Yo no sé cómo escribieron en el certificado, pero si les digo esto—él se fue esa noche. Él se fue esa noche, y estoy seguro que hubo un gran discurso como los había con los hombres ricos de ese tiempo. Hubo grandes discursos, y tuvieron unos funerales maravillosos. Leemos en Lucas 16:22, "y murió también el rico, y fue sepultado"—y eso quiere decir con estilo. Yo no sé qué escribieron en su piedra, pero Yo les digo esto, el Señor no nos ve como los hombres nos ven, y estoy convencido que a pesar de que hayan dicho algunas cosas muy aduladoras, Dios escribió—AQUÍ YACE UN INSENSATO. ¡Aquí yace un insensato!

¿Qué Lo Hizo Un Insensato?

Ahora la pregunta es: "¿Qué lo hizo un insensato?" Si usted es como yo, usted quiere saber porque él es muy parecido a nosotros. Yo veo muchas similitudes entre él y Yo. Por eso quiero saber más acerca de este hombre. ¿Diría usted que este hombre fue un insensato? Y ¿Qué diría usted lo que le causó que fuera insensato? La primera cosa fue su dinero. A menudo escuchamos la gente decir, "El dinero es la raíz de todo mal." Pero sabe usted que, eso no es verdad. Con todo el debido respeto, la Palabra no dice eso. Si dice, "Porque el amor del dinero es la raíz de todos los males: el cual codiciando algunos, se descaminaron de la fe, y fueron traspasados de muchos dolores" (1 Timoteo 6:10).

No es solo por causa del dinero que este hombre fue llamado un insensato. No es por causa de debilidades morales. La Biblia no sugiere que él es de un carácter bajo. No dice que él es flojo, no dice que busca el placer; no dice ninguna de esas cosas. Entonces, ¿cuál es el problema si no era el dinero? Yo creo que la razón por la cual Dios llamo a ese hombre un insensato es simplemente porque el dejo a Dios fuera de su vida. Dios no tuvo parte en su vida. Dios no hizo la diferencia para él. Fueron MIS frutos, MIS bienes, MI alma, y todo me pertenece a MÍ. Dios simplemente no estaba allí.

Y después nuestro Señor dijo, "¿y lo que has prevenido, de quién será?" Y el Señor concluye, "Así es el que"... escuche... "Así es el que hace para sí tesoro, y no es rico en Dios." ¿Escucha usted lo que está diciendo? No es simplemente el estado de ser rico. Él está diciendo, "Así es el que hace para sí tesoro." Está en la avaricia impía en tratar de obtener esas cosas. La codicia es un pecado de muerte.

Durante el tiempo que Yo he predicado, Yo he visto borrachos arrepentirse; he visto personas profanas arrepentirse; he escuchado muchas cosas diferentes que la gente ha confesado y han deseado tener perdón, pero les puedo decir esto, en veinte y siete años solo he escuchado a una sola persona decir que él era un hombre codicioso. ¡Eso es todo! Solo un hombre quien dijo que se iba a la cama por la noche pensando acerca de cómo hacer dinero. Él se levantaba por la mañana y el primer pensamiento que tocaba su mente era, "¿Cómo puedo hacer dinero; como pienso, como actuó para hacerme rico?" Él dijo que él era eso. Pero ¿porque es que él es el único en veinte y siete años?

¡La codicia es una cosa peligrosa y mortal! Podemos pensar que somos un miembro perfectamente bueno de la iglesia del Señor y todo esto está bien con nuestra alma. Y aun así podemos ser afligidos con estas cosas que nuestro Señor está hablando aquí.

Nuestro Señor está diciendo que si el propósito de nuestra existencia es para enriquecernos exteriormente, vamos a perecer internamente.

Todo se va ir algún día. Usted recuerda en Apocalipsis 3:17, la congregación allí dijo, "Yo soy rico, y estoy enriquecido, y no tengo necesidad de ninguna cosa." Vaya que situación cuando alguien piensa que están en ese estado. Jesús dijo que ellos no sabían que ellos estaban "desventurados y miserables y pobres y ciegos y desnudos." ¿Qué tan diferente ve Dios sobre nuestras situaciones? Yo pienso que debemos, esta noche, vernos a nosotros mismos.

No nos lo vamos a llevar con nosotros. Esta es una expresión que nos sacudimos y es verdad. En 1 de Timoteo 6:7 Pablo dice, "Porque nada hemos traído á este mundo." Por favor recuerde que la palabra "nada" está compuesta de dos. Solo dice—ninguna cosa. "Nosotros no trajimos ninguna cosa a este mundo." Y eso es de lo que Él está hablando. "Y esto es cierto, no nos vamos a llevar nada"— ¡ninguna!

Cuando el grande y avanzado J.P. Morgan, el gran industrial, murió, en su funeral masivo alguien en la audiencia se inclinó a otro y dijo, "¿Qué tanto dejo?" Se dio la respuesta sobria, "¡Él dejo todo!" Y esa es la cosa que Yo quiero enfatizar. ¡Él dejo todo! No hace ninguna diferencia lo que él tiene, hermano, cuando uno deja este mundo, lo deja todo. Entonces debemos estar preocupados acerca de no dejar a Dios fuera de nuestras vidas.

No estoy tratando de hacer alguna gran historia de esto, pero he hablado con gente los cuales estaban llegando a los últimos momentos de su vida, y eso es para mí un tiempo asombroso. Me refiero, cuando está usted allí sentado hablando, y en unos momentos ya no está hablando más. De hecho, ellos ya no están allí. El espíritu ha tomado su vuelo. Quiero decirles que en esos últimos momentos de vida, ellos no están preocupados acerca de, "¿Cómo está la granja?" Ellos no están preocupados acerca de, "¿Cómo está mi cuenta de banco?" o "¿Cómo se están acumulando mis ahorros?" Hay una cosa que consume totalmente la mente en esos últimos pequeños momentos de vida—"¿CÓMO ESTÁ MI ALMA?" Es tan importante que nosotros entendamos eso y que lo entendamos ahora.

Salomón: Un Hombre Quien Tuvo Todo

Mejor que todo esto está el informe de un hombre que nos fue dado a nosotros en la Palabra de Dios; de hecho, leemos de él esta noche. Jesús dijo, "Salomón en toda su gloria...." Yo les digo, cuando usted regresa y lee la historia de Salomón, hermano, era lo que Él dijo, "Salomón en toda su gloria...." Y todavía me quiero volver y leer lo que Salomón dijo un día. Yo quiero leerlo a ustedes esta noche. Yo pienso que la lección seria incompleta sin esto. Yo estoy leyendo de Eclesiastés 2:3-11. Yo quiero que usted capte este gran hombre en toda su gloria. Él dijo:

Propuse en mi corazón agasajar mi carne con vino, y que anduviese mi corazón en sabiduría, con retención de la necedad, hasta ver cuál fuese el bien de los hijos de los hombres, en el cual se ocuparan debajo del cielo todos los días de su vida. Engrandecí mis obras, edifiquéme casas, plantéme viñas; Híceme huertos y jardines, y planté en ellos árboles de todos frutos; Híceme estanques de aguas, para regar de ellos el bosque donde los árboles crecían. Poseí siervos y siervas, y tuve hijos de familia; también tuve posesión grande de vacas y ovejas, sobre todos los que fueron antes de mí en Jerusalén; Alleguéme también plata y oro, y tesoro preciado de reyes y de provincias; híceme de cantores y cantoras, y los deleites de los hijos de los hombres, instrumentos músicos y de todas suertes. Y fui engrandecido, y aumentado más que todos los que fueron antes de mí en Jerusalén: á más de esto perseveró conmigo mi sabiduría. No negué á mis ojos ninguna cosa que desearan, ni aparté mi corazón de placer alguno, porque mi corazón gozó de todo mi trabajo: y ésta fue mi parte de toda mi faena. Miré yo luego todas las obras que habían hecho mis manos, y el trabajo que tomé para hacer las: y he aquí, todo vanidad y aflicción de espíritu, y no hay provecho debajo del sol.

Aquí está el testimonio de un hombre que lo tuvo todo.

Esta noche, cualquier cosa que sea, cualquier deseo que esté en su corazón, usted piensa si yo tan solo puedo obtener eso, entonces realmente estaré viviendo; de eso se trata todo. Bueno, cualquier cosa que sea lo que usted quiere, aquí está un hombre quien dijo que él lo tuvo. Sea bueno o sea malo, cualquiera que sea, ¡él lo tuvo todo! Y pienso que es tan hermoso lo que el declara en el capítulo doce mientras él llega a la última declaración que él hace en el verso trece. Él dijo, "El fin de todo el discurso oído es este: Teme á Dios, y guarda sus mandamientos; porque esto es el todo del hombre." Él dijo que ¡esto es todo! "Porque Dios traerá toda obra á juicio, el cual se hará sobre toda cosa oculta, buena ó mala."

Yo no estoy tratando de decir esta noche que una persona no debe ganarse la vida. Yo no estoy diciendo eso. Eso no es lo que Jesús está diciendo. Nuestro Señor nos puso en este mundo, y Él sabía que nosotros tendríamos ciertas responsabilidades religiosas y seculares.

Alguien observó que hay algunos pocos individuos en este mundo quienes tienen una mentalidad tan celestial que ellos no son de algo bueno terrenal. Ahora puede haber algunos pocos así alrededor, yo no conozco muchos, pero puede haber algunos. Pero lo que estamos tratando de decir es esto; el Señor ha dicho que usted no solo puede, sino que usted debe ocuparse en algún tipo de empresa lucrativa para apoyar a los que ama y para dar a aquellos que no tienen, ese mismo Dios también nos dijo que, "Cada primer día de la semana," debemos reunirnos con la gente de Dios (Hechos 20:7). El también nos enseña, conforme a 1 Corintios 16:1-2 que debemos guardar algo aparte según Él nos ha prosperado. Él también nos da muchas otras responsabilidades religiosas.

Nosotros algunas veces—y Yo digo NOSOTROS mientras hablo de la gente del Señor y cosas con las que Yo he tratado personalmente— nosotros algunas veces nos obligamos nosotros mismos para obtener algunos de los lujos de este mundo, y nos atamos tanto que no podemos vivir para Dios. Ni siquiera podemos llevar a cabo los mandamientos que Él nos dejó que observáramos cada semana. El mejorarnos no es necesariamente ser mejor. Yo pienso que algunas veces ponemos las dos cosas en la misma ecuación. Eso no es lo que Él está diciendo. Son dos cosas diferentes. Uno no hace un inventario de sus cosas y después dice que ha hecho un inventario de su alma, porque Jesús dijo "porque la vida del hombre no consiste en la abundancia de los bienes que posee" (Lucas 12:15). ¿Puede usted escuchar lo que Él está diciendo? Que el alma de un hombre o la vida de un hombre no es lo mismo a las posesiones de un hombre. Son dos cosas diferentes. Y a pesar de que el hombre necesita ambas, Él está diciendo, por favor no pongan estas cosas en la misma ecuación. Y aun así ¿qué es lo que hacemos? Yo les aseguro que somos criaturas quienes todavía tendemos a pensar que uno quien vive en una casa fina y maneja el automóvil más grande y tiene la mayor tierra, la tiene hecha. Recuerden: "porque la vida del hombre no consiste en la abundancia de los bienes que posee." Hay una diferencia entre las dos.

Jesús dice, "No solo de pan vivirá el hombre" (Mateo 4:4). Ahora usted piense en lo que Él está diciendo. Piense de usted mismo. Piense de su familia. Piense de sus hijos. "No solo de pan Vivirá el hombre, sino de toda palabra que sale de la boca de Dios." Yo quiero decirles, el hombre no solo "no vivirá solo de pan," él ni siquiera puede vivir con pan principalmente conforme a las escrituras. Él no está diciendo que el hombre no vivirá de pan, Él está simplemente diciendo, "No solo de pan vivir el hombre."

Con lo que estamos preocupados, esta noche, es la actitud. ¿Cuál era la actitud del hombre rico para con la vida? ¿Qué puso en ecuación con realmente vivir? "Y diré á mi alma: Alma, muchos bienes tienes almacenados para muchos años; repósate, come, bebe, huélgate." ¡Eso es vivir! ¿Qué dice el mundo, esta noche? "Hermano, más vale que usted cuide del número uno, y más vale que ustedes se reúnan juntos todo lo que se pueda. Usted toma todo el entusiasmo que usted puede porque usted no se va por este camino sino solo una vez." ¿No es eso lo que está diciendo? Dos mil años atrás este insensato puso en ecuación lo que el poseía con la felicidad. No son lo mismo. No son lo mismo en absoluto. "¡Comer, beber, y ser feliz!" Esta es una antigua filosofía Epicúrea, y está muy presente con nosotros esta noche.

Pablo dice en Filipenses 1:21, "Porque para mí el vivir es Cristo, y el morir es ganancia." Si ustedes perdonan esta palabra personal, en una ocasión Yo fui privilegiado de tomar lecciones de voz de un viejo profesor en la Universidad de Indiana. Yo recuerdo ir allá por la noche a tomar lecciones después que él había enseñado música todo el largo día. Esa noche él nos llevaba adentro y trataba de enseñarnos música y voz. El simplemente amaba la música. Su mundo era la música. El enseñaba y enseñaba y trabajaba y siempre se pasaba del tiempo designado. Y yo quiero que sepan ustedes, había varias ocasiones en las cuales él nos seguía por las escaleras y afuera al caminar, y Yo recuerdo estar sentado en el carro y el parado a un lado de la puerta del carro y todavía hablando de música. El no conocería una vaca si hubiera visto una, pero él sabia de música. ¡Para él vivir era la música! Y Yo pensé de Pablo. Si en efecto, esta noche, podemos hacer a la gente que se preocupen así por Cristo. Pablo dijo, "Porque para mí el vivir es Cristo." Si usted vive algo, ¿Qué hace usted? ¡Usted lo piensa, lo habla! Como nosotros decimos algunas veces en Texas, "Usted lo vive y lo respira." Cuando Pablo dice, "Porque para mí el vivir es Cristo," él está diciendo, Yo pienso a Cristo, yo hablo a Cristo, yo practico a Cristo. No es de extrañar que Pablo dice en Gálatas 2; 20, y este es uno de mis pasajes favoritos de escritura, "Con Cristo yo estoy juntamente crucificado, y vivo." ¡Escúchenlo! ¿Está usted muerto, Pablo? No, él dijo, "¡Yo vivo!" "¡Yo vivo!" "y vivo, no ya yo, más vive Cristo en mí y lo que ahora vivo en la carne, lo vivo en la fe del Hijo de Dios, el cual me amó, y se entregó á sí mismo por mí." Que hermosa, hermosa cosa. ¡Escúchenlo a Él! "La vida la cual yo vivo ahora." También nosotros nos preocupamos algunas veces acerca de la vida que hemos vivido. Lo que Él quiere saber es: ¿Qué va a hacer usted ESTA NOCHE? ¿A dónde va usted ESTA NOCHE? ¿Cómo va a vivir usted ESTA NOCHE—de aquí en adelante? "La vida que AHORA." Esta es la cosa por la cual usted se debe preocupar esta noche. ¿Qué va a significar la vida para mí de este tiempo en adelante? Para mí el vivir es ¿qué?

Recuerde: "Y por todos murió, para que los que viven, ya no vivan para sí, más para aquel que murió y resucitó por ellos." (2 Corintios 5:15). Él nos amó, y Él se entregó por nosotros. ¿Qué hermoso realmente es ese pasaje? Yo soy un insensato si Yo no reconozco la brevedad de la vida. ¡Yo soy! Gente, Yo debo reconocer el hecho de que esta vida es corta, como dijo Job tanto tiempo atrás, "EL HOMBRE nacido de mujer, Corto de días" (Job 14:1). ¿Ha notado usted ese pasaje? Usted podría decirle a Job, "¿Quién no es nacido de mujer?" Eso no es acerca de lo que él está hablando. Él dijo, "EL HOMBRE nacido de mujer, Corto de días." Él está hablando de la inmortalidad. El hombre mortal, el insiste, es simplemente de pocos días.

El hombre rico se paró allí esa mañana, después de que había resuelto su problema, y dijo, "Muchos años"—cuando en la actualidad, él se iba a ir esa noche. ¿Qué diferencia? "Muchos años," pero Dios dijo, "esta noche vuelven á pedir tu alma." Usted ve, la muerte no viene por LO SUYO. La muerte viene por USTED. Si en realidad, esta noche, la muerte viniera por lo suyo, usted podría decir, "Muerte, aquí; Yo te doy la mitad de lo que tengo. Llévatela y vete." Pero la muerte no viene por LO SUYO—por sus COSAS—está viene por USTED.

Y por lo tanto nuestro Señor está diciendo que pongamos este asunto en la propia perspectiva antes que la muerte venga. Cuando pienso de este hecho, Yo pienso acerca de una cosa que realmente hizo una impresión en mí. Yo estaba en el Sur de Texas predicando, y Yo visité en un hogar y conocí a un joven en quien Yo vi posibilidades de un predicador del evangelio. Yo estoy seguro que ustedes no conocen a ese joven; no mucha gente lo conoció. Pero él tenía posibilidades. Mientras Yo hablaba con él y mientras él se hizo Cristiano, el comenzó a trabajar en la congregación, Yo comencé a escribirle a él y enseñarle como hacer lecciones, a enseñar, cantar; él era uno de los prospectos más prometedor para el liderazgo en esa congregación. Él podía predicar el evangelio para Cristo.

Después, Yo regresé a ese lugar, y él ya no estaba allí. Él había tomado un trabajo en un pueblo muy lejos de allí, ganando más dinero de lo que él podría haber ganado. Puedo entender por qué esto era una tentación para él. Yo realmente lo entiendo. La siguiente vez que lo vi, tenía más cosas de las que él había tenido en su vida. Pero él estaba descarriado, con el grupo equivocado, con el estrato equivocado de la sociedad, sintiéndose que para quedarse en esa posición, él tenía que tener todas esas cosas; esas eran cosas que simplemente él no podía perder. Pero Yo pensé, podemos ganarlo otra vez. Lo vamos a ganar. Pero quiero que sepan, que una de las cosas más difíciles que yo he hecho fue predicar el funeral de ese joven. Un joven— ¡Se fue! ¡Perdido! ¡Era muy triste! El no pudo poner este asunto en la perspectiva correcta. El encanto de derribar alfolíes y de construir alfolíes más grandes era simplemente tan grande que él no lo pudo conseguir. "Y de la manera que está establecido á los hombres que mueran una sola vez," las Escrituras declaran, "y después de esto el juicio" (Hebreos 9:27). Debemos enfrentar estas cosas. Simplemente debemos hacerlo.

Esta noche, se da usted cuenta de que el Señor quiere que usted muera para que usted pueda vivir. Él quiere que usted "muera a los pecados" para que usted pueda "vivir á la justicia" (1 Pedro 2:24). ¿Está usted aquí, esta noche, y usted no es cristiano? Le suplicamos que usted se haga cristiano, que crea en el Evangelio de Cristo Jesús, que se arrepienta de sus pecados como nuestro Señor declara en muchos lugares. Él quiere que usted, esta noche, delante de la gente, delante de testigos, confiese Su nombre adorable. Él lo quiere a USTED, esta noche. Él quiere que USTED sea sumergido en Su nombre para la remisión de sus pecados. Él quiere que usted se haga un cristiano ahora. Él quiere que usted muera al pecado para que usted verdaderamente viva para Dios.

Yo me pregunto, esta noche, si nos damos cuenta que no debemos estar muriéndonos por vivir como el mundo, pero debemos estar viviendo para morir. Estoy recordando de algo que leí hace algunos años. Un predicador dijo que él estaba tocando puertas en California, y el vino a una casa y vio a una señora mayor de edad meciéndose en una silla en el portal de enfrente. Él le dijo, "Sra. ¿Cómo está usted hoy?" Y ella dijo, "Bien. Estoy viviendo para morir." ¡Qué enfoque nuevo en un mundo que está muriéndose por vivir! Amigo, si usted puede lograr que este mundo piense que pueden comer, tomar, y estar alegres y si usted puede hacerlos pensar que ellos pueden tomar su vida con tranquilidad, usted puede hacer un millón. ¿Qué tiene de malo con lo que ella dijo, "Estoy viviendo para morir"? Ella era una cristiana. Esa es una perspectiva muy diferente. Y esto es exactamente lo que debemos ser. Si usted no está preparado para morir, nuestro Señor está diciendo en esta parábola que usted no está preparado para vivir. Si usted no está listo para morir, usted no está realmente listo para vivir.

¿Qué pasaría si Dios le dijera a usted, "Esta noche vuelven á pedir tu alma."? Oh, pero usted no piensa que Él lo va a hacer; y Yo soy ese tipo de humano, también. Realmente no planeo dejar este mundo esta noche. Yo les diré francamente, Yo soy también humano. Pero Yo a lo menos debo entender la posibilidad.

¿Qué tal si Dios nos dijera, "¡Esta noche!"?—mientras estamos diciendo, "Yo tengo muchas cosas planeadas para mañana y el día siguiente y el próximo año y Yo tengo muchas metas planeadas dentro de muchos años." Pero eso no podría ser lo que Dios tiene en mente. Él puede estar planeando para que usted se vaya esta noche. ¿Está Dios en sus planes? Usted está en los de Él, y Él quiere que usted venga con Él. Piense acerca de todo esto mientras nos ponemos de pie y cantamos.

Sermón Cinco

"Y les hablo muchas
cosas por parábolas"

Mateo 13:1-3 y versículos 24-30

"Aquel día salió Jesús de la casa y se sentó junto al mar. Y se le juntó mucha gente; y entrando él en la barca, se sentó, y toda la gente estaba en la playa. Y les habló muchas cosas por parábolas, diciendo ... El reino de los cielos es semejante a un hombre que sembró buena semilla en su campo; pero mientras dormían los hombres, vino su enemigo y sembró cizaña entre el trigo, y se fue. Y cuando Salió la hierba y dio fruto, entonces también apareció la cizaña. Vinieron entonces los siervos del padre de familia y le dijeron: Señor, ¿no sembraste buena semilla en tu campo? ¿De dónde, pues, tiene cizaña? Él les dijo: Un enemigo ha hecho esto. Y los siervos le dijeron: ¿Quieres, pues, que vayamos y la arranquemos? Él les dijo: No, no sea que al arrancar la cizaña, arranquéis también con ella el trigo. Dejad crecer juntamente lo uno y lo otro hasta la siega; y al tiempo de la siega yo diré a los segadores: Recoged primero la cizaña, y atadla en manojos para quemarla; pero recoged el trigo en mi granero".

5. El Problema con el Mal

Jesús dijo, "Yo, si yo soy llevado de la tierra, traeré a todos los hombres conmigo." Creemos que el mundo en su mayoría aún espera que el sol salga. Malaquías dijo a los que temen a Dios "nacerá el Sol de justicia, y en sus alas traerá salvación". Jesús nos está diciendo, "Yo, si soy llevado de la tierra, traeré a todos los hombres conmigo." Estamos agradecidos esta noche por el privilegio que tenemos de tener una pequeña parte en poner en alto al Señor; no estamos haciendo esto solamente al estar hablando de él, al cantarle y orarle como lo hemos hecho esta noche, sino también al intentar reiterar y traer a la mente uno de los sermones que el predicó hace mucho tiempo.

Venimos esta noche a sentarnos a los pies del gran Maestro. Yo por mucho tiempo he pensado que si alguien quiere aprender a predicar la palabra, una de las mejores cosas que pueden hacer es sentarse a los pies del mejor Maestro que ha vivido y ese es Cristo Jesús. Aprendimos la noche anterior que como el Señor lo declaró, "hay uno más grande que Salomón". Nuestro Señor es más que todos y mayor que todos. Y nosotros tenemos el privilegio de sentarnos a sus pies y escuchar su palabra divina.

Muchas veces nuestro Señor utiliza varias imágenes habladas. El usó parábolas. El uso muchas cosas para intentar alcanzar el corazón de su gente y hacerles ver las muchas responsabilidades y glorias de su gran Reino. Como muchos han dicho, el Señor hizo que todo estuviera al alcance de los humildes. Esto no era solo para los mayores y mejores o para unos pocos seleccionados sino algo para todas las masas. Algo que aprecio de los dichos y las parábolas de Cristo es que él lo dice como es. Y si nosotros lo presentamos como él lo dijo entonces veremos eso. Por ejemplo, el Señor nunca dijo que deberíamos tener cuidado con la ostentosidad en la religión. Lo que sí dijo, fue que no te des palmadas en tu propia espalda cuando solo estás haciendo lo que se te fue dado que hicieras. Y creo que esto es algo que veremos muy claramente esta noche.

Muchas veces el Señor puso la verdad al lado de la verdad. Él dijo, basado en algunas cosas que ya entienden, quiero que ustedes entiendan estas grandes verdades espirituales. Creo que es evidente que si el Señor no hubiera hecho esto con muchas cosas, algunas de las verdades nunca se hubieran entendido.

Lo que me gusta de las parábolas de Jesús, como lo he dicho cada noche es que el Señor empieza a contar una historia, y es algo que ellos saben que es verdad y parte de la vida diaria; Y repentinamente en medio de la historia, sin que ellos lo sepan la verdad sale a la luz y ellos saben que se aplica a ellos. Aunque ellos no la esperaban la verdad estaba allí.

En esta noche le invitamos a poner atención a esta parábola en particular. Y me gustaría simplemente llamarla, si no podemos llamarla la parábola de la cizaña o la parábola del trigo y de la cizaña, El Problema con el Mal. No hay una persona en este edificio que no se haya confrontado con problema del mal. Los hombres siempre han luchado con este problema. Y ustedes están viendo a alguien esta noche que lucha con este problema. Creo que es apropiado que nos sentemos y escuchemos a aquel que nos lo explique. Él nos da la solución. Él da la respuesta al problema del mal.

¿Por qué Permite Dios que esto Ocurra?

Hace algunos años fue mi responsabilidad como en otras ocasiones llevarle una historia trágica a una mujer, a una familia. Nunca olvidaré ese día. No fue nada agradable. Dos seres queridos se habían perdido y era mi responsabilidad hablar con la familia. Cuando yo les contaba el problema de la mejor manera posible, casi como algo espontaneo, surgieron estas palabras, "¿Por qué permite Dios que esto ocurra?" Bueno pues no creo que esta sea una pregunta de duda. Lo que estamos viendo es una pregunta de fe. Quiero que veamos qué es exactamente eso. Esto fue verdadero en esta ocasión cuando estos hombres vinieron al padre de familia y le dijeron, "Señor, ¿no sembraste buena semilla en tu campo? ¿De dónde, pues, tiene cizaña?"

Algunas veces cantamos el himno, "Este es el Mundo de Nuestro Padre, y descanso en este pensamiento," y seguimos cantando estas bellas palabras, siempre sabiendo que hay ocasiones en las cuales preguntamos, ¿Es este en realidad el mundo de nuestro Padre? ¿Hay cizaña que se ha escapado de la mano de Dios? ¿Hay alguna posibilidad que en algún lugar la cizaña escape de la mano de Dios y continúe creciendo hasta llegar a cubrir todo el mundo? Si esto no es verdad, ¿Entonces porque hay tanta violencia, este deseo, este malestar y perdición, todo este trabajo y angustia? A cualquier lugar que vayas la tierra está llena de estas cosas. Y si este es el mundo del Padre, ¿Por qué existen estas cosas?

Bueno, les puedo decir esta noche que no hay una respuesta fácil. De hecho les propondría que la única respuesta es dada por nuestro Padre y por este libro; Y la única manera que he encontrado para explicarlo es a través de esta lección en particular.

El Señor nos habla como siempre, y nos dice quiero hablar con ustedes quiero contarles una historia verdadera. Y era algo que era parte de su vida diaria. Él nos cuenta de un granjero Galileo que tiene un campo que ha asegurado y lo ha cercado, para usar una expresión del Antiguo Testamento. Lo ha cercado, lo ha arado, y ha sacado las piedras y ha preparado todo para la semilla.

Un día finalmente tiene todo preparado; y como aprendimos en la lección de la primera noche esto es verdaderamente necesario. Todo está ahora preparado. Un día el sale y siembra la semilla en la tierra; y si hay algún tiempo en el cual uno puede sentir un poco de lo que siente Dios, es muy probable que esto sea cuando una siembra su semilla en la tierra, entendiendo que él ha hecho todo lo que puede hacer y es sólo a través del gran plan de Dios que tiene para todas las cosas, que esta pequeña semilla brote.

Él cuenta de un hombre que sembró la semilla y después de esto fue a dormir el "dulce sueño" del cual habla Salomón, el sueño de un hombre trabajador. Y nosotros pensamos que bella historia, un hombre siembra, recoge, regresa a su hogar y duerme, todo esto es bueno. Pero hay algo en todo esto que no es bueno. El Señor nos dice que esa noche alguien no durmió. Esa noche alguien, bajo la obscuridad de la noche, fue al campo de este hombre y tomó la semilla de la cizaña, y simplemente la esparció a través de todo el campo ya preparado.

Estuve leyendo recientemente para obtener más información de esto ya que aún ocurre en ciertos lugares. Personalmente viniendo de una familia de agricultores pienso que esto es lo peor que podría pasarle a un granjero, que le llenaran su campo de cizaña.

Ya hemos aprendido en la Parábola del Sembrador y en nuestra propia experiencia que no podemos salir y simplemente decir "Pues todo va a salir, lo único que tengo que hacer es sacarlo todo y empezar de nuevo." Eso no es verdad. Vas a tener que luchar con los resultados de esa semilla por años. Alguna parte de ello permanecerá allí sin importar el clima, y tarde o temprano saldrá de la tierra.

El Señor nos dice que estamos hablando del Reino no solo de un campo cualquiera. No solamente estamos discutiendo el plantar semillas en el campo de alguien. Él dice que quiere que sepamos que estamos discutiendo el gran Reino de Dios y el hecho que dice Reino, quiere decir que el lenguaje divino está acomodado al lenguaje humano. Entendemos cómo funciona el trabajo del rey, el reino, el territorio, los súbditos, las leyes y todo esto.

Quiero que notemos que el Señor nos da una interpretación auténtica. Estoy contento que el decidió hacer esto. En la parábola del Sembrador y en esta parábola, el Señor no nos deja la interpretación a nosotros, Él dice quiero decirles de lo que estoy hablando; y cuando lidiamos con el problema del mal, creo que es vital que sigamos estrictamente lo que la interpretación que Él nos dice que es.

EL Sembrador

Primeramente, él dijo, "El que siembra la buena semilla es el Hijo del hombre." Quiero que escuchen esa expresión. Él nos dice que el que siembra es el Hijo del hombre. Aquí está la expresión favorita del Señor. Mientras que él estuvo aquí en su ministerio terrenal, Jesús usa esta expresión para referirse a sí mismo más que cualquier otra expresión.

Él dijo esto es lo que soy. Soy el Hijo del hombre. Soy el Sembrador. Cuando nos involucramos en esto tenemos una compañía muy especial, ya que Jesús dice que él es este individuo. En Hechos 7:56, Esteban al estar mirando hacia los cielos vio "Al Hijo del hombre parado a la diestra de Dios." De verdad que esta era la expresión preferida del Señor.

Creo que uno de los mejores pensamientos que se podrían tener es que Dios el Hijo vino a vivir entre los hombres por un tiempo. Uno de los mejores cumplidos que se le han dado a la humanidad es que en un tiempo Dios vino a vivir entre los hombres en la persona de su hijo, Jesucristo. "En el principio" Juan dice, -- y este tiene que ser el pasaje más bello que se encuentra en la biblia -- "En el principio era el Verbo, y el Verbo era con Dios, y el Verbo era Dios…Y el Verbo fue hecho carne, y moró entre nosotros." Como el Hijo único del padre, Jesús vino a esta tierra. El moró en la tierra. Pero permítanme que les diga algo aún más grande, -- si es que hay algo más grande -- es el hecho de que en este momento hay un hombre en el cielo. Y la razón por la cual es esto es porque en 1 Timoteo 2:5 Pablo dice, "Porque hay un solo Dios, y un solo mediador entre Dios y los hombres, Jesucristo HOMBRE." Hay un hombre en el cielo y toda nuestra salvación depende de este hecho, que hay un hombre en el Cielo esta noche. No solo un hombre, sino el Hijo del hombre. Él quiere que entendamos, y creo que debiéramos entender, que aquí está la única flor perfecta que brotó del tallo de la humanidad. Ni uno de nosotros estamos dispuestos a preguntar lo que Jesús hizo. El simplemente hizo la pregunta, "¿Quién de ustedes puede culparme de pecado?" Les aseguro que nunca escucharán eso de alguno de nosotros. Pero Jesús no solo podía decir eso, sino que lo hizo y ningún hombre le pudo contestar. Él era el Hijo de Dios, pero prefirió llamarse el Hijo del hombre.

La Semilla

Sigamos adelante. El Señor quiere que entendamos que la semilla, -- y creo que debemos pensar en esto my cuidadosamente -- son los hijos del reino. Ahora si recuerdan el lunes pasado empezamos con la Parábola del Sembrador; ¿qué dijo que era la semilla? La semilla fue la palabra de Dios. ¿Por qué entonces él lo cambia en esta parábola? Esta noche él nos está diciendo que la semilla son los hijos del reino.

No creo que tengamos una contradicción aquí. Creo que tenemos una extensión. Tenemos el crecimiento de la semilla en la vida de los hombres. El Señor está diciendo que la gente no debería pensar de nosotros separadamente de la Palabra de Dios. Así que está creciendo y viviendo con nosotros, la gente de Dios. No hay ningún desacuerdo con esto. En Santiago 1:18 él dice "Él, de su voluntad, nos hizo nacer por la palabra de verdad, para que seamos primicias de sus criaturas." En 1 Pedro 1:22-23 dice, "Habiendo purificado vuestras almas por la obediencia a la verdad, mediante el Espíritu, para el amor fraternal no fingido, amaos unos a otros entrañablemente, de corazón puro; siendo renacidos, no de simiente corruptible, sino de incorruptible, por la palabra de Dios que vive y permanece para siempre."

El Campo

El Señor dijo después de esto que el campo de este hombre, en el cual la semilla había sido sembrada, es este mundo. "EL…CAMPO…ES…ESTE…MUNDO." Grandes divisiones religiosas han ocurrido sobre el significado de estas cinco palabras. Me parece un poco inusual que este sea el caso; pero si la historia nos dice la verdad esto es un hecho. Algunos dicen que el campo es la iglesia, o que la iglesia es el mundo y todo ese tipo de argumentos, pero Jesús nos dice, "El campo es el mundo." Y eso es lo único que tiene sentido porque vas a encontrarte con muchos problemas en esta parábola si intentas cualquier otra definición además de que "el campo es el mundo."

¿Recuerdan lo que Jesús dice en Mateo 28:18-19? Él dice, "Toda potestad me es dada en el cielo y en la tierra. Id pues, y haced discípulos en todas las naciones". Marcos 16:15-16 "Id por todo el mundo, y predicad el evangelio a toda criatura. Él que creyere y fuere bautizado será salvo; mas él que no creyere, será condenado". En Lucas 24:46-47 al dar cuenta de la gran comisión dice "Así está escrito, y así fue necesario que el Cristo padeciese, y resucitase de los muertos al tercer día; y que se predicase en su nombre el arrepentimiento y el perdón de pecados en todas las naciones, comenzando desde Jerusalén". ¿Qué está diciendo aquí? "El campo es el mundo." ¿Qué dijo en la parábola del Sembrador? Él dijo que el campo era el corazón del hombre. Pero no hay ningún problema aquí. Esto es lo que él está diciendo. Tú vas a enseñar la doctrina, a sembrar la semilla en el campo. El campo es el corazón de los hombres. ¿Dónde están los hombres? En todo el mundo.

A menudo he pensado de este mundo del que el Señor está hablando aquí. El campo es tierra, y estamos lidiando con el mundo. A veces nos preocupamos por el hecho de que no hemos estado en todo el mundo, y deberíamos estar preocupados. No estoy tratando de evitar que alguien vaya a algún lugar, pero hay mucho mundo aquí. Hay mucho mundo en Wichita, Kansas. Hay mucho mundo alrededor de nosotros porque cada lugar en el cual encuentras un corazón humano es un campo, has encontrado al mundo. Si usted nunca se cambia de Wichita, Kansas, en toda tu vida, aquí hay mucho campo, hay mucha gente, aquí deberíamos estar plantando la semilla del Reino, la Palabra de Dios, en el corazón de todos esas personas.

El Enemigo

El Señor luego nos dice que los siervos regresaron a la casa. Yo trato de imaginar esto. Un día estaban allá afuera trabajando entre las plantas, y parece que eran hombres muy experimentados, y miraron a su alrededor y vieron que algo no estaba bien. Había un problema; algo no se veía bien.

Ellos regresan al padre de familia y le dijeron, "Señor, ¿no sembraste buena semilla en tu campo?" ¿De dónde, pues, tiene cizaña? Notemos el hecho de que al mencionar que hay buena semilla esto indica de manera inmediata que también hay mala semilla. También noten, que si se siembra buena semilla, entonces no se espera que haya cizaña. Amabas no crecen juntas. El Señor dice de inmediato, "un enemigo ha hecho esto."

Me gusta la manera en la que Jesús pone esto. Como ya dije, la Biblia lo pone así. ¿Cómo lo llama a este hombre? Él dice, "Un enemigo ha hecho esto." Él no dice que esto es el producto de un error del campo o sus alrededores. Él no dice estos pobres hombres están sufriendo estos obstáculos temporales que son propios del progreso del hombre. ¿Qué es lo que dice él? "Un enemigo ha hecho esto." Y lo llama "el diablo."

La Biblia reconoce la presencia de una personalidad malvada en el mundo, y no hay ninguna manera de escapar esto. La Biblia insiste que hay alguien que solo busca y está enfocado en nuestra destrucción. En Efesios 2:2 él lo llama, "el príncipe de la potestad del aire, el espíritu que ahora opera en los hijos de desobediencia". Ahora él está aquí. Hace dos mil años Jesús dijo, "Un enemigo ha hecho esto".

Por favor noten su campo de acción. El diablo trabaja en un campo que no es de él. Pueden ver que no andaba en alguna parte remota de la tierra. Él no estaba trabajando donde aún nadie había hecho algo. Él estaba trabajando donde alguien ya había asegurado, trabajado, se había esforzado y había preparado. Ahí es donde el diablo trabaja. Verán, él ya tiene a los demás así que él quiere confundir, si es posible, a los escogidos de Dios. Esto es lo que le importa a él. Cuando usted piensa de este individuo o esta personalidad malvada la cual está allí afuera trabajando y sembrando semilla, él está sembrando la semilla mala, o traduciéndolo de una forma, hierba mala. Eso es lo que esta semilla es en realidad. Aunque parece ser exactamente igual que el trigo, en realidad no lo es. Satanás, está trabajando con un sistema falso.

Estoy convencido después del estudio cuidadoso de lo que nuestro Señor está diciendo y de lo que vemos en este mundo, que hay una mente maestra y la Biblia lo llama así, una mente maestra que esta tan educado en el arte de la naturaleza humana que te puede presentar lo que tú quieras. Y si en realidad no está allí él te lo consigue. Su plan es oposición a través de imitación. Así es como él trabaja. El no viene con una nueva idea radical. No viene y planta algo que inmediatamente parece malo. No es hasta que estas cosas empiezan a llegar a dar su fruto que apenas se empieza a notar que hay un problema.

Así que, ¿Qué nos está diciendo? Él nos está diciendo que este campo ha sido sembrado con aquello que no es bueno. Él también quiere que nosotros entendamos que cuando nosotros nos fijamos en la semilla, no vamos a necesariamente saber cuál es buena y cual es mala. Debemos hacer como él dijo en 1 Juan 4:1, "Amados, no creáis a todo espíritu, sino probad los espíritus si son de Dios; porque muchos falsos profetas han salido por el mundo." Jesús dice habrá muchos que dirán "Señor, Señor" pero él dice que ellos "no hacen las cosas que yo digo."

Ahora notemos el hecho de que el campo en sí no es malo. Lo que brotó en el campo fue a consecuencia de lo que fue sembrado en él. Lo que estoy diciendo esta noche es esto, que los hombres no son malos en su naturaleza. El campo estaba limpio. Y produjo solo lo que fue sembrado EN ese campo. Si siembras buena semilla, recoges buenas cosas. Y si siembras mala semilla, El insiste, cosechas malas cosas.

Jesús es muy enfático con el enemigo. Veamos algunas cosas con las que se refiere a él. Él dice, "Un enemigo ha hecho esto," y le llama "EL...MALVADO." Debemos ver al diablo por lo que es. Yo estoy seguro de que no le vemos en el mundo como lo que es. La Biblia lo llama una serpiente; lo llama malvado; dice que habla mal de Dios, y debemos verlo como lo que es. Él en realidad existe. No sé cómo explicar esto para que lo creamos en realidad y nunca lo olvidemos. Pero Satanás es real esta noche. Él es un enemigo con hostilidad activa hacia Dios y todo lo bueno. Entre más se hace, más va a revelarse.

Notarán que él no estaba haciendo mucho en este campo hasta que alguien empezó a hacer algo en él. Hasta que alguien empezó a sembrar la semilla del Reino. Así que a menos que estemos sembrando la semilla del Reino en varias partes del mundo, Satanás no se va a preocupar por esto. No debemos asumir que porque hay cierta parte del mundo en donde se encuentran personas, que el Señor les va a proteger de alguna manera. Tenemos nosotros que sembrar la semilla. El punto es este, nuestro Señor está diciendo que cuando nosotros nos ocupemos, Satanás se va a ocupar.

Déjenme les aseguro algo esta noche, si usted decide individualmente hacer algo realmente por Dios --le gustaría ser un cristiano, y empezar a servir a Dios-- le prometo que se va a enfrentar con alguna oposición. Si la congregación en realidad se decide a hacer algo por Dios y que en realidad van a funcionar para él, les prometo que ustedes se van a enfrentar con problemas. Y esto no debería de sorprender a nadie. Satanás trabaja en un campo que no es de él. Déjenme lo pongo de esta manera, a medida que el sol resplandece más, les prometo que las sombras se están poniendo más obscuras. Y esto es lo que Él está diciendo, Satanás empieza a trabajar cuando nosotros empezamos a trabajar.

¿Qué estamos viendo? Estamos viendo una batalla, una batalla entre el bien y el mal, entre nuestro Dios y Satanás, entre todo lo que es bueno y lo nada bueno, entre la luz y la oscuridad. Y saben, ¿Qué creo que es grandioso de esto? Usted y yo estamos en medio de ella. Somos privilegiados al encontrarnos en este gran drama de la humanidad. Y nos encontramos en una posición igual que en la que estuvo el hombre en el Edén. Tenemos la capacidad de servir a Dios. Tenemos la capacidad de pecar, pero no hay razón alguna por la cual deberíamos de hacerlo. Dios ha eliminado las razones por las cuales deberíamos pecar o estar cautivos bajo el poder del pecado. Así que tenemos algunas cosas muy maravillosas a nuestro favor esta noche. La victoria será un triunfo moral.

Ahora notemos que dice, que cuando el enemigo había sembrado su semilla el enemigo "siguió su camino." Muchas veces he pensado de esa expresión, por la inocencia que parece darle al diablo. El sale a sembrar la semilla mala y después sigue con su camino. El trabajo ha sido hecho. No necesita hacer nada más hasta que la semilla traiga su fruto ya que su semilla funciona de la misma manera. La escritura dice, "Cuando brotó la semilla, trajo fruto y también apareció la cizaña." Noten que no dice que cuando salió la pequeña hoja se supo que era cizaña. Ni aun cuando la planta comenzó a crecer sabían que era cizaña, si no que hasta que empezó a dar fruto ellos finalmente entendieron. Nuestro Señor dice, "Por sus frutos los conoceréis." El Señor no dice que por nuestro parecer seremos reconocidos. No dice "por la hoja", "por la rama", sino "por sus FRUTOS serán conocidos." Esto es verdadero con la maldad igualmente. Creo que lo que nuestro Señor está diciendo es que el principio de la maldad muy apenas se puede discernir.

En Santiago 1:15 dijo, "Entonces la concupiscencia, después que ha concebido, da a luz el pecado"; Cuando este niño es concebido, entonces el hijo de pecado es nacido, y "siendo…consumado". Por favor noten, -- que el pecado es una cosa progresiva. Yo hablaré más a fondo de esto en otra lección. Es como Pablo dijo en 2 Tesalonicenses 2:7, "Porque ya está en acción el misterio de la iniquidad;" Como la levadura, está trabajando. Así que él está diciendo que "cuando la concupiscencia después que ha concebido"…no antes…pero "da a luz el pecado; y el pecado después que es consumado da a luz la muerte."

Creo que una de las necesidades más grandes es simplemente tener hombres en nuestras congregaciones, hombres que son maestros de su Palabra, que puedan discernir el mal antes que haya crecido completamente. Tantas veces simplemente reaccionamos a las situaciones. Reaccionamos a esto y a lo otro. No estamos actuando en algo si no reaccionando a algo. El Señor está diciendo que el mal no se ve como mal cuando está aún pequeño.

Creo que a un bebé CUALQUIER cosa se le ve bien. Mi esposa no está de acuerdo conmigo en esto, pero si lo creo, una rana bebe no se ve mal…así como cualquier cosa pequeña se ve bien. De hecho, creo que algunos de nosotros nos vimos muy bien cuando estábamos pequeños, pero las cosas tienen una manera de cambiar al pasar el tiempo y cuando crecemos. La Biblia está diciendo que cuando el pecado nace y aun cuando está pequeño no se ve mal. Esa es la razón por la cual oímos muy a menudo, "No veo ningún problema con eso." Necesitamos a alguien que pueda ver el resultado final de tal decisión. Necesitamos poder decir, esto es como se va a ver la situación en diez años, y así se va a ver en quince años. ¿En veinte años?

Así que el Señor está, "diciendo que cuando salió el fruto de aquella semilla, esto trajo también la cizaña." Esta es una lección de contraste. El Señor está diciendo que en este campo tenemos trigo y tenemos cizaña. Y está diciendo que todos o somos uno o somos el otro. Ahora sé que vivimos en un tiempo en el cual algunas veces nuestros propios hermanos hablan de Cristianos potenciales. Hablamos de "medio cristianos". Hablamos de buenos Cristianos. Pero Jesús dijo hace dos mil años que todos los hombres son o trigo o cizaña. Y al estar en este lugar esta noche y al yo ocupar este lugar, en este momento o somos trigo o somos cizaña. Por favor hay que tomar esto en cuenta cada vez que leemos algo de la palabra de Dios ya que creo que es vital que lo hagamos.

Arrancando la Cizaña

Ahora los siervos de este amo vinieron a él y le dijeron, "Señor no sembraste buena semilla en tu campo?" ¿Qué pasa en esta situación? Veamos lo que ellos proponen. Los siervos dicen, "¿Quieres, pues, que vayamos y la arranquemos?" Ellos tenían una solución, sabían que hacer; Señor saldremos al campo y sacaremos toda la cizaña de él. Nos deshacemos de la cizaña y vamos a producir una buena cosecha para usted porque somos sus siervos y queremos encargarnos de esto. ¿Qué están proponiendo? Están proponiendo violencia. ¡Vamos a arrancarla! Nos vamos a deshacer de ella. Pero de inmediato el Señor les dice, ¡No!

El espíritu de estos hombres nos recuerda mucho al tiempo en el cual estamos viviendo. Hoy podemos ver esto y decir, "Ellos deberían de saber que esto no era correcto." Pues déjenme les digo que hay tiempos en los cuales estamos tentados a sacar la cizaña hoy mismo. Todavía vemos algunas situaciones y cosas que son repulsivas. La Biblia les llama situaciones abominables, y nosotros pensamos que esas cosas tienen que desaparecer del mundo en el cual vivimos.

Me recuerda esto a Lucas 9. Recuerdan esa vez cuando el Señor había pasado el día enseñando. Él estaba exhausto y era tiempo de descansar. Jacobo y Juan habían ido a una aldea de los Samaritanos, algo que quizás había sido un problema para ellos pero aun así lo habían hecho. No fue mucho para cuando ellos regresaron molestos, con razón les llamaban hijos del trueno, regresaron del pueblo y dijeron, "Señor, ¿quieres que mandemos que descienda fuego del cielo, y los consuma?" ¿Qué increíble es esto! ¿Saben porque? Los Samaritanos no querían que Jesús pasara la noche en su pueblo y Jacobo y Juan no apreciaron esto en lo más mínimo. Ellos dijeron, lo que se necesita hacer con la cizaña es sencillo, arrancarla de la tierra. Hay que aniquilarlos. Pero Jesús les reprende y les dice "Vosotros no sabéis de qué espíritu sois" Él dice, "El hijo del hombre no ha venido a destruir las vidas de los hombres, si no a salvarlas". Yo todavía siento un poco del espíritu de Jacobo y Juan cuando veo algunas de las cosas que están ocurriendo en el mundo hoy en día. Cuando veo a padres, y esto lo he visto en todo el mundo, padres que han trabajado para enseñarles a sus hijos y los han tratado de educar, tratado de enseñarles a ser honestos, decentes y buenos. Y en algún tiempo de su vida alguien está listo a darles una bebida en una barra brillosa sin importarles en lo más mínimo el alma de esa persona, solo queriendo saber qué es lo que pueden obtener de ellos. También cuando vemos a una persona en las afueras de la escuela vendiendo droga a nuestros jóvenes; o leemos de los niños que son forzados a la prostitución; o tiempos como ahora en los cuales estamos votando en si deberíamos aceptar la homosexualidad o no. Estos son días extraños. Estos son tiempos en los cuales, como la gente de Dios de la antigüedad decía, Señor, hay algunos que necesitan ser arrancados. Señor si este es tu mundo en realidad, ¿Por qué existen estas cosas en él?

No es solo en el ámbito moral que esto ocurre. La gente está enseñando algunas cosas increíbles. Estuve sentado en una clase de sesenta muchachos hace algunos años. Sesenta muchachos que se estaban preparando a predicar en una denominación importante. Estaba allí sentado para recibir cualquier beneficio que pudiera de lo que se estaba diciendo. Pero no pude creer lo que el hombre que estaba allí de pie dijo, él dijo que el Mar Rojo no era un mar en realidad. Esto no ocurrió en algún colegio cualquiera por allí. Esto fue supuestamente en una institución ortodoxa del sur. El Mar Rojo no es un Mar, las paredes del mar no se levantaron en ambos lados, y no cruzaron por tierra seca, y no fueron "¡bautizados en Moisés en la nube y en el mar!" Solo era un lugar como un arroyo y ellos cruzaron por encima de él. ¡No se molestó en explicar cómo los egipcios se ahogaron en ese lugar! Pero estas eran las cosas que se estaban enseñando a esa gente. ¡La Muralla de Jericó nunca existió! Esto me recuerda a una pintura por Bruegel que vi hace tiempo y a lo mejor algunos de ustedes también la han visto. Él muestra la imagen de algunos pordioseros Franceses que estaban caminando y viendo hacia adelante con ojos que no veían, ellos estaban ciegos. Ellos estaban siguiendo a un hombre, y esto es lo que lo hace tan patético, el hombre al cual estaban siguiendo estaba ciego también, y todos se estaban dirigiendo a un hoyo. Él estaba ilustrando lo que Jesús dijo, que "Si un ciego guía a otro ciego, ambos caerán en el hoyo". Estamos viviendo en tiempos en los cuales los ciegos guían a los ciegos. Y el Señor quiere que entendamos esto.

Hablando acerca de algo reciente, de hecho algo que sucedió durante el mes de Mayo, en el estado de Texas se estaba hablando de que si se aceptarían las carreras de caballos y las apuestas como algo legal. Eso es algo que siempre ocurre y vuelve a ocurrir, nunca dejan de intentar. Un individuo salió en la televisión – A nivel nacional, y no va a creer esto -- era un predicador de Lexington Kentucky; él dijo que la Biblia apoyaba las carreras de caballos. Y pensé, ¿Dónde diría la Biblia algo sobre las carreras de caballos? Seguí escuchando y él dijo, "La Biblia dice, 'corramos con paciencia la carrera que tenemos por delante'". ¡No podía creer lo que estaba escuchando! Estos son los tiempos en los que estamos viviendo. Líderes ciegos guiando a los ciegos. Puedo entender como estos individuos en el pasado dijeron, "Señor, quieres que vayamos y la arranquemos?" Pero lo sorprendente de todo es, que El deshace cualquier pensamiento de este tipo al simplemente decir, "Dejen que ambos crezcan juntos hasta la siega."

¿Qué está diciendo el Señor? Él está diciendo que no usaremos violencia. Si obtenemos una victoria en lo espiritual siempre será una victoria moral. No será algo que tiene que ver con violencia o fuerza. Creo que la cosa menos santa de la que he oído son las Cruzadas Santas. Recuerdo en la escuela cuando supe de esto por primera vez siempre me preguntaba, "¿Qué hay de santo de una Cruzada?" ¡Nada! Oyen que los Cristianos estuvieron peleando contra tal y tal gente pero déjenme les aseguro que estos no eran Cristianos.

No podemos usar la fuerza y la violencia. Déjenme se los explico de esta manera, podemos destruir la semilla pero ya que la semilla ha germinado y la cizaña empieza a crecer debemos dejarla así. Él está diciendo que puedes destruir el germen, pero ya que el germen está dentro del individuo no puedes destruirlo a él con el propósito de eliminar el germen. Así que el Señor está diciendo que si hay un individuo así debemos dejarlo en paz. La ley del Maestro es, "Dejen que ambos crezcan juntos hasta la siega."

Déjenme les doy otra razón, nuestra falta de valor. Si en realidad intentáramos sacar toda la cizaña, ¿Dónde empezaríamos? ¡Ah! ¡Yo sé dónde empezar! en algún lugar al otro lado del océano. Hay gente hoy en día que caminan al Rio Ganges y arrojan a su primogénito a los cocodrilos para calmar el enojo de un dios, y nosotros decimos que esto debe ser erradicado. ¡Eso no puede continuar! Hay que empezar con el Budismo, el Sintoísmo y los musulmanes. ¡Hay que empezar eliminando esto! Pero no tenemos que ir hasta ese extremo para empezar. Si queremos hablar de arrancar toda la cizaña no tenemos ni que salir de la puerta esta noche para hacerlo. Verán, si vamos a empezar a deshacernos de todo, a echar todos los Jonases a la mar entonces hay que empezar arrojando la primera piedra. Pero yo creo que la mejor manera de detenernos y no hacer esto es el saber que la cizaña se puede convertir en trigo. Claro que hablando biológicamente esto no es posible, así que ustedes podrían decir he aquí una falla en tu argumento. ¡No! Eso no es verdad en el mundo, pero aquí esta noche, eso sí es verdad. ¿Por qué? Porque no estamos tratando de transformar a los hombres, no estamos tratando de solo poner a la gente en un buen ambiente, el hacer solo eso no cambia a la gente. Estamos hablando esta noche de un nuevo nacimiento, ¡De nacer de nuevo! Pensando de esta manera podemos entender que la cizaña si se puede convertir en trigo.

Si yo hubiera vivido en el tiempo de la iglesia primitiva, podría haber reunido a algunos hermanos y decirles, "Miren, hermanos, necesitamos arrancar alguna cizaña. Tenemos algunas situaciones pobres aquí. Debemos prescindir de Saulo de Tarso. Deshágance de Saulo de Tarso". ¡Pero qué error hubiera sido esto! ¡Esa cizaña se convirtió en trigo! Él se convirtió en EL apóstol. Él se convirtió en uno de los mejores predicadores que anduvieron sobre la tierra. ¡Qué error hubiera sido esto! Nadie de nosotros sabemos cuándo un individuo ha cruzado aquella línea y ya no puede ser salvo, solamente Dios sabe esto. Nosotros somos solo los siervos y Él nos está diciendo que nos mantengamos fuera de su campo. Es más, Él nos da la razón por la cual nos está pidiendo esto. Él dice, "porque al arrancar la cizaña podrían arrancar también el trigo." Podrían uds. destruir algo del trigo que ya existe.

Dejen que Ambos Crezcan Juntos Hasta la Siega

El Señor tiene una preocupación real por su gente. Creo que por lo menos deberíamos entender eso esta noche. Él está diciendo que no quiere que su gente sea destruida. No quiere que su gente sea arrancada; no quiere que su gente sea afectada por las tormentas de la duda. Él está tan preocupado por nosotros y nos pide que no caminemos por encima de su gente, que no la arranquemos, que la dejemos en paz, quiero que ellos crezcan. El Señor no está diciendo que no vamos a arrancarlos y sacarlos de allí. Pero dice que estamos lidiando con el factor tiempo. Vamos a dejar que ambos crezcan juntos, no para siempre, pero si vamos a dejarlos crecer juntos HASTA LA SIEGA. Me gustaría proponer esta noche que este es uno de los pasajes más grandiosos de la Biblia. La ley del Padre de familia es, "dejen que ambos…." Notemos cuantos hay, "dejen que ambos crezcan juntos hasta la siega". ¡Este pasaje es de tremenda importancia! El Señor está diciendo que el mal y el bien existirán, no en la iglesia pero en el mundo, ya que sabemos que el campo es el mundo, él dice "dejen que ambos crezcan juntos".

Esto va a llevar a un desarrollo constante del bien y del mal. Hay un tiempo cuando la planta apenas entra a este mundo y está luchando por sobrevivir. Se alimenta de sí misma hasta que pueda extender sus raíces, y viva; y por mucho tiempo está batallando hasta que brota la primera hoja y luego lo demás de la planta. Pero cuando finalmente da fruto algo pasa por dentro de la planta que fue hecho por la mente infinita de Dios. Empieza a mandar toda su fuerza hacia la semilla. Todo está trabajando para reforzar la semilla. Él está diciendo que este mundo va a mejorar y a mejorar y a la vez va a empeorar y a empeorar. Esto no es una contradicción si no que él simplemente está diciendo que hasta el final de los tiempos siempre va a haber justicia y la justicia va a crecer y va a desenvolverse hasta que traiga fruto. "Pero cuando venga el Hijo del hombre, ¿hallará fe en la tierra?" Sí, ¡si la hallará! Él también dijo que el mal iba a estar aquí y hermanos va a crecer, y va a desarrollarse también, y también va a dar fruto. El bien y el mal van a estar cara a cara hasta que uno esté listo para salvación y el otro para destrucción.

Me gustaría decirles que las cosas van a mejorarse más y más, y en este sentido es cierto. Pero yo estoy aquí para decirles que no debemos esperar que el mundo y el mal se mejoren. Esta noche les digo que Jesús dice que se van a empeorar. Y va a seguir empeorándose progresivamente hasta la siega. Ahora no tenemos que ser profetas para entender esto.

Sin importar que más queramos saber de la historia de la gran Revelación o lo que Daniel dijo de estas cosas, les aseguro que nada de esto va a contradecir lo que Él está diciendo aquí. Nosotros dijimos en la misma primera lección que íbamos a proceder de lo simple a lo complejo, y que la verdad siempre armoniza con la verdad.

Nuestro mundo va a hacerse mejor y mejor y a la vez peor y peor. No estoy diciendo que van a haber más y más cristianos. No estoy diciendo esta noche que un día vamos a salir y decir, "Que tremendo campo de trigo", y nos fijaremos y encontraremos una poca de cizaña. No estoy diciendo que van a haber más y más cristianos. Podría muy fácilmente ser un campo lleno de cizaña y vas a tener que buscar el poco trigo que existe en él.

Por esto debemos hacernos mejor y esperar más de nosotros mismos como gente de Dios. Vamos a dar lo mejor que tenemos para dar.

Debemos sacar los mejores talentos que tenemos, los mejores de los cuales sabemos. Él nos dice que ESTO es lo que va a ocurrir.

Esta escritura se ha usado para decir que la Iglesia no tiene disciplina porque ambos crecen juntos. ¡No! ¡Esto no ocurre en la Iglesia! Él dijo que el campo era el mundo. Esto no contradice 1 Corintios 5 y otros pasajes en los cuales la Biblia enseña cómo la Iglesia debe lidiar con los problemas que se encuentran en ella. No niega el hecho que la reputación, la fuerza, y el poder de la Iglesia al igual que su integridad deben mantenerse. El simplemente está diciendo que estas cosas van a pasar en el mundo.

Después el Señor dice, como ya dijimos antes, solo es cuestión de tiempo. Él dice, "En el tiempo de la siega Yo..." Y a mí me gusta eso. ¡ Él aún está sobre el trono esta noche! Daniel dijo hace mucho tiempo que el gran Anciano de Días "Quita reyes y pone reyes", y que El gobierna sobre los reinos de los hombres. Yo todavía creo eso. ¡El aún está en control! "En el tiempo de la siega yo diré a los segadores..." aquí refiriéndose a los ángeles. La separación es inevitable. La Biblia dice en Hechos 17:31 "Por cuanto ha establecido UN DIA en el cual juzgará al mundo con justicia, por aquel varón a quien designó, dando fe a todos con haberle levantado de los muertos". En Mateo 25 encontramos el pasaje que dice "Cuando el Hijo del hombre venga en su gloria...entonces se sentará en su trono de gloria: y serán reunidas delante de ÉL todas las naciones; y apartará los unos de los otros, como aparta el pastor las ovejas de los cabritos". La separación es inevitable. La cizaña debe ser separada del trigo.

Quemando la Cizaña

Después el Señor ordena, "Recojan primero la cizaña en montones y quémenla". A mi Me gustaría que nosotros notáramos que aquí no hay lugar para discutir dos resurrecciones separadas o el reino de mil años o cualquiera de estas cosas que oímos. Él simplemente está diciendo, nosotros hemos llegado al final, es tiempo de la siega. ¿Qué dice? Junten primero la cizaña. ¿Qué dice que hagan con ella? Quémenla.

Las semillas pueden enfrentar condiciones muy extremas y adversas y sobrevivir, todavía manteniendo sus poderes de germinar. Pero cuando una semilla se quema, ¡todo termina! Así que la Biblia dice que cuando lleguemos a este tiempo, "la muerte y el hades serán arrojados en el lago de fuego", y en todas estas expresiones El simplemente está diciendo que vendrá un día en el cual todo el mal será arrancado, pero este día será en el tiempo de la cosecha, será el fin del mundo, y luego él dijo que recogerán de su Reino a todos los que sirven de tropiezo. Esas cosas que hacen tropezar a otros y les hacen caer.

Si ustedes notan en los marginales de su Biblia Él va a recoger los "escándalos" y los sinvergüenzas. Así que Él evidentemente tiene algunos, y está diciendo que va "a recoger" a todos estos también. Y él dice que van a ser quemados en el fuego. Que terrible destrucción.

Mi gente, esto es la imagen constante de la Biblia, parábola o no; esto es lo que Él usa para indicar lo real del juicio. Quemados en el fuego llámenlo como lo quieran llamar. Pero es tan temible como se ve en la Biblia, que hizo que Jesús, y nadie más que Él, quien tuvo que venir a este mundo a dar su vida en la cruz para salvarnos de ese final tan triste, en ese lugar llamado infierno. Y sigue diciendo que en este "lago de fuego" va a haber "lloro" y "crujir de dientes" indicando un dolor y sufrimiento intolerable.

Hace años recuerdo haber leído un poema que encontré una noche. Uno de los predicadores de antes estaba tratando de describir exactamente esta escena a la gente. Él dijo algo así,

> Descendiendo a las cavernas profundas de la desesperanza, vi caminar a los seres más miserables, quemándose continuamente pero sin ser consumidos, desgastándose siempre pero aun existiendo. Algunos caminaban solos por la flama del desierto y algunos hablando con blasfemias que hacían todo aún peor. Y para agregar a su dolor sin final, los truenos de arriba retumbaban y caían sobre cada oído diciendo, 'ustedes sabían lo que debían de hacer, pero no lo hicieron'.

Nunca me olvidare de esas palabras por el dolor y sufrimiento tan terrible que describían.

Entonces los Justos Resplandecerán

Me gusta lo que él dice después. Él dice, "Entonces"...después de deshacernos del mal que existe en la tierra... "Entonces los justos resplandecerán." La luz que tal vez había estado luchando finalmente sale a brillar. ¡Aquí está la gente de Dios! La gente de Dios ha sido ofendida, degradada, han sido un don nadie por años y años, pero Él les está diciendo que un día ya no va a ser así. Algún día los justos, cuando el Señor "reconcilie Sus joyas" como dice Malaquías, brillaran.

Como el fuego es el elemento del Infierno, la luz lo será del Cielo. Y una vez más veremos como Él dijo hace mucho tiempo, "las estrellas de la mañana cantaran juntas y todos los hijos de Dios gritaran de alegría". Los hijos de Dios van a brillar -- redención, redención eterna. El himno de Moisés y del Cordero en el más grande sentido que puedan pensar.

Quiero preguntarles esta noche, ¿Están USTEDES en el Reino? ¿De qué estamos hablando? Estamos hablando del Reino de los Cielos. El Reino del Señor. Él dijo que es como esto, es como sembrar semilla y es como abrir su corazón y dejar entrar la semilla. Es como creer al evangelio, es arrepentirse de sus pecados. Es confesar a Cristo. Es ser sumergido en su nombre para remisión de pecados. Es obedecer al Señor y dejarlo añadirle a Su iglesia o añadirle a Su Reino. La pregunta esta noche: ¿Está usted en el Reino? ¿Está usted listo?

Sabemos que la maldad está aquí. Yo no tengo que decirle a usted eso. Y, gente, si la maldad está aquí, el pecado está aquí. Y si el pecado está aquí, la transgresión de la ley está aquí. Y si la transgresión de la ley está aquí, la ley está aquí; y si eso está aquí, Dios está aquí. El hecho de que la maldad existe en el mundo esta noche lógicamente nos mueve al hecho de que DIOS EXISTE – Él vive esta noche – y que también existe Satanás. Hay un poder malvado. ¿Es usted un cristiano? Ciertamente no debemos entonces escuchar uno de los más grandes sermones de Jesús, y luego solamente descartar estas verdades y al salir fuera y olvidarnos de ellas.

Nuestro Señor enseñó estas para que nosotros entendiéramos, para que nosotros pudiéramos ser libres de las cosas que hemos estudiado.

¿Cómo se clasifica usted esta noche? ¿Es usted trigo o cizaña? No es una pregunta placentera, pero es un hecho. Y si usted sabe, o si usted piensa remotamente que es algo más que trigo, un hijo de Dios, usted debería de arreglar esto con Él mientras nos ponemos de pie y cantamos.

Sermón Seis

"Y les hablo muchas
cosas por parábolas"

Mateo 22:1-14

"Respondiendo Jesús, les volvió a hablar en parábolas, diciendo: El reino de los cielos es semejante a un rey que hizo fiesta de bodas a su hijo; y envió a sus siervos a llamar a los convidados a las bodas; mas éstos no quisieron venir. Volvió a enviar otros siervos, diciendo: Decid a los convidados: He aquí, he preparado mi comida; mis toros y animales engordados han sido muertos, y todo está dispuesto; venid a las bodas. Mas ellos, sin hacer caso, se fueron, uno a su labranza, y otro a sus negocios; y otros, tomando a los siervos, los afrentaron y los mataron. Al oírlo el rey, se enojó; y enviando sus ejércitos, destruyó a aquellos homicidas, y quemó su ciudad. Entonces dijo a sus siervos Las bodas a la verdad están preparadas; mas los que fueron convidados no eran dignos. Id, pues, a las salidas de los caminos, y llamad a las bodas a cuantos halléis. Y saliendo los siervos por los caminos, juntaron a todos los que hallaron, juntamente malos y buenos; y las bodas fueron llenas de convidados. Y entró el rey para ver a los convidados, y vio allí a un hombre que no estaba vestido de boda. Y le dijo: Amigo, cómo entraste aquí, sin estar vestido de boda? Mas él enmudeció. Entonces el rey dijo a los que servían: Atadle de pies y manos, y echadle en las tinieblas de afuera; allí será el lloro y el crujir de dientes. Porque muchos son llamadas, y pocos escogidos".

6. La Boda del Hijo del Rey

Les damos la bienvenida al servicio de adoración de esta noche y a otro estudio de la Palabra del Señor. Creemos que al llegar a este lugar debemos de tomar la determinación de desprender de nuestra alma cualquier forma de orgullo, arrogancia o egoísmo, y dispuestos a "ser conformados", como Pablo lo dijo, "a la imagen de Su Hijo" (Romanos 8:29). Todos los que estamos aquí esta noche somos gente que verdaderamente reconocemos vivir en un mundo donde hay grandes problemas. Que no necesitamos más de estos, sino que por el contrario deseamos ver algunas respuestas. Creemos que esas respuestas las podemos encontrar en este lugar, si solamente pudiéramos entender lo que el Señor quiere que hagamos y seamos. Así que espero que vengamos dispuestos a prepararnos, negándonos a nosotros mismos, y que nos ofrezcamos como un sacrificio vivo para dejar que el Señor haga de nosotros lo que él desee.

Al estudiar esta noche otro sermón de Jesucristo encontrado en Mateo capítulo veintidós, somos transportados hacia el final del ministerio terrenal de Cristo—y esto es de particular significado al estudiar las parábolas de Jesús. Es por esta razón que usted debe estar atento a las enseñanzas de nuestro Señor – y especialmente en las cosas dichas esta noche — algunas cosas que son un poco diferentes; a las encontradas en Lucas 14, escritura en la cual se habla de otra parábola que es muy semejante a esta. En esta ocasión en particular nuestro Señor está siendo confrontado por cada enemigo, cada grupo organizado quien le había enfrentado mientras El vivía en este mundo. Puedo ir a través de Mateo 21 y 22 y circular algunos pasajes que se refieren a varios individuos que están enfrentando al Señor en esta ocasión. Algunos de ellos eran los sumos sacerdotes, los fariseos, los herodianos, los saduceos y los doctores de la ley, entre otros. Usted puede encontrar a todos ellos en estos capítulos. Todos ellos vienen en los últimos momentos de Su vida, determinados a enfrentar a Cristo. No es algo que suceda frecuentemente que alguien hable a una audiencia que está formada totalmente por gente que esté conspirando para matarle.

Ahora, yo he hablado a diferentes audiencias en mi tiempo. He hablado a grandes y pequeñas audiencias. Unas fueron audiencias rurales; y otras urbanas. He hablado a audiencias en las cuales no hay una sola persona que esté de acuerdo conmigo—ni una sola alma— excepto mi esposa. Y como frecuentemente le digo bromeando, que al final ni siquiera estoy seguro de que si ella está de acuerdo conmigo o no. Al hablar a estos grupos, nunca puedo recordar que alguna vez haya hablado a una audiencia que estuviera formada solamente por gente que quisiera deshacerse de mí. Esta gente en esta ocasión, estaban determinados a llevar a Cristo hasta la cruz misma; y estaban utilizando todo lo que podían para ir con todo en su contra. Pero aún en esta condición, nuestro Señor nunca les maldijo. Ni siquiera sugirió que podía vivir sin ellos, quienes le estaban haciendo pasar un tiempo muy difícil, pero en su última presentación Él quería hablarles de tres cosas— Él quería que vinieran, Él quería que vieran, y Él quería que vivieran. Y nuestro Señor tiene un plan para que esto por supuesto fuera posible.

Al estudiar esta parábola de nuestro Señor—como ya lo he dicho durante esta semana—El Señor está tomando una cosa que entendemos, al menos hasta cierto punto, y la pone al lado de otra que de otra manera no podríamos entender. Esto es como cuando el hijo pequeño viene al padre y le pregunta, ¿Papá qué quiere decir esto? Él lo toma en su regazo, y comienza a explicarle, pero se entera de que es extremadamente difícil adaptar las cosas que él sabe al lenguaje que su hijo pueda entender. Ahora, no creo que haya algo difícil para Dios, pero si algo fuera, creo que sería el tratar de adaptar el lenguaje del Reino a gente como usted y yo. Bueno, esto es lo que Él está haciendo en esta parábola. Una vez más el Señor está diciendo, "El reino de los cielos es semejante a…" En esta ocasión en particular, Él quiere que entendamos que el reino es como la boda del hijo de rey; y para mí, esto es sumamente interesante y provechoso.

El reino es como una boda

Quiero que noten que Él al estar presentando el tema principal—el cual es la misericordia de Dios ofrecida al hombre—Él declara que es como una boda. Ya hemos mencionado esto antes, y quiero mencionarlo otra vez esta noche, que al menos ocho veces—no solamente en las parábolas—sino en todas las Santas Escrituras, El Señor hace alusión o referencia a una boda. Y esto me gusta. El Señor no dice que el reino de los cielos es como un funeral; tampoco que es como un monasterio. Él está diciendo que el reino de los cielos es semejante a algo gozoso, feliz, una gran ocasión.

A veces cantamos el himno, "Grande gozo hay en mi alma hoy". Quiero decirles, esta noche, que si no tenemos este gozo, ¡algo anda muy mal con nosotros! Debe ser una cosa maravillosa cuando nos reunimos, y tenemos el privilegio de cantar y orar, el privilegio de estudiar la palabra del Maestro. Nuestro Señor está diciendo que estamos en un tiempo de gozo, de fiesta, de comunión y de alegría.

Noten que es como un rey quien "hace una boda para su hijo". Me gusta la manera en la que lo expresa. El "HIZO UNA BODA para su hijo". Él envió a sus siervos a la hora de la cena a decir a los convidados, "Vengan; porque TODAS LAS COSAS están listas". Nuestro Señor quiere que entendamos que no solamente algunas cosas estaban listas, sino que todas. Y nosotros por su puesto entendemos lo que dice (Gálatas 4:4) "pero cuando vino el cumplimiento del tiempo, Dios envió a su Hijo, nacido de mujer y nacido bajo la ley". Al tiempo exacto en la historia de la humanidad, nuestro Señor vino e hizo una gran fiesta para el mundo.

Noten por favor que no habla de un toro, sino de "toros" y de animales engordados (plural) han sido preparados. Esto me dice que Dios hace las cosas en grande. Siempre que hace el Señor algo, lo hace en gran escala. En ocasiones nosotros pensamos que Dios tiene un límite, pero no; como Pablo frecuentemente lo dice, "¡Mi Dios puede!" ¡Así es exactamente! Él puede, Él es poderoso, y está diciendo que tiene grandes riquezas para nosotros, porque todo esto es para nosotros. Él quiere compartirlas con usted; Él quiere compartirlas con su gente. Él tiene todo listo, y Él quiere que venga. Esto es maravilloso, es completo, es gratis, es satisfactorio. El Señor está diciendo, "¡Ven!"

La invitación

Quiero que noten la invitación: "Vengan, porque todas las cosas están listas", y noten a QUIEN invita. Primeramente vemos que no invita a todos. Primero Él dice—voy a tomar lo que dice Lucas 14 acerca de esto—envió a sus siervos a "decir a los convidados". Tengo entendido que esta era una costumbre oriental, cuando alguien era invitado a una boda o a una fiesta en un día en particular; ellos no especificaban la hora. Cuando todo estaba listo, entonces el siervo era enviado ese día a una hora específica, diciendo, "Vengan, todas las cosas están listas".

Había muchos a través de los años quienes debían saber de esta Gran Fiesta. Cuando usted quiere ver hacia la venida del Señor Jesucristo. Usted piensa en la ley. "La ley y los profetas hasta Juan; desde entonces el reino de Dios es anunciado" (Lucas 16:16). Lo que Él está diciéndonos es que había gente que sabía de esto, porque los judíos tenían profetas quienes les decían que el Mesías vendría; un día la Gran Fiesta se daría a conocer. El está diciendo, "vayan y digan a los que HAN SIDO CONVIDADOS". Como ven, los convidados ya sabían de esta Gran Fiesta. "Di a los convidados, vengan todas las cosas están LISTAS".

Por favor noten que finalmente él los envía "a las salidas de los caminos" a "los pobres, los mancos, los cojos y los ciegos". Al final extendió la invitación a todos. Quiero decirles, que eso es misericordia y gracia. Si usted piensa que esto no es una gran cosa, déjenme preguntarles esto: ¿Cuántas cenas ha hecho últimamente? ¿Cuántas fiestas ha hecho últimamente y ha invitado a sus enemigos? Debo admitir ante ustedes, que yo no recuerdo una sola vez en la que he hecho una cena y que haya invitado a mis enemigos. A lo mejor eso es lo debía de haber hecho, ¡Pero no lo he hecho! ¿Y ustedes? Lo cierto es que en una cena nosotros queremos tener a la gente que amamos, la gente que nos cae bien. Esa es la gente que queremos tener con nosotros. Pero aquí es donde vemos la gracia de Dios: El extiende la invitación a toda la humanidad. Por favor recuerde que en ese momento, nuestro Señor estaba predicando a quienes eran sus enemigos declarados; pero Él todavía les dice vengan, vean y vivan.

Les pido que veamos más allá. Demos una mirada al otro lado de la misericordia de Dios. El rey envía la invitación. Lo que vemos con esto es que él es generoso, bondadoso, misericordioso y hospitalario.

él está haciendo algo que no tenía que hacer, pero lo hizo. Ahora, me permiten decir que aunque él es todo lo que acabo de mencionar, él también es un rey y es la boda de SU HIJO. Todo esto lo hace muy importante. Él no está comparando el reino de los cielos con mi boda o su boda, sino que El quiere que sepamos que está hablando de la boda del HIJO DEL REY, y que la invitación que ha sido enviada no es solamente una invitación cualquiera; como mi invitación o la suya. Esto era un verdadero reto para los convidados, ya que nadie trata a la ligera la invitación del rey a la boda de su hijo.

Recuerdan que los siervos fueron enviados. Me gustaría pensar acerca de ellos cuando salieron con el encargo de ir e invitar a los convidados. Ellos salieron a las calles y caminos de la ciudad, tocando las puertas, hablando a este y al otro, diciéndoles "Vengan a la gran fiesta". Saben, ¡ellos encontraron algunas cosas sorprendentes! Ellos fueron tratados con violencia en algunos lugares. Hubo algunos lugares en los cuales fueron maltratados y muertos. No todos los siervos fueron maltratados y muertos, algunos de los invitados solamente tomaron a la ligera la invitación. Recuerdan que cuando los siervos regresaron le explicaron al rey que habían invitado a esta gente, pero que no quisieron venir.

¿Me permiten hacer la diferencia entre esta parábola y la de Lucas 14? En Lucas 14, ustedes recordarán que los siervos fueron invitados y uno dijo, "He comprado una hacienda, y necesito ir a verla; te ruego que me excuses". Otro dijo, "He comprado cinco yuntas de bueyes, y voy a probarlos; te ruego que me excuses". Otro dijo, "Acabo de casarme, y por tanto no puedo ir". Al menos dos de los invitados en Lucas 14 se excusaron; pero en la parábola de (Mateo 22) ellos no se excusaron. Y es por eso que digo que hay una gran diferencia entre lo que ocurrió en el principio del ministerio de Jesús y lo que está ocurriendo al final de este. Para este tiempo ellos lo odiaban. Para este tiempo ellos habían llegado a la depravación, por eso ellos no se excusaron; los de Lucas 14 si lo hicieron. Como vemos no es la misma parábola.

El Rey Enojado

Pero ahora notemos, que cuando los siervos regresan y el rey escucha la respuesta de los invitados, "se enojó". Él se disgusta, se enoja; esto no le gustó porque ellos no aceptaron todo lo que él había preparado para ellos. Los siervos no dijeron al regresar que los invitados NO PODIAN VENIR. Ellos dijeron que les habían invitado pero que ellos NO VINIERON. Quiero decirles, que hay una diferencia cuando la gente "no puede venir" y cuando la gente "no quiere venir". El hombre determina de voluntad propia decir, "¡No queremos venir y no vamos a venir!" Ellos no dicen, "te ruego que me excuses". Ellos simplemente dicen que no quieren venir.

Cómo se sentiría usted si hace una cena, una cena especial de la que podamos recordar. Usted ha preparado una gran cena, y ha invitado a algunas personas, usted ha hecho planes para una gran noche. Usted prepara todo, y los invitados simplemente no vienen. ¡Nada más no se presentan! No es que digan, "Miren, no nos fue posible ir". Eso se entendería, pero cuando dicen, "Miren…nada más no vamos a ir"; esta es otra historia. Y esto es exactamente lo que vemos en esta lección. Ellos no quisieron venir.

El rey "estaba enojado", por lo tanto, envió sus ejércitos para castigar a estos malos; con esto, se nos enseña que el mismo amor que salva, es el mismo amor que castiga. Cada padre de familia que se encuentra en este lugar, debe entender que todo lo que hace un padre por su hijo es por el amor que le tiene. Ahora, esto podrá ser algo difícil entender para nuestros jóvenes – Puedo recordar el tiempo cuando me fue difícil entenderlo – Pero tengo que decirles, que ahora lo entiendo. Mis padres hacían lo que hacían porque me amaban de verdad, y ellos estaban determinados en moldearme y corregirme para mi bien.

En Lucas 18:8 Jesús dijo, "Mirad, pues, cómo oís". ¿Está escuchando lo que El está diciendo? Nuestro Señor no solamente está diciendo escucha. El dice, "Mirad, pues, cómo oís". Escuchen con cuidado, con atención, pienso que esta amonestación en particular es para esta generación. Oímos a menudo en nuestra generación, "Bueno, iglesia es iglesia". "Predicación es predicación". Lo que realmente estamos diciendo con esto es que es suficiente con llenar el requisito de oír. Jesús dijo, "Mirad, pues, cómo oís". Entonces, ¿qué es lo que está diciendo? Para saber, veamos algo relacionado con esto en 1 Corintios 11:29. Aquí, al hablar Pablo de la Cena del Señor, El dice, "Porque el que come y bebe INDIGNAMENTE, sin discernir el cuerpo del Señor, juicio come y bebe para sí". Como vemos, el mismo amor que pone la mesa para nosotros dice, que si nosotros no la observamos correctamente, comemos y bebemos condenación para nuestra alma. El mismo amor que salva es el mismo amor que castiga. El mismo amor que envía la invitación es el mismo amor que envía el castigo, si nosotros solamente oímos por oír.

No sé cuánto tiempo tengo que leer algo antes de entender el contenido, pero he aprendido que tengo que leerlo varias veces antes de entender el punto. El capítulo seis de Apocalipsis, versículo 16, es un pasaje que he leído muchas veces, pero la verdad es que nunca había entendido el contenido. El habla del tiempo cuando las rocas y las montañas serían removidas de sus lugares, y la gente iba a gritar, escondednos de la "¡IRA del CORDERO!" Yo puedo entender la ira del león, también la ira del oso. Pero ¿la ira del CORDERO? Él quiere que entendamos que aunque Él es el Cordero de Dios, quien se dio a sí mismo en la cruz, que también es "El León de la tribu de Judá". (Apocalipsis 5:5). Él no es solamente el Cordero, Él es león también.

Nuestra actitud hacia Dios algunas veces se muestra mejor cuando nos encontramos con su misericordia. Yo creo que esas gentes se hallaban bien, dentro de lo que cabe, hasta que alguien repentinamente tocó la puerta y dijo, "señor, usted está invitado a un banquete que el rey ha preparado". Bueno, ahora ellos se encuentran con la bondad y la misericordia del rey al ser invitados, ahora ellos tienen la oportunidad de decir qué es lo que piensan acerca del rey; y lo hacen al maltratar a los siervos enviados por él.

Esto me hace recordar de algo que ocurrió hace algún tiempo. Uno de nuestros embajadores en Sud América fue asesinado; y por lo que pude entender de lo que ellos dijeron, esto no era algo contra el embajador. Ellos hicieron esto para decir a los Estados Unidos: "¡No los queremos aquí! Están interviniendo en nuestros asuntos". Yo pienso que esta fue la razón por la cual estos siervos fueron maltratados y algunos de ellos aún muertos. Después de todo, es muy fácil maltratar al alguien cuando solamente está armado con una invitación. Y esto es lo que tiene usted esta noche. Si usted alguna vez se siente maltratado al ir e invitar gente a la Gran Fiesta, el problema no es usted. Quiero que sepa, ellos están diciendo algo acerca de quién le envió. De esta manera el Señor nos recuerda que el siervo no es mayor que su Señor; y si un día llegará a ser que nos levantáramos a un lugar mayor que nuestro Señor, estaríamos en una condición muy triste.

Ellos han tomado la invitación a la ligera

Al ir adentrándonos al sermón y viendo a estos individuos ser maltratados, nos enteramos que la mayoría de ellos no fueron tratados mal. La mayoría de la gente que fue invitada simplemente "tomó a la ligera" la invitación. Ellos solamente no fueron, y no les importó. La mayoría de ellos lo "tomaron a la ligera". Sabe, que algunas expresiones en la Antigua Versión son del español antiguo que no utilizamos hoy día. Pero hay una palabra que todavía significa la misma cosa; y la utilizamos de la misma manera cuando las Escrituras dicen: "lo tomaron a la ligera". Desde que yo era un niño pequeño, oía esa palabra. Y Jesús, la utilizó hace dos mil años para indicar la actitud del corazón.

Ahora, ¿qué fue lo que hicieron? ¿Estos individuos trataron mal a los mensajeros? ¡No!, hasta donde puedo leer. ¿Qué fue lo que hicieron? ¿Cómo es que tomaron a la ligera la invitación? ¡Ellos no hicieron ninguna cosa al respecto! Y eso es exactamente lo que el Señor está diciendo. Usted puede tomar "a la ligera" la invitación del Señor al simplemente no hacer nada… al no aceptar…al no ir. Yo creo que esa es la idea principal – ¡Ellos nada más no fueron! Y si escuchamos la gran invitación esta noche, y nada más no la aceptamos, entonces en ese momento estamos tomando la invitación "a la ligera". El Señor está diciendo que al final, tomarlo "a la ligera" es tan malo como hacer violencia.

Ahora, recuerden que el Señor está predicando a individuos quienes estaban planeando Su destrucción. Pero evidentemente nuestro Señor está diciendo que aquellos quienes conspiraron contra Él, en realidad no eran peores que Galión a quien "nada se le daba de eso" (Hechos 18:17). A ellos no les importaba, ni les molestaba. Quiero decir que entre la burla y la crucifixión de Jesús hay un paso muy corto.

Ahora, ¿al ver esta lección en particular, es verdad? Yo pienso que es apropiado. Yo sé que lo es, y no tengo que ir y ver en alguien más para determinar si ese es el caso. Sólo puedo verme a mí mismo y saber que es verdad. Es tan real como si el Señor me hubiera dicho esta mañana,-- pero no me dijo-- "¡Cuando te reúnas con la iglesia, esto es lo que quiero que prediques esta noche en Wichita, Kansas!" Les quiero decir que esto no lo haría más real que cuando Jesús lo predicó hace dos mil años.

¿Qué es lo que Él está diciendo? Está diciendo que hay un individuo quien dijo, "He comprado una hacienda y necesito ir a verla". ¿Qué hay de malo con esto? ¡Nada! Excepto...que él está anteponiendo algo a la invitación. Ahora, no hay nada de malo con la compra de la hacienda; esto es correcto en el ámbito de las cosas terrenales (Hechos 6 y otros pasajes) hasta donde yo sé. Pero nuestro Señor está diciendo que el problema con este individuo es que tenía amor por las posesiones. De vez en cuando encontramos a alguien quien declara que el problema con nuestro mundo es que no hay amor. Yo no estoy de acuerdo con tal aseveración; y pienso que haya otro tiempo en toda la historia de la humanidad en el que haya más amor que el que tenemos esta noche. Pero, hermanos y amigos, ¿Qué es lo que el mundo ama? Nosotros amamos, y el mundo está lleno de amor, y este hombre tenía amor. Este era su problema; él tenía AMOR POR LAS POSESIONES – Es mía, yo debo pasar el tiempo en ella; ¡Tengo que verla! Ahora, saben, él la compró – y hasta donde sé no hay ningún problema en poseerla – Pero yo pienso, que puesto que ya la había comprado y la transacción había sido hecha, él podía ir a la fiesta. Él solamente no quería ir, y sólo está buscando esta excusa.

Consideremos otra excusa; usted sabe la historia. Otro hombre dijo, "He comprado cinco yuntas de bueyes". ¡Quiero apuntar que este hombre está en un gran negocio! El no dice que compró una yunta de bueyes – ¡él compró cinco! "He comprado cinco yuntas de bueyes, y voy a probarlas". ¿Alguna vez se ha preguntado cuál es la diferencia entre estas dos excusas? ¿Por qué el Señor usa dos excusas que son tan similares? Noten la diferencia. "He comprado cinco yuntas de bueyes, y voy a probarlas". Ya las había comprado. Estas no se le iban a ir. El pudo ir a la fiesta. El punto es que él era un hombre quien estaba tan involucrado en los asuntos de los negocios que no pudo dejarlos para ir a la fiesta. El tenía algo más que hacer. ¡y esto debía venir primero!

Y otro hombre dijo, "acabo de casarme" El ni siquiera pidió ser excusado. El supuso que ser recién casado y el asistir a la fiesta no son cosas que van juntas. Yo pienso que nuestro Señor nos está diciendo que este hombre, por sus LAZOS SOCIALES, no podía hacerlo. Lo que vemos es que estos tres enfrentan las mismas tentaciones y los mismos problemas. Esto es lo que nuestro Señor quisiera que entendamos. ¡El amor por las posesiones! ¡Los negocios de la vida! Yo creo esto, si usted no es un CRISTIANO-- usted nunca ha obedecido el evangelio y entrado al reino de Dios, entonces usted nunca podrá venir a la Gran Fiesta – o si usted viene a la Fiesta pero no ha hecho nada por Dios…La razón por la cual usted no es un cristiano o no hace nada por Dios, puede ser una de estas cosas o la combinación de ellas. ¡O es por el AMOR A LAS POSESIONES…por los NEGOCIOS DE LA VIDA… o por LAZOS SOCIALES! La razón es una de estas cosas mencionadas o la combinación de las mismas.

Al ir de lugar en lugar, yo he sentido la presión de la gente al decirme, "¡Dime que es pecado!" Ellos quieren que se los deletree – dime que es pecado, esto es pecado, y esto es pecado. Hay muchos pecados mencionados por nombre – al menos setenta u ochenta de ellos – Pero usted no puede dar solamente una lista y decir que esos son todos los pecados. Pablo nos dio una lista y luego dice, "y cosas semejantes a estas" (Gálatas 5:21). Estos son pecados, pero dice que hay algunos que son primos de estos pecados; estos son pecados también. Yo pienso que es muy evidente lo que nuestro Señor está haciendo, El nos está diciendo que cualquier cosa – sea, buena o mala – que le mantenga fuera del reino de Dios, Cualquier cosa que le estorbe para ser la persona que debe ser y cualquier cosa que le mantenga fuera de sentarse en la Gran Fiesta, lo que sea … ¡Está mal! ¿No es eso lo que está diciendo? ¡Sea bueno o malo, cualquier cosa que te mantenga fuera de la Gran Fiesta es malo!

En esta lección en particular, pienso que Él quiere que entendamos que estamos estudiando el USO INDEBIDO de algunas cosas. Pienso en lo que un predicador de la antigüedad dijo, y creo que lo dijo muy bien. Él dijo, "En el Día del Juicio habrá más gente perdida por la práctica indebida de cosas que eran buenas que por la práctica de las cosas que eran malas". Y hay una gran verdad en eso. El problema que enfrentamos es la práctica indebida de las cosas que son enteramente buenas. Nuestro Señor nos está diciendo que eso nos puede mantener fuera de Su gran reino.

¿Usted Si Iría?

Viendo hacia atrás en este sermón que nuestro Señor predicó, veo a estos siervos mientras van a invitar a la gente. Ellos dicen que no vendrán y maltratan a los sirvientes mientras que otros solo están allí parados tomando a la ligera toda la situación. Usted pudiera pensar que nadie iba a ir. Pero yo les digo esto, ¡algunos fueron! Siempre va a haber algunos que van a ir. Dios nunca se ha quedado sin un testigo. El nunca se ha quedado sin alguien. Déjenme preguntarles, ¿Usted iría? Una mejor pregunta podría ser, ¿Yo iría? Para poder contestar esto apropiadamente. De verdad pienso que lo que debemos hacer es ver dónde estamos ESTA NOCHE. ¿Dónde está usted esta noche? ¿Está usted en este gran reino de Dios funcionando, trabajando, haciendo las cosas que el Señor quisiera que usted haga? Si no lo está haciendo es muy posible que si usted hubiera estado ahí hace mucho tiempo y ellos hubieran venido a invitarle usted diría, "Mira yo sé que en realidad debería ir, pero tengo algo aquí que debo atender." O, "tengo unas citas sociales las cuales debo atender, y no puedo dejarlas ahorita; pronto me encargare de esto." Me gustaría pensar, esperaría que si yo hubiera estado allí, no hubiera tenido esta actitud.

No sé dónde estaría – ya fuera uno de lo que estaban en la ciudad o en los caminos o en las salidas de estos. Pero en algún lugar alguien tocaría mi puerta, o en algún lugar alguno pararía mi arado y diría, "Usted está invitado a la fiesta, al salón del banquete el rey". Pienso que sería algo abrumador. Aprecio mucho porque el Señor declara en Lucas 14 que estos individuos se sentían tan indignos. De todas maneras, Él dice vayan y "fuércenlos a entrar". Algunos no se sentían dignos de sentarse en ese lugar tan especial.

El Salón Del Banquete

Sabe, el único tiempo – y estoy tratando de visualizar esto – la única vez que hemos visto el palacio del rey, es cuando caminamos y vemos desde afuera los maravillosos jardines. Vemos a través de las cercas y portones del palacio, que desde luego, nunca vamos a entrar en él; Ese es el palacio del rey y es algo que está muy distante de nosotros. Pero ahora tenemos una invitación para sentarnos en la mesa del rey. El día de la fiesta finalmente llega. Ahora caminamos no por fuera de la cerca y viendo a través de ella, sino que esta vez las puertas se abren de par en par ante nosotros. Los siervos se inclinan ante nosotros, uno de ellos nos conduce por un pasillo y al llegar a un lugar nos dice, "Aquí es". Nos da un atuendo esplendoroso, nos colocamos el atuendo. Es la cosa más maravillosa – Nunca habíamos tenido un atuendo como este. ¡Llegamos al salón del banquete del rey! El siervo abre la puerta de ese cuarto; es un lugar resplandeciente; es el lugar más maravilloso que jamás hayamos visto. Adentro hay convivencia y calor humano. Vamos entrando en ese lugar de luces brillantes; y mientras vamos a la mesa, vemos todos los presentes que están alrededor. Algo que nos impacta es que vemos a algunos que están cojos, otros que están dando vueltas porque están ciegos. Recuerdan, que él dijo, "ve pronto…y trae acá a los pobres, los mancos, los cojos, y los ciegos". Ellos están tratando de encontrar un lugar para sentarse. Vemos alrededor y nos preguntamos, "¿Dónde están los doctores de la ley?" Recuerden que ellos no están aquí por están muy ocupados. Ellos están ocupados con otras cosas. Nosotros continuamos viendo alrededor este grupo tan diverso y nos preguntamos, "¿Qué es lo que está haciendo toda esta gente aquí?" Ellos son tan diferentes, pero todos se ven tan felices y alegres. Pronto llegamos a la conclusión de que la única cosa que ellos tienen en común es – que ellos vinieron. Y parece ser que esto es lo más importante para el rey. ¡Que hayan venido! No importa quién eres o qué posición tienes fuera del reino de Dios, eso no hace mucha diferencia. Lo que importa es que Él te quiere ADENTRO. Él quiere que la gente venga.

La siguiente cosa que en verdad nos impresiona; es que repentinamente alguien anuncia que el rey está a la puerta, y el rey y su hijo y toda la comitiva real entran. No se nos tuvo que decir que nos pusiéramos de pie cuando el rey entrara. Todos nos pusimos de pie cuando la comitiva real entra, y el rey les dice que se sienten. Pensamos, "Que maravillosa, y brillante ocasión es esta. Nada puede echar a perder tan maravillosa ocasión".

El Hombre Que No Estaba Vestido De Boda

Vemos al rey que al sentarse, repentinamente al estar viendo a la audiencia, su mirada se fija en un individuo; y nos preguntamos, "¿Qué es lo que él está haciendo?" Nosotros notamos a este individuo. Este hombre está sentado allí sin el vestido de boda. Pero seguramente, él no va a permitir que un hombre eche a perder lo maravilloso y alegre de la ocasión. De seguro que él solamente va a pasar por alto esto y olvidarlo. ¡Pero él no hace eso! Él se pone de pie ante la audiencia, y demanda una explicación. Él dijo, "Amigo, ¿Cómo entraste aquí, sin estar vestido de boda?

El rey se siente insultado. Como ven, el ha proveído de un vestido de boda a cada invitado. El rey proveyó uno para él, también; este individuo fue quien decidió no usarlo. ¡Él lo hizo a su manera! Utilizando el lenguaje del mundo moderno, diría, después de todo, lo que importa es estar allí. No va a hacer la gran diferencia el vestido. Una fiesta es una fiesta. Con tal actitud, el rey se sintió insultado.

La Biblia nos enseña que no solamente estamos invitados a la fiesta, no solamente nos está invitando a estar sentados a la mesa con Cristo y disfrutar de todo lo que la palabra fiesta sugiere, lo cierto es que estamos invitados a la obediencia. Quiero decirles que no hay otra cosa más importante para Dios a quien servimos esta noche que la obediencia. Él quiere gente que le obedezca, y no solamente una casa llena de gente que no está interesada en obedecer. Nuestro Señor quiere que entendamos que es tan malo para uno venir y estar en desobediencia como no venir y mantenerse lejos de Él.

Noten, que el rey demanda una respuesta. ¿Puede imaginarse como se sintió el hombre al ser cuestionado por el rey por no estar vestido de boda? La biblia dice que, "él enmudeció" ¿Qué es lo que podría decir? La vergüenza lo cubrió como si fuera un vestido. Lo más cerca de lo que puedo pensar de esto es cuando éramos niños en la escuela primaria y que estábamos haciendo algo que no debíamos, y repentinamente – inesperadamente – el maestro detiene todo y exclama, "¿Qué... estás... haciendo?" ¿Qué vergüenza, verdad? ¡Solamente quisiéramos desaparecernos en el suelo! En esta ocasión él dijo, "¿Cómo entraste aquí? y él enmudeció". Esto me hace recordar lo que Isaías dice en el capítulo seis, versículo cinco. Él dijo, "!Ay de mí! Porque han visto mis ojos al rey". Que gran diferencia hace cuando usted ve al rey.

El había rechazado el vestido de boda; Otra gente había tomado a la ligera la invitación del rey. Estos últimos se estuvieron en casa pero este tuvo la audacia de venir y sentarse en la mesa del rey y todavía tomarlo a la ligera. Ahora, una cosa es cuando alguien decide tomar a la ligera la invitación y no asistir a la cena que se ha preparado, y otra cosa es venir a la mesa y tomarlo todavía a la ligera. Ahora, nuestro Señor está diciendo que si nosotros venimos a su gran reino, Él espera que nos conduzcamos alrededor de su mesa en completa obediencia y servicio verdadero. Él quiere que nos conduzcamos apropiadamente al estar alrededor de la mesa del rey.

Me gustaría puntualizar que este hombre no sintió que estaba frente a un reto hasta que el rey llega. Sería un poco difícil para mí creer que al estar sentado allí, nadie le dijo algo antes que todo empezara. Seguramente, alguien que lo notó le dijo, "¿Qué es lo que estás haciendo aquí? ¿No ves que todos los demás tienen su vestido de boda? ¿No puedes ver que todos los demás están vestidos conforme a los deseos y voluntad del rey? ¿Qué es lo que estás haciendo aquí?" Yo no sé qué fue lo que él les dijo a ellos, parece ser que él pensó que porque simplemente ya estaba allí, él podía hacer las cosas a su manera y como a él le parecía. Él no se sintió retado hasta que el rey llegó.

Quiero decirles que hay tantas cosas que están sucediendo en este mundo antiguo que no deberían estar pasando. Hay cosas que están sucediendo que no deberían nunca ocurrir. Pero por favor recuerde que el rey está por venir; y si usted dice yo puedo hacer ciertas cosas no correctas mientras quiera, esté seguro que cuando el rey venga, va a ser una historia diferente. El va demandar una respuesta por cada cosa que está haciendo.

¿Quién es el hombre no vestido de boda? Es un hombre de rudeza imperdonable. Es un hombre sin sentido de pertenencia. Es un hombre quien no cree cuando el Señor dice o te arrepientes o pereces (Lucas 13:2-5). Él no acepta eso. Él es como el hijo pródigo que quería vivir lejos en el pecado, pero al mismo tiempo teniendo los privilegios del hogar. Se nos puntualiza que este es uno de los más grandes peligros que enfrentamos como la gente del Señor. Nosotros hemos venido a la Fiesta. Muchos de nosotros en la audiencia hemos venido a la Fiesta, pero lo hemos tomado muy a la ligera. Nosotros todavía estamos tratando de vestir nuestro viejo y podrido atuendo en lugar de vestir el maravilloso vestido que el Señor nos ha dado. Algunas veces, a pesar de todo lo que Él ha hecho, a pesar del hecho de que El murió por nosotros, todavía no nos vestimos del Señor Jesucristo. Todavía nos conducimos por nuestros propios caminos.

Usted recuerda cuando el hijo pródigo se fue a una provincia apartada, no perdió solamente las bendiciones de su padre, él perdió todas las marcas de ser hijo. No tenía zapatos en sus pies, no tenía anillo en su mano, no estaba vestido de buena ropa. Todavía era hijo, pero había perdido las marcas de ser hijo. Pero cuando él regresó a casa, la primera cosa que su padre dijo fue, "Sacad el mejor vestido, y vestidle; y poned un anillo en su mano, y calzado en sus pies. Y traed el becerro gordo y matadlo, y comamos y hagamos fiesta; porque este mi hijo muerto era, y ha revivido; se había perdido y es hallado" (Lucas 15:22-24). Como ven, si usted está en la casa del Padre, Él espera que se vea como Él; Usted pertenece a Él. Él espera que actúe como de Él y tenga las marcas de un hijo.

Uno de los problemas – problemas recurrentes – que enfrentamos como miembros de la iglesia del Señor es que no estamos tomando el cristianismo seriamente. Quiero decirles que hay tiempos cuando la gente del Señor se reúne y tiempos en que el trabajo del Señor está siendo hecho, pero muchos de nosotros no estamos presentes haciéndolo, y a algunos de nosotros no nos importa. Enfrentémoslo como lo que es. Algunos de nosotros no nos importan las cosas de Dios, y no estamos tomando seriamente lo que es tan serio para Dios. Permítanme decirles esto, si usted comienza a hablar de algo que pudiera causar la muerte de UNO de MIS hijos, entonces estaríamos hablando de un asunto muy serio. De la misma manera, yo creo que cualquier cosa que tiene que ver con Su Hijo; cualquier cosa que causó la muerte de Su Hijo en la cruz es un asunto muy serio para Él. De lo que nosotros estamos hablando es acerca de Su Hijo; y nosotros estamos hablando acerca de Su iglesia. Si la iglesia no es un asunto serio para usted, déjeme decirles, que si ese es el caso, entonces está en una condición muy peligrosa. Si nosotros no somos la gente más sincera de la tierra, entonces no entiendo qué somos. Debemos ser la mejor gente de la tierra; esto no es ego, esto es lo que dice la Escritura. La mejor gente que camina en la tierra debe ser la gente de Dios. Estos son los que toman en serio esta institución llamada iglesia del Dios viviente. La iglesia es de mucha importancia; porque costó la vida de su Hijo.

A través de los años he aprendido que hay alguna gente que odia la iglesia. Usted puede decir, "¡Es terrible decir eso!". Pero es la verdad. ¡Hay alguna gente que odia la iglesia! Pero la mayoría no la odia – La mayoría de la gente ama mejor al mundo. Y pienso que este es el más grande problema de nuestra generación. Ellos toman las cosas espirituales a la ligera; porque ellos aman más al mundo.

Echadle En Las Tinieblas De Afuera

Noten lo que el Señor hace. El reprende a este individuo y le dice, "Amigo, ¿Cómo entraste aquí, sin estar vestido de boda?" ¿y eso fue todo? ¡No! Quiero que sepan, que él llamó a unos siervos, aún en medio de todo lo que estaba pasando, y dijo, "Atadle de pies y manos…y echadle en las tinieblas de afuera" -- ¡Así de sencillo! Esto era un asunto serio para él. Esto me enseña que Dios va a tratar con nosotros individualmente. Después de estos años de tratar con la gente de Dios, todavía creo que ellos son la mejor gente de toda la de la tierra. Yo sé que tenemos problemas y pecado; pero a pesar de todo eso, todavía pienso que la mejor gente en toda la faz de la tierra es Su gente. Pero una cosa que no espero en el día de juicio es que pueda decirle al Señor, "¿Señor, he vivido entre gente buena en este mundo; He trabajado entre la mejor gente. He trabajado entre TU gente, Señor, puesto que somos una gran gente, déjame vivir entre ellos, Señor, ¿permítenos irnos todos al cielo?" ¡No! Él va a tratar con nosotros como individuos. No hay diferencia en qué tan grande pueda ser la audiencia, si nuestra vida no es buena, El nos va a sacar como lo hizo en esta ocasión. Él trató con un individuo. Nadie puede esconder su pecado.

Debemos predicar la historia de la salvación. La he predicado en todo el país, bajo el título. "¿Qué debo hacer para ser salvo?" Necesitamos estar predicándola. Y necesitamos enseñar los maravillosos ejemplos en Hechos 8, 9, 10, 16 y 18 para contestar esta pregunta, "¿Qué debo hacer para ser salvo?" También pienso de otro sermón que necesitamos estar predicando algunas veces, "¿Qué debemos hacer para estar perdido?" Y quiero decirles esto – la única cosa que usted debe hacer es hacer… ¡NADA! Usted no tiene que hacer ni una sola cosa para estar perdido. Usted puede morir e ir al infierno de la manera más respetable. Usted puede ser conocido como un buen ciudadano sobresaliente y todavía estar perdido al hacer solamente lo que este hombre hizo… ¡NADA!

He oído siempre acerca de las Cataratas del Niágara, bueno, hace tres o cuatro años, viajando hacia Michigan para tener una serie de predicaciones, tuve la oportunidad de ver esta gran catarata. Pararme allí y sentir la tierra moverse debajo de mis pies y ver el agua cayendo sobre el vacío y haciéndose un millón de diamantes en el cielo ¡fue impresionante! Pero lo que más me impresionó realmente fue la ilustración que he utilizado por años. Hay un punto arriba en el rio en el que puedes meter el bote y sacarlo. Y hay un lugar poco más abajo en el que puedes meter el bote y sacarlo, pero HAY un lugar en donde puedes meter el bote ¡y no lo vas a poder sacar! ¡Hay un punto en el que no hay regreso! Esta noche sería bueno que nos detengamos y nos preguntemos a nosotros mismos, "¿Cómo podemos saber dónde estamos?" ¿Por qué decimos, "todavía me puedo salir; habrá otro día más. Habrá otro tiempo para mí para venir a la Gran Fiesta. Después de todo, Él está tocando a mi puerta invitándome a la Gran Fiesta, Yo puedo ir cuando yo quiera". Hermanos y amigos, ¡La Fiesta no va a durar para siempre! Un día no habrá invitación. ¡No habrá un punto de regreso!

Nosotros cantamos el himno antiguo escrito por Tillit S. Teddlie, titulado, "¿Cuál será tu respuesta?"

"Un día estarás en el juicio,
Un día verás tus obras;
Un día contestarás la pregunta de la vida,
¿Cuál será tu respuesta?"

Les digo esto, Yo no podré estar de pie allá y decir, "Dios, nunca hiciste algo por mí, y esa es la razón por la cual yo no vine a la Gran Fiesta". No podré estar de pie allá y decir, "Señor, nunca hiciste algo por mí" Porque Él dio su vida por mí (Romanos 5:8). No puedo decir al Espíritu Santo, "Nunca tuve un guía, nunca tuve algo escrito" porque Él me dio la "perfecta ley de la libertad" (Santiago 1:25). Yo le garantizo que cuando yo esté en ese gran día del juicio, no podré decir, como he oído a algunos decir, "'Bueno, me gustaría ser cristiano, pero mis hermanos no me han tratado bien". Permítanme decirles, nunca podré decir eso. La mejor gente que conozco son mis hermanos. Me pregunto dónde estaría yo, y más que eso, dónde estarían mis hijos si no fuera por mis hermanos. Así que no podría decir cosa alguna. No tendré respuesta alguna. Yo voy a estar como este hombre; voy a estar de pie allí "enmudecido".

Así que usted sabe que la única razón por la que no es cristiano – la única razón por la que nunca ha creído al evangelio (Marcos 16:16) y arrepentido de sus pecados (Hechos 2:38) y confesado a Cristo el santo (Hechos 8:37), la única razón por la que nunca ha sido sumergido para remisión de sus pecados (Hechos 2:38) – es porque realmente no ha decidido hacer lo que debe hacer. Cuando usted decida hacer lo que va a hacer, no habrá suficientes poderes en el mismo infierno que lo detengan de hacerlo, porque Jesús murió en la cruz para hacer esto posible.

¿Es un asunto de que no pueda obedecer? Si usted puede decir, con toda verdad, no puedo – no puedo creer en el evangelio; no puedo arrepentirme de mis pecados; no puedo confesar a Cristo; no puedo ser sumergido en Su nombre; no puedo regresar al rebaño, no puedo regresar a la iglesia – si es asunto de no poder hacerse, eso es diferente. Pero yo creo que todos los que estamos aquí esta noche reconocemos que este no es el caso. El problema básico es "no querer". Jesús dijo, "y no queréis venir a mí para que tengáis vida" (Juan 5:40). Habrá alguno aquí esta noche quien pare de decir, "No quiero" y solamente decir, "Señor, quiero?" Déjeme recordarle amigo, el Rey viene. Yo no sé cuándo va a venir, pero le puedo garantizar una cosa – EL VIENE. Y qué diferencia hará cuando el Rey llegue.

Sermón Siete

"Y les hablo muchas
cosas por parábolas"

Lucas 15:1,2 y 11-24

"Se acercaban a Jesús todos los publicanos y pecadores para oírle, y los fariseos y los escribas murmuraban, diciendo: Este a los pecadores recibe, y con ellos come...También dijo: Un hombre tenía dos hijos; y el menor de ellos dijo a su padre: Padre, dame la parte de los bienes que me corresponde; y les repartió los bienes. No muchos días después, juntándolo todo el hijo menor, se fue lejos a una provincia apartada; y allí desperdició sus bienes viviendo perdidamente. Y cuando todo lo hubo malgastado, vino una gran hambre en aquella provincia, y comenzó a faltarle. Y fue y se arrimó a uno de los ciudadanos de aquella tierra, el cual le envió a su hacienda para que apacentase cerdos. Y deseaba llenar su vientre de las algarrobas que comían los cerdos, pero nadie le daba. Y volviendo en sí dijo: ¡Cuántos jornaleros en casa de mi padre tienen abundancia de pan, y yo aquí perezco de hambre! Me levantaré e iré a mi padre, y le diré: Padre he pecado contra el cielo y contra ti. Ya no soy digno de ser llamado tu hijo; hazme como a uno de tus jornaleros. Y levantándose, vino a su padre. Y cuando aún estaba lejos, lo vio su padre, y fue movido a misericordia, y corrió, y se echó sobre su cuello, y le besó. Y el hijo le dijo: Padre he pecado contra el cielo y contra ti, y ya no soy digno de ser llamado tu hijo. Pero el padre dijo a sus siervos: Sacad el mejor vestido, y vestidle; y poned un anillo en su mano, y calzado en sus pies. Y traed el becerro gordo y matadlo, y comamos y hagamos fiesta; porque este mi hijo muerto era, y ha revivido; se había perdido, y es hallado. Y comenzaron a regocijarse".

7. Parábola del Hijo Pródigo

Les damos la bienvenida a este servicio de adoración de esta congregación. Este es un tiempo de reverencia y respeto hacia Dios. La Biblia nos dice en Hebreos 12:28 que debemos servir a Dios "agradándole con temor y reverencia", creo que ese es el deseo de todos los que estamos reunidos en este lugar. Si en realidad deseamos servirle debemos de hacerlo de una manera aceptable a Él. Recuerdo que en el Antiguo Testamento antes de que Israel pudiera venir al Monte Sinaí para estar ante la presencia de Dios, ellos tenían que hacer algunas cosas. Una, de ellas era que tenían que purificarse. Dos, tenían que lavar sus vestiduras. Tres, tenían que abstenerse de hacer algunas tareas diarias, en pocas palabras, ellos no podían llevar al pie de la montaña algo que pudiera ser indigno de estar ante la presencia del Dios eterno. Creo que puesto que nosotros servimos bajo una mejor dispensación, "al acercarnos al Monte de Sion, a la ciudad del Dios vivo, a Jerusalén la celestial…a la congregación de los primogénitos" (Hebreos 12:22-23), debemos de venir a este lugar hoy dispuestos a adorar al Señor, y no debemos traer algo que sea indigno de un tiempo como este.

Como es bien sabido, hemos estado estudiando las parábolas de Jesús. He escogido este sermón para esta mañana porque considero que este es como la perla de las parábolas de Jesús. Creo que estamos a punto de estudiar un sermón que ha tocado más corazones que cualquier otra parábola que Jesús haya predicado jamás. Toca todo nuestro ser y las fibras de la sociedad misma. Debemos recordar la ocasión de esta parábola. El Señor escogió esta lección en particular dada la ocasión, ya antes había hablado de la oveja perdida, de la moneda perdida y del hijo perdido. Considero que estas tres historias siguen un orden progresivo.

La Ocasión de la Parábola

Noten por favor la ocasión en la que fue predicada esta parábola. Los publicanos y pecadores se habían acercado a "Jesús para oírle". Ellos eran considerados por los judíos como la lacra del pueblo. Ellos eran unos don nadie, eran rechazados por todos y nadie se preocupaba por ellos. Vemos que cuando los publicanos y pecadores se acercaron a Jesús para oírle, los escribas y los fariseos comenzaron a murmurar y a quejarse. Ellos dijeron, "Este a los pecadores recibe y con ellos come". Ellos simplemente no podían tolerar el hecho de que Él, siendo el Gran Médico, tuviera tanta disposición de curar las enfermedades de esos individuos, ellos no aceptaban el hecho de que Jesús tuviera algo que ver con esta gente. Por lo tanto, Jesús procede a darnos algunas lecciones sobe el orgullo y los pecadores confesos. Debemos reconocer que todos ellos son pecadores, y nuestro Señor nos va ampliar esa diferencia en esta lección.

Hay dos cosas que me gustaría que vieran a través de la lección esta mañana. Primero que todo, me gustaría que viéramos la culpa del hombre; pero al mismo tiempo, la gracia soberana de Dios. Si ustedes no ven estas dos cosas, entonces no van a entender el punto del sermón del Señor: nuestra culpa y su gracia. Esto desde luego es lo que hemos estado considerando una y otra y otra vez, noche tras noche, en esta serie de predicaciones, pero ustedes lo verán mucho mejor en este sermón.

Los dos hijos

Ahora la historia es como siempre, una cosa de todos los días, y no creo que podemos obtener más que el hecho que El dice, "un hombre…"—y este hombre, desde luego que se refiere a nuestro Dios— "Un hombre tenía dos hijos". El quiere que entendamos que este es un hogar donde todo transcurría lo más normal posible. Este hombre tenía dos hijos, y a uno lo llama "el menor" y al otro simplemente se refiere a él como "el mayor". El hijo menor es la imagen de un pecador confeso. El otro hijo es el imagen de aquellos que son pecadores orgullosos. Si tenemos tiempo hoy, me gustaría predicar dos sermones. Uno del pródigo quien vagaba lejos del hogar, y otro del pródigo quien nunca puso un pie fuera de su casa. Ambos eran pródigos, y ambos están muy mal. Nuestro Señor está dándonos una imagen de los fariseos quienes están diciendo, "Este hombre a los pecadores recibe, y con ellos come". Y por otro lado vemos a alguien quien se reconoce a sí mismo como simplemente un pecador.

Aquí tenemos una familia, en donde todo iba marchando bien. Pero comenzamos a detectar algo de insatisfacción. El hijo menor se está cansando de lo mismo día tras día y decide, "Hay cosas mejores para mí, y sabes hermano, me voy a ir a lejos de aquí y voy a vivir a mi manera, como a mí me place, y voy a hacer lo que yo quiera".

De acuerdo con la ley en Deuteronomio 21, el hijo menor no podía recibir tanto como el hijo mayor. En aquel tiempo tenía su recompensa ser el primogénito en una familia porque él recibía dos terceras partes de los bienes de su padre. Usted recordará como en Deuteronomio 21 se da la razón para hacer esto: El primer hijo era la fortaleza del padre. Esta era la costumbre de esta gente, y este hijo menor sabía que no podía recibir lo mismo que su hermano mayor. Día tras día la insatisfacción crecía y crecía hasta que finalmente él dice, "Padre, dame la parte de los bienes que me corresponde".

En primer lugar, esto no se le debía dar hasta un tiempo más tarde. Pero esto desde luego dependía de la prerrogativa del padre en cuanto a cuando le daría al hijo lo que le correspondía. Aquí nosotros encontramos algo que es fuera de lo normal para nosotros. Vemos al padre, dar a su hijo lo que le correspondía aún antes de su muerte o sus últimos días.

Me gustaría decir, al comenzar este estudio hoy, que esta parábola está muy bien elaborada y tiene un gran alcance, al punto que no sé qué dar primero la parábola y luego la aplicación. Vamos a hacer ambas cosas a medida que avancemos en la lección. Yo pienso que las lecciones están simplemente frente a nosotros. Son tan abundantes y muy a la vista. Él quiere que entendamos que en este caso, el hogar está marchando bien, pero repentinamente debido a la insatisfacción, parece ser que todo se desmorona. Quiero decirle que no importa qué edad tenga usted, usted se va identificar con esta parábola. Si usted no ha alcanzado esa edad, un día lo hará. Y para aquellos que ya han pasado esa edad les hace ver hacia atrás al tiempo cuando decidieron que la mejor cosa para ustedes en el mundo era irse de este lugar; y que lejos de allí les esperaba algo mejor.

Algunas veces llegamos a estar insatisfechos con la iglesia. Algunas veces estamos cansados de la ella, domingo en la mañana, domingo en la tarde, miércoles en la noche. Nos cansamos de estudiar, de visitar a los enfermos, nos cansamos de tantas cosas; que decidimos que tiene que haber algo mejor. Llegamos a estar tan insatisfechos que como este joven, decidimos irnos. Usted sabe cuál es el problema, desde luego, que con este joven es muy evidente. Él quiere vivir en una provincia apartada, pero al mismo tiempo quiere todos los beneficios que a él le corresponden. Él dice, "Padre dame la parte de los bienes que me corresponde". Yo quiero todos los beneficios del hogar, pero quiero vivir en una provincia apartada.

Algunas veces en la iglesia, vemos exactamente esto. Algunas veces llegamos a estar insatisfechos. Queremos ser conocidos como cristianos y queremos los beneficios de un cristiano. Queremos morir en el Señor. Pero al mismo tiempo, queremos vivir en la provincia apartada de pecado. Pero hay una cosa segura, debemos decidir vivir en el hogar o irnos a una provincia apartada, pero no podemos vivir en ambos lugares al mismo tiempo. Jesús nos dice de una manera muy clara, que estamos en un lugar o nos vamos de él.

Vemos como el padre ve esta situación y a su hijo menor día tras día diciendo, "Estoy cansado e insatisfecho; me quiero ir de este lugar, y quiero lo que me corresponde". Ud. puede preguntarse cómo es que el padre le concede la herencia, pero supongo que él decide hacerlo porque llegó a la conclusión de que no se lograría nada bueno al retener en casa a su hijo menor contra su voluntad. Porque su corazón ya se había ido. Y por eso dice la Escritura "y les repartió los bienes".

Cuando una persona se cansa de vivir la vida cristiana, y determina no vivirla más, No sé qué tanto se pueda hacer al respeto, a lo mejor se puede hablar con la persona. Si de verdad yo me cansara de vivir para el Señor y de hacer lo que estoy haciendo, y decido, "irme, porque para mí eso se acabó", espero que alguien hablara conmigo y que tratara de recordarme que lo que el Libro dice es lo que se tiene que hacer. Pero a lo mejor no se lograría mucho, como vemos en la vida de otras personas. El hombre es un agente moral libre. No estamos en algo de lo que no podamos salir. Me pregunto si algunas veces la gente no se preguntará al ver a algunos en la iglesia, "¿Por qué siguen aquí? ¿Han aprendido ellos algo de lo que no pueden alejarse? ¿Hay algo que les constriñe y les hace quedarse?" ¡No! Cualquiera puede dejar el hogar a la hora que quiera. Esto ciertamente está diciendo que usted es un agente moral libre – Usted se puede ir o se puede quedar. Y desde luego, Él quiere obligarnos por amor.

Recuerda que el apóstol dice que "el amor de Cristo nos constriñe" (II Corintios 5:14). La Versión Nuevo Inglés, que dice, "El amor de Cristo nos obliga". Y yo de verdad creo que cuando uno en realidad lo permite, el amor de Cristo no nos deja otra opción, si en realidad lo enfrentamos como es. Algunas veces ignoramos el amor que está allí; y decidimos, "Voy a hacerlo a mi manera".

El Viaje Lejos Del Hogar

Las Escrituras dicen, "No muchos días después, juntándolo todo el hijo menor…" -- Quiero que noten – "el hijo menor juntó todo". Vean por favor que él no se fue inmediatamente, sino que esperó hasta que juntó todo y luego emprendió su viaje.

Ahora, nuestro Señor quiere que entendamos que la apostasía del corazón siempre precede a la apostasía de la vida. De vez en cuando encontramos a alguien que dice, "Sabes que, mi corazón no es así. Lo que quiero decir, Sé que no estoy viviendo para el Señor como debería hacerlo, pero mi corazón no es de esa manera". Amigo, es difícil creerle porque Jesús está diciendo que la apostasía del corazón siempre precede a la apostasía de la vida. Y si usted se entera de que su corazón se está enfriando un poco, y se da cuenta que tiempos como estos no le alegran el alma y que no significan mucho para usted, es mejor que se haga un inventario serio; posiblemente su corazón está partiendo o ya se fue. Y no pasará mucho tiempo de acuerdo a Jesús, que usted se una a él. Este joven hizo exactamente eso. Él "se fue lejos a una provincia apartada", él se fue para estar con su corazón. Para ser lo que él quiere ser y hacer lo que él quiere hacer.

Por favor note esto, él no nació en una provincia apartada, los niños no nacen en pecado. Ellos nacen en un lugar que es bueno; y al considerar las posibilidades, de verdad que hay muchas. Pero yo pienso que lo significativo de esto es que el Señor lo llama un "viaje". Eso es exactamente lo que es el pecado. El Señor está diciendo que el pecado no es algo estático. Algo que solo se queda dónde está, solamente se da y ya, nunca se mueve. Esto de decir que "Allí la llevamos", yo de verdad lo dudo. Lo cierto es que o te estás acercando a Dios en sumisión a su voluntad, o gradualmente el pecado te está alejando de Dios. De acuerdo a Él es un "viaje".

Yo estuve en Los Ángeles; y después del culto una noche un hermano me preguntó, "¿Le gustaría ir y ver algo de esta gran ciudad?" Le dije que estaba bien. Así que manejamos y caminamos por lo que se llama Skid Row en Los Ángeles. Quiero decirles esto, Yo vi escenas que nunca olvidaré, había gente zigzagueando en la calle que muy apenas podían caminar de borrachos. Otros estaban en el cordón de la banqueta sosteniendo su cabeza mientras se vomitaban en las calles. Y vi a todos esos abandonados quienes habían llegado hasta el fondo. Pero yo pensé, al mirar a estas personas, "Ellas no nacieron así". Hubo un tiempo en el que una madre sostenía a esa persona, tan puro como el mismo cielo. Pero hermano, en alguna parte de su vida ellos se embarcaron en un viaje. Jesús lo llama un "viaje". Y siempre está en movimiento hacia afuera, hundiéndole y alejándole de Dios.

En el Salmo 1:1, Él dice, "Bienaventurado el varón que no anduvo en consejo de malos, ni estuvo en camino de pecadores, ni en silla de escarnecedores se ha sentado". Por favor noten la secuencia, moviéndose de un lugar a otro. Él camina, él se detiene, y finalmente simplemente se sienta con ellos. Así que el pecado es algo progresivo. "Entonces la concupiscencia, después que ha concebido, da a luz el pecado; y el pecado, SIENDO CONSUMADO, da al luz la muerte". Así que es una cosa en movimiento y crecimiento. Y es siempre como el Señor lo declara, un "viaje".

Al estar viajando este joven a una provincia apartada, hace que sus pasos nos son muy familiares, ¿verdad? Al ir haciendo su camino hacia ese lugar, hay el "buen ambiente" y amigos. Usted sabe que si tiene dinero, usted va a tener una clase de amigos. Al menos así se hacen llamar. Y la Escritura declara que él "allí DESPERDICIO sus bienes viviendo perdidamente". Quiero que se fije en esta palabra. Él "desperdició"... "desperdició sus bienes viviendo perdidamente". Hermanos, el pecado es algo que te desperdicia. Va a desperdiciar tu nombre, tu reputación, tu carácter, va a desperdiciar todo lo que usted es. ¡Y usted sabe eso! Y usted está advertido de que ese es el caso.

La Escritura declara que después de que esto ocurre, él se levantó una mañana y el dinero ya se había ido. ¿Qué es lo que está diciendo? Jesús dice, "vino una gran hambre en aquella provincia". Que fotografía tan maravillosa. ¿Qué le está pasando a él? La ley inevitable está en operación: "No os engañéis; Dios no puede ser burlado: pues todo lo que el hombre sembrare, eso también segará. Porque el que siembra para la carne, de la carne segará corrupción". (Gálatas 6:7,8). Esa ley es inevitable. El insiste que es la manera en la que va a ser. "Dios no puede ser burlado". El está mostrando una foto del progreso del pecado. No solamente es un viaje, no solamente es un desperdicio, sino que Él está diciendo que usted va a saber que los campos del pecado son arrasados por las tormentas de la destitución. ¡No hay nada allá afuera! El pecado promete mucho; pero da muy poco.

Esto me hace pensar de lo que Jeremías dijo al estar hablando a Israel (capítulo dos) de su dos males. El les dice que han dejado a Él "fuente de agua viva, y cavaron para sí cisternas, cisternas rotas que no retienen agua". Quiero que piensen de ese contraste. Piense en una fuente de aguas vivas fluyendo, en contraste con, no solamente algo que no produce, Pero ¿Qué es simplemente? Una cisterna, un hoyo de yeso en la tierra, además de eso, es una cisterna rota; que no puede retener agua. Esto es exactamente lo que usted puede ver en la vida de este individuo. El lo dejó todo; él ha dejado un lugar donde hay todo lo que pudiera desear. Y se levantó una mañana… y ya no tenía nada. ¡No hay una sola cosa para él! Y luego nuestro Señor dice, "y comenzó a FALTARLE". Quiero decirles que él se levantó con una nueva sensación. Algo que nunca antes había sentido. Nunca antes había tenido la sensación de que le faltara algo. Y saben, esta ha sido la primera llamada divina, "Joven, vete a casa; porque en el hogar no hay ninguna necesidad. En el hogar es todo satisfactorio y hay abundancia, hasta los siervos tienen todo lo que ellos quieren". Y aquí está la llamada divina, pero ¿se iría al hogar? ¡No! Su corazón estaba todavía lleno de orgullo. Todavía estaba en sus propios caminos. Todavía está determinado a ir solo.

La Escritura dice enseguida que él se "ARRIMO…" – Quiero que vean esta palabra, pienso que es muy significativa—él se "arrimó por él mismo a un ciudadano de aquella provincia". Nuestro Señor está pintando una fotografía de una caída dentro de otra caída. Nosotros hemos visto su declinación pero cuando llega al lugar de arrimarse a un ciudadano de esa provincia apartada, estamos viendo otra caída. Quiero que vean la distinción entre estas dos: un ciudadano de esa provincia apartada; y un hijo joven de la casa de su padre, con toda su culpa. No hay nadie quien diga que él es culpable. Está equivocado. Pero con toda su culpa, todavía no es ciudadano de esa provincia apartada. Y con todo su orgullo todavía no está satisfecho allí. Pero la gente de allí está satisfecha. ¿Sabe lo que el Señor esta diciéndonos? Él quiere que entendamos que allá en el mundo ellos están muy felices. Ellos están satisfechos. Pero, ¿Por qué es que cuando nosotros dejamos la causa de Jesucristo y nos vamos de regreso al pecado, no estamos realmente satisfechos? Oh, nos decimos a nosotros mismos que estamos, y sentimos que las cosas están bien; Pero en realidad no estamos. ¿Sabe usted en dónde radica la diferencia? ¡Nosotros sabemos mejor! ¡Qué diferencia hace cuando nosotros sabemos mejor! Aquel ciudadano de aquel lugar no sabía nada mejor. Ese era su mundo. Ese era su ambiente. Pero este joven se sentía miserable en ese ambiente porque él conocía algo mejor. Yo quiero decirles que usted nunca caminará fuera de la casa del Señor y decir con verdad, "voy a ser feliz afuera", a menos que se mantenga moviendo hasta el punto que llegue a ser reprobado, sin juicio y cauterizar su conciencia. Usted nunca estará feliz con esa situación porque usted conoce algo mejor. Que diferencia hace cuando usted ha crecido en el hogar y le han enseñado algunas cosas que lo hacen saber mejor.

Alimentando Cerdos

Bien, veamos la situación del nuevo trabajo. Jesús dijo que no le dieron una buena posición. No le dieron un buen trabajo. ¿Qué es lo que hacía? ¿Lo enviaron al campo a hacer qué? "lo envió a su hacienda para que apacentase cerdos" Quiero decirles que para un joven judío, o para cualquier judío, esto significaba ¡Tocar fondo! Ser enviado a apacentar los puercos, animales inmundos, era el más bajo trabajo que alguien pudiera obtener. Pienso que esto es lo que el Señor está diciendo – que usted se va hundiendo poco a poco hasta que finalmente toca fondo. Y este joven – Esta persona quien podría está viviendo en la casa de su padre en una condición maravillosa – ahora se encuentra arrimándose a un patrón extranjero, qué gran cambio ha ocurrido. Sabe, cuando usted va a otro país y cambia su dinero – usted les da su dinero y ellos le dan el de ellos – aprende en ese momento acerca del tipo de cambio. Quiero decirle que espiritualmente hablando hay también un tipo de cambio, y usted puede ver el tipo de cambio en esta situación.

Cuando cambiamos de países, y caminamos fuera del país del Señor y nos adentramos en el país del pecado, el mundo está diciendo, "¡Mira, esto es lo que voy a hacer por ti!" Oh, hay algo deslumbrante allá afuera en el mundo que se ve maravilloso. ¡Se ve grandioso! Y pensamos, "Ah, hay grandes cosas allá; qué buen tiempo tendré de verdad". Pero quiero decirles que hay un joven que puede decirle que las cosas no son así. Judas Iscariote también puede decirnos lo mismo. Judas también aprendió cuál era el tipo de cambio. ¿Recuerdan cuando el convino con esos hombres de traicionar al Señor? ¡Y eso fue exactamente lo que hizo! Quiero decirles, cuando esa gente estaba parada con la turba judía que gritaba, y como dicen las Escrituras "crujiendo sus dientes", y diciendo injurias contra el Señor, "si eres Hijo de Dios, desciende de la cruz". (Mateo 27:40), hubo un hombre que no estaba allí ese día gritando, "al pie de la cruz". Ese hombre va caminando de regreso al templo. El Señor nos regala una maravillosa imagen de un hombre que entra al templo y tira esa monedas al suelo delante de esas personas, y dice, "Yo he pecado entregando sangre inocente". (Mateo 27:4). ¿Quiere saber el tipo de cambio? ¿Recuerdan lo que ellos le dijeron? Ellos no le dijeron, "Judas, ven acá, hiciste un buen trabajo. Nosotros nos encargamos de ti. Después de todo, todos estamos involucrados en este asunto. Nosotros decidimos qué haríamos. No te preocupes Judas, nosotros nos encargamos de ti." ¿Recuerdan qué fue lo que ellos dijeron? Yo creo que esas son unas de las más frías palabras que yo he leído en este Libro. Ellos dijeron, "¿Qué nos importa a nosotros? ¡Allá tú!" (Mateo 27:4). El había hecho su trabajo. Ese era el tipo de cambio obtenido. Y es exactamente el mismo tipo de cambio que se ofrece a nosotros hoy.

Nuestro Señor dijo que este joven estaba tan hambriento que "deseaba llenar su vientre de las algarrobas que comían los cerdos". ¡Estaba muriendo de hambre! El no había conocido lo que era la necesidad, el hambre, el que le faltara algo. ¿Qué es lo ha había hecho? Él cambió a su padre por un hombre extranjero. Él cambió su hogar por una hacienda llena de cerdos. Él cambió la buena comida por "las algarrobas que comían los cerdos". Él cambió a su hermano por los cerdos. Allí era donde estaba. ¿Sabe usted lo que Jesús está haciendo? Nuestro Señor está dibujando la cara del pecado. Este te aparta, te aleja, te barre. Cada paso que das hacia abajo en la escalera te va alejando del Señor, hasta que finalmente Satanás se va a adueñar de ti. Nuestro Señor está diciendo que vergüenza, desgracia y desaliento son el resultado de unirse al pecado, y usted nunca se divorciará de estas cosas. Nosotros tratamos en nuestros días de disimular esta situación y decimos, "Bueno, tú sabes, eso no es tan malo. No es más que un estorbo temporal en el progreso hacia arriba de la humanidad". ¡No, no! El está diciendo que es vergüenza, desaliento y desgracia. – Ellos están casados, y usted no los va a divorciar.

El dice que "deseaba llenar su vientre de las algarrobas que comían los cerdos". El no estaba satisfecho. Esas algarrobas a lo mejor llenaban, pero no satisfacían. Hay muchas cosas que probamos que a lo mejor llenan temporalmente, pero no satisfacen, ¿o satisfacen? Cuantas veces he visto gente que han dejado la causa de Jesucristo, y dicen, "Hermano, vamos a vivir la vida que queremos vivir. Lo que quiero decir, es que ya no es más el Día del Señor. Es NUESTRO día. Y lo vamos a vivir. Vamos a ir a las montañas, Al lago, vamos a ir a donde queramos. Es nuestro día y haremos lo que nos venga en gana". Pienso de una pareja en Texas quien hace muchos años vinieron a nuestro lugar. ¡Es una cosa sorprendente para mí! Por alguna razón ellos se sentían insatisfechos, lo juntaron todo, y se embarcaron en su viaje; y ellos trataban de decirnos, "¡Miren, estamos teniendo un buen tiempo!" Pero no mucho después de eso, ellos vinieron de regreso al rebaño y confesaron, "Nosotros estábamos en una condición totalmente miserable. Intentamos y fracasamos". El deslumbramiento estaba allí, la infatuación estaba allí. Pero nunca nos satisfizo. "Él deseaba llenar su vientre de las algarrobas que comían los cerdos".

Volviendo En Sí

Me gusta lo que Jesús dijo; El dijo, "Y volviendo en sí". ¿Ha pensado alguna vez en esto? Esas dos palabras "volviendo en" sugeriría que este joven había estado engañado. Estaba infatuado. No era él. Él no estaba de verdad enamorado del mundo. No estaba realmente enamorado de la situación, pero él había sido engañado. Por eso Pablo dijo en Hebreos 3:13 "Antes exhortaos los unos a los otros cada día, entre tanto que se dice: Hoy; para que ninguno de vosotros se endurezca por el engaño del pecado". No hay una sola persona en este edificio que no pueda ser endurecido por el pecado. Podemos ser movidos. Podemos ser llevados de la causa de Jesucristo. Pablo dijo, "Exhortaos unos a otros", y nunca se ponga a usted mismo en una posición para que esto ocurra.

"Él volvió en sí", ¿sabe usted lo que él pensó al respecto? Eso es una cosa maravillosa para mí. Él no está en el hogar. Él se encuentra todavía alimentado cerdos, y cuando se levanta, ¿Qué creen que fue en lo que pensó primero? En los jornaleros. "Los trabajadores de mi padre tienen abundancia de pan, y yo aquí perezco de hambre". ¡Qué situación tan ridícula! Es una cosa sorprendente que en la casa de su padre ellos tenían todo lo que querían comer, y él se encontraba en ese lugar miserable muriendo de hambre. Los animales estaban felices, ellos no conocían algo mejor. El ciudadano de aquel país estaba feliz; todos estaban felices... excepto él, él solo es el miserable. ¡Él conoce algo mejor! Saben, esto me dice algo que al principio no se ve; pero es una gran lección. Mis hermanos, el hogar es indispensable. Él no era indispensable para el hogar. Cuando él se fue el hogar no se destruyó. Y yo sé esto hoy, que si yo dejara de ir al culto, y olvidarme de la iglesia totalmente, la iglesia no se va a destruir. Caminaba muy bien antes que yo arribara a este mundo, y si yo me fuera hoy, la iglesia seguiría adelante. Esto me dice claramente que yo no soy indispensable para la iglesia. Pero la iglesia es absolutamente indispensable para mí. Así es con el hogar. El hogar no se deshizo. Él fue el que se deshizo, y su única esperanza es que su hogar todavía estuviera allí. Quiero decirles esto, debemos de estar muy agradecidos, porque cuando nosotros dejamos el rebaño de Dios y somos lo que no debemos ser, todavía hay alguien en el hogar que lo mantiene funcionando y adelante, para que cuando nosotros volvamos en sí y regresamos al redil, todavía está allí. Nosotros al irnos de la iglesia no la destruimos.

Lo que nosotros necesitamos hacer es lo que él hizo. Él solo "volvió en sí". El se detuvo, vio realmente la situación. Y saben, este es el trabajo de la iglesia hoy. Hacer ver la situación. El trabajo de la iglesia no es consentir a la gente. El trabajo de la iglesia es mantener la verdad en alto y hacer al hombre ver su situación espiritual, como David dijo en el Salmo 9:17, "Los malos serán trasladados al Seol, todas las gentes que se olvidan de Dios". El quiere que entendamos que o nos arrepentimos o perecemos (Lucas 13:2-5). O cambiamos nuestra mente y el curso de acción, o perecemos. Y podemos cambiar, y podemos regresar al hogar.

¿Sabe lo que él dijo? Escúchenlo hablando con él mismo. Hermano, aveces necesita sentarse y hablar con usted mismo. Él está diciendo iré de regreso, esto es lo que voy a hacer. "LO HARE" escuchen esa determinación. "Me levantaré". "Iré… a mi padre". Ahora, piense en lo que está diciendo, "Yo…le diré, Padre…" Él todavía sigue siendo su padre. Y por favor noten que a pesar de que él cree que puede ir a su hogar, a pesar de que esta en penitencia ¿Dónde está él? Él está todavía en el chiquero de los cerdos. No es suficiente decir, "Señor, yo creo", y "Señor, yo me arrepiento". Tiene que hacer usted lo que Él dice. "Me levantaré". Ud. tiene que hacer algo. Y noten lo que está diciendo, Él dijo, "Padre, he pecado contra el cielo y contra ti". Quiero que se fijen como él lo pone en perspectiva para nosotros. Sabe, con nuestros pecados quizá hemos causado muchos dolores de cabeza. ¡Lo hemos hecho! Hemos causado muchas lágrimas, hemos dañado a otros. Pero cuando hemos llegado a este punto, el pecado es algo contra Dios. "He pecado contra el cielo y CONTRA ti". Y esta es una maravillosa declaración. Una maravillosa perspectiva y un punto de vista correcto.

¿Qué es lo que ve? Yo veo un arrepentimiento verdadero. Veo como el viejo y helado corazón comienza a derretirse y las aguas del arrepentimiento comienzan a fluir libremente. "Me levantaré". Me gusta lo que dice enseguida, "y levantándose…" Como ven, él no solamente está parándose y diciendo, "Lo puedo hacer". Él no solamente se paró allí y dijo, "Yo lo creo; yo me arrepiento". El HIZO algo. "Se levantó". Las Escrituras dicen que él "vino a su padre. Y cuando aún estaba lejos, lo vio su padre, y fue movido a misericordia, y corrió, y se echó sobre su cuello, y le besó". Yo no tengo la habilidad de decir la historia como debiera decirse. Yo pienso que esta es una de las más maravillosas imágenes que uno jamás pudiera imaginarse. Sospecho que entre más vivamos más maravillosa nos va a parecer esta historia.

Este joven finalmente decide dejar ese lugar. La Escritura dice, "Se levantó". El joven comienza a salir de ese lugar. Yo quiero que ustedes noten que él no iba a ir solamente a la siguiente puerta. La Escritura dice que se había ido "a una provincia apartada". Era un lugar extraño y tierra extraña. La Escritura nos dice que para este momento todas las marcas de hijo se habían acabado. No tenía zapatos. Su ropa se había envejecido. Tenía hambre. Estaba en un estado de miseria extrema, él ahora se da la vuelta; y comienza su camino hacia el hogar.

En su regreso, él pasó por una provincia que no le era familiar. No creo que él esperaba mucho de ese lugar, más que pasar y salir de él. Pero al ir de regreso a casa el panorama se fue tornando familiar para él. No sé cuántas veces yo he dejado el hogar para ir a predicar, si intentara saber cuántas me perdería haciéndolo. No sé cuántas veces he manejado bajando ese cerro para ir a un lugar a predicar el Evangelio, Pero les puedo decir esto, "Nunca he regresado a mi hogar sin que esto sea de gran significado para mí". Es bueno regresar a los lugares que son familiares a uno, lugares donde jugó como niño – Porque eso es el hogar. Siempre hay algo que es bueno en el hogar.

La Bienvenida Del Padre

Jesús continúa describiendo la bienvenida. "Y cuando aún estaba lejos, lo vio su padre". Los siervos se habían olvidado de él. Ellos podían vivir sin él. Hay un hermano mayor quien esperaba que nunca volviera al hogar. Pero hay alguien quien nunca, nunca se dio por vencido. Él todavía está allí. La Escritura lo describe sin zapatos, ropa envejecida, y sin anillo; el mundo le había quitado todo. Aún en esa condición, cuando se encontraba lejos, hubo alguien que lo reconoció.

Sabe, algunas veces cantamos el himno, "Hay Alguien a Quien le Importa". Usted puede pensar que a nadie le importa usted, que a nadie realmente le importa su alma. Eso no es la verdad. Ahora, a lo mejor hay algunos hermanos mayores. O Puede ser que haya algunos siervos a quienes usted no les importa mucho; pero quiero decirles, que hay alguien a quien sí le importa usted. Su Padre nunca se ha dado por vencido. Los padres no se dan por vencidos.

Su Padre todavía está observando. Y cuando vio a este hijo venir, la Escritura dice que él "corrió" a su encuentro. Recuerda que el hijo comenzó a hacer exactamente lo que él dijo que iba a hacer. Él dijo, "Padre, yo…ya no soy digno de ser llamado tu hijo. Hazme como a uno de tus jornaleros". Creo que debemos de notar esto. Hermano, es mejor ser un siervo en la casa del Señor que morar en las moradas de maldad (Salmo 84:10). Él aprendió esa lección. "Padre, he pecado… y ya no soy digno de ser llamado tu hijo: hazme como uno de tus jornaleros". Su Padre, la voz de amor, cortó la confesión y llama a sus siervos y dice, "Sacad el mejor vestido, y vestidle; y poned un anillo en su mano, y calzado en sus pies…porque este mi hijo muerto era, y ha revivido; se había perdido, y es hallado". El mundo había quitado de él todas las marcas de un hijo, pero el Padre supo esto y restauró cada marca. Y hubo gran regocijo.

Si ud. no es un hijo de Dios en la casa del Padre, piense de lo que se está perdiendo. Piense de lo que se está perdiendo en nunca saber del gozo verdadero de ser un cristiano. Hoy hay un gozo real al servir al Señor. Ud. puede ser un hijo en la casa del Padre. Ud. llega a ser un hijo en la casa del Padre al nacer en Su casa... Por medio de la fe (Hebreos 11:6), por medio del arrepentimiento de los pecados (II Pedro 3:9), Confesando a Cristo (Mateo 10:32), y habiendo sido bautizado (Hechos 2:38; Marcos 16:16). Ud. debe nacer en la familia de Dios y llegar a ser Su hijo en Su casa. Ud. puede hacer esto hoy.

Estoy preocupado en este momento especialmente con nosotros quienes estamos en Su casa...la iglesia. Sabemos lo que significa estar en el hogar. Hemos obedecido el Evangelio y hemos sido colocados en ella. Pero si ud. no está sirviendo al Señor, si ud. no es realmente fiel a Él, si ud. le ha dejado, Ud. sabe lo que pasó. No sé cómo pasó esto, pero Jesús dijo, que ud. llegó a estar insatisfecho de algo. No sé qué fue, pudo ser el deslumbramiento de las cosas del mundo, la promesa de grandes cosas, o cualquier otra cosa. Pero algo pasó, y ud. llegó a estar insatisfecho; así que ud. lo juntó todo y se embarcó en un viaje. Usted ha estado en ese viaje, y ha aprendido que en esa provincia apartada, hay desperdicio, hambre y pruebas. A ud. le han faltado cosas y ha estado en necesidad como nunca habían estado antes, algo diferente; y usted se unió a esto y aquello. Ud. probó todas esas cosas. El mundo no le dio mucho a cambio, ¿verdad? De hecho, usted aprendió que el mundo ama a los suyos, pero que no tiene mucho amor o respeto para aquellos quienes dicen, "Yo sé lo que significa ser un cristiano, pero no estoy viviendo como tal". Al mundo no le importa mucho ud. Ud. probó varias cosas. No sé todo lo que usted probó, pero intentó llenar su corazón, y aliviar el dolor que hay en él. Trató de llenar ese vacío. ¿Por qué no viene de regreso, el Señor le invita a través de su mensaje que ha sido predicado hoy, y le dice "ven". ¿Por qué no vuelve en sí hoy y reconoce lo que le está pasando, y dice, "Padre he pecado"? Venga ahora, el Padre está esperando por usted, hoy. ¿Porque no dice simplemente, "Padre, he pecado contra el cielo y contra ti; Quiero volver al hogar?" Esto es lo que el Señor quiere que ud. haga.

Sermón Ocho

"Y les hablo muchas
cosas por parábolas"

Lucas 18:9-14

*"A unos que confiaban en sí mismos como justos, y menospreciaban
a los otros, dijo también esta parábola: Dos hombres subieron al
templo a orar: uno era fariseo, y el otro publicano. El fariseo, puesto
en pie, oraba consigo mismo de esta manera: Dios, te doy gracias
porque no soy como los otros hombres, ladrones, injustos, adúlteros,
ni aun como este publicano; ayuno dos veces a la semana, doy
diezmos de todo lo que gano. Mas el publicano, estando lejos, no
quería ni aun alzar los ojos al cielo, sino que se golpeaba el pecho,
diciendo: Dios, sé propicio a mí, pecador. Os digo que éste descendió
a su casa justificado antes que el otro; porque cualquiera que se
enaltece, será humillado; y el que se humilla será enaltecido".*

8. El Fariseo y el Publicano

Esta noche, estamos agradecidos por el privilegio de estar aquí y de participar juntos en los cantos y la oración. Si volviera a la casa en este momento, podría decir que mi tiempo fue bien invertido. El participar en los cantos como los que hemos cantado y el alabar a nuestro Señor siempre me es edificante. Les puedo asegurar que a veces llego, no sintiéndome tan animado como debería de sentirme, o tal vez no tan emocionado como debería de estar, y unos pocos cantos como hemos cantado esta noche simplemente me ponen en un estado donde necesito estar.

Esta noche estamos escuchando uno de los sermones del Señor Jesucristo. Por largo tiempo, me he sentido que es una cosa muy formidable estar de pie delante de cualquier grupo de personas, en cualquier lugar, y sobre todo ante mi Señor para proponerme a enseñar su sermón. Supongo que siempre debe producir en nosotros este tipo de sentimiento ya que estamos en presencia de todo el cielo y delante de Aquel que habló el sermón. Es mi esperanza recordarles del sermón que Él predicó hace mucho tiempo.

En Lucas 18, tenemos dos sermones; tenemos dos lecciones sobre la oración. Y el predicador, por supuesto, es Jesús. El objeto de la primera es la persistencia en la oración, y la segunda concierne la pretensión en la oración. Usted se dará cuenta de que el Señor se dirige esta parábola a aquellos que "confiaban en sí mismos como justos, y menospreciaban a los otros".

Para lograr su propósito, nuestro Señor trae a la vista un contraste de dos personas, dos hombres. Uno de ellos es fariseo, y el otro publicano. Uno de ellos está en la parte superior de la escala social; el otro está en la parte inferior. Uno de ellos recibe respeto y honor mientras que el otro es despreciado y rechazado. Lo que Jesús se atreve a hacer es comparar estos dos individuos y extraer algunas conclusiones acerca de ellos.

Perfil de un Fariseo

En primer lugar, vemos al fariseo– era alguien que se separaba de los demás. Supongo que, al pensar acerca de un fariseo, este hecho es una de las primeras cosas que nos viene a la mente. Él era un guardador meticuloso de la Ley. Era un legalista estricto. Fue alguien que se consideraba, no solamente un protector de la Ley, sino también alguien con quien la ley permanecería o se caería.

Para proteger esa Ley, la cual los fariseos creían que fue puesta en su cuidado, construyeron grandes barreras alrededor de ella que Jesús llamaba "tradición", por las cuales anulaban los principios de la ley misma. Supongo que uno de los ejemplos clásicos de esto se encuentra en Marcos 7 donde Jesús discute la cuestión de comer pan con "manos no lavadas". ¿Se acuerda usted de cuando se acercaron a Jesús y le preguntaron por qué los discípulos comían "pan con manos no lavadas?"

Ellos simplemente no podían aceptar tal cosa. He leído que un grupo de los fariseos tenían un procedimiento rígido. Usarían al menos una cáscara y media de huevo llena de agua para lavarse las manos; entonces ellos se levantarían las manos y dejarían chorrear hasta el codo para que pudieran efectuar aún más limpieza. Luego tomarían la misma cantidad de agua y la dejarían gotear de la punta de sus dedos. Eran extremadamente meticulosos con todo este asunto y condenaron a los que no lo hacían.

Este es uno de los hombres de los cuales Jesús está haciendo referencia en esta ocasión, y ahora miramos al fariseo mientras va a adorar. Me sale un cuadro bastante vívido. No sé lo que se le ocurre a usted esta noche; pero cuando pienso en este hombre que va al Templo a orar, me sale un cuadro vívido de un hombre que es sumamente religioso. Es una persona que entra en el Templo a la hora precisa. No es alguien que puede ser disuadido por un hombre paralítico o impotente en la Puerta Hermosa como algunos otros podrían ser. Él estará en el Templo en el momento preciso. Lo observo mientras sube las gradas con su manto flotando; y él ensancha "sus filacterias"–o sea las pequeñas cajas que contenían pasajes de la Escritura. Esto, por supuesto, lo haría parecer más piadoso que cualquier otro. Él entra al atrio de Israel, y es allí donde comienza a orar.

Al que Honor, Honor

Pero antes de considerar su oración, me gustaría recordarles que no todo de los fariseos era malo. Supongo que tendemos a pensar así porque ya que algunas cosas no estaban bien, entonces nada estaba bien. Pero creo que hay varias cosas sobre los fariseos que son encomiables para nosotros. De hecho, en una ocasión, Jesús enseñó que "todo lo que os digan que guardéis, guardadlo y hacedlo; mas no hagáis conforme a sus obras, porque dicen, y no hacen" (Mateo 23:3). Ellos conocían la ley; estos eran hombres que podían citar la Palabra, y no creo que nadie está dispuesto a condenar a un hombre porque sabe bien las Escrituras. Debo admirar a cualquiera que se tome el tiempo y el esfuerzo para aprender la Sagrada Escritura. Y este hombre, estoy seguro, era tal persona. Era un hombre que decía la verdad, y entiendo que usted podía contar con estos individuos que le dirían la verdad cuando se trataba de lo que dice el Libro.

Su oración comienza así: "Dios, te doy gracias....". Al menos, él reconoce a Dios. Entonces, él cree en Dios, él adora a Dios, y él reconoce que Dios ha tenido algo que ver con su vida. Aunque no oímos mucho más sobre esto, él reconoce el hecho de que Él está presente. Por otra parte, cuando este hombre ora, da a conocer que no todo es negativo. Él dijo: "Yo ayuno dos veces a la semana".

La costumbre les requería ayunar en el Día de la Expiación, pero aquí hay un hombre que va a hacer mucho más que eso. Él va a ayunar de acuerdo con las formas de algunos de su pueblo; él va a ayunar todos los lunes y jueves– que eran los días tradicionales en que Moisés subió al monte y descendió del monte. Y no creo que haya nadie esperando para menospreciarlo por haber hecho eso. Si, en realidad, él elige ayunar dos veces por semana, yo no voy a discutir con eso en absoluto.

Además, dijo, "doy diezmos de todo lo que gano". Como Jacob (Génesis 28:22), él dijo que yo daré el diezmo de todo. Aquí hay un hombre que estaba dispuesto a contar la semillita de eneldo del jardín.

Está dispuesto a decir: "Nueve para mí y una para Dios; y nueve para mí y una para Dios". Él era el tipo de hombre que estaba dispuesto a hacer eso. Al menos, estaba dispuesto a bajar su nivel de vida en este mundo para entregar a Dios la décima parte de lo que le pertenecía. Para este hombre, Dios era, por lo menos, tan real como el dinero en su bolsillo. No estoy siempre seguro de que Dios es tan real para la gente hoy día. Así que este hombre que iba al Templo tenía algunas buenas cualidades. Él era tan respetado que el publicano se quedó "lejos" de él en el Templo.

El publicano

Pero echemos un vistazo al publicano. El publicano era un recaudador de impuestos. Este hombre era despreciado y rechazado. Los decentes y honorables absolutamente le aborrecían. Recuerde que Roma simplemente contrataba a los mejores postores, y a Roma no le importaba cuanto más se colectaba. No había ninguna junta de examinadores detrás de ellos "respirando en sus nucas". Establecieron sus mesas en la calle, y usted no podía ir a ninguna parte sin tratar con los publicanos. Ellos le tenían por el cuello y la extorsión fue el meollo del asunto.

Usted no iría a ninguna parte sin pasar por sus mesas, y ellos iban a quitar de usted todo lo que debía al gobierno romano, más todo lo que ellos quisieran tomar para sí mismos. Extraían la máxima cantidad que podían. Y, por consecuencia, los únicos amigos que tenían eran los brutos, los inmorales, y los irresponsables; fueron aborrecidos por casi todas las personas.

Me pareció interesante aprender que Tácito, un historiador romano, escribió acerca de un pueblo en el que había un recaudador de impuestos honesto. Sorprendentemente establecieron un monumento al hombre porque él fue el único del cual habían oído mencionar.

Bueno, éste es el publicano. Y si hubiéramos estado allí, probablemente nos habríamos sentido un poco más cómodos con él porque él era un hombre religioso. Él no era de la multitud despreciable, y que probablemente habría ido a su dirección. Si uno de estos hombres hubiera querido casarse con nuestra hermana menor, creo que no nos hubiera gustado que ella se casara con un publicano.

De Pie en la Presencia de Dios

Jesús dijo que estos dos hombres "subieron al templo a orar". Y allí es exactamente donde deben estar, y en eso no hay nada malo. Recuerde que había ciertas horas de devoción cuando entraban al Templo. Pedro y Juan (Hechos 3) subían a la hora de la oración, y fueron impedidos por el hombre en la Puerta Hermosa. Fue la hora de la oración, y estos dos estuvieron donde debían haber estado. Por lo menos, no estuvieron en el campo de golf, ni estaban pescando, ni estaban haciendo otras diez mil cosas que una persona pudo haber hecho ese día cuando debían haber estado en el Templo.

Ellos no se suscribían a la teología moderna y fácil que dice que cuando realmente crece espiritualmente, no es necesario reunirse en casitas de la iglesia y cantar cancioncillas a Dios. Lo que, más bien, se debe hacer es tomar un paseo por el parque y admirar la gran creación de Dios y absorber el espíritu del gran Jehová. Bueno, ellos no creían así. Estuvieron exactamente donde deberían haber estado.

Creo que lo que el Señor quiere que hagamos mientras que él predica este sermón es dar un paso para atrás y entrar a las sombras del pórtico de Salomón y echar un vistazo de cerca. Mire a estos dos hombres. Mire lo que está ocurriendo en la vida de los dos hombres que eran muy diferentes. En primer lugar, encontramos que "el fariseo, de pie, oraba consigo mismo". Ahora, no hay ningún problema con orar de pie, porque el hombre que fue a su casa justificado hizo lo mismo. Puede ser que usted comience a sospechar de un pequeño problema cuando la Escritura dice, "de pie, oraba CONSIGO MISMO". Se excluyó a sí mismo de las demás personas. Por sus propias acciones, estoy seguro de que otros realmente pensaban, que ellos no deberían estar donde estaba él.

Oración Pretenciosa

Cuando le oímos a este hombre empezar a orar, empezamos a sospechar algo. Lo escuchamos decir: "Dios, te doy gracias porque no soy como los otros hombres, ladrones, injustos, adúlteros, ni aun como este publicano". Nos es evidente por lo que Jesús dice, que el fariseo está de pie con las manos levantadas– y de acuerdo con 1 Timoteo 2, no hay ningún problema con que los hombres oren así. Él está de pie, y está orando. Evidentemente él está mirando hacia arriba, orando acerca de su situación... "ladrones, injustos, adúlteros" –y sus ojos volviéndose hacia ese publicano desventurado, "ni aun como este publicano, Señor". Y luego procede a decir: "Ayuno dos veces a la semana; doy diezmos de todo lo que gano".

Lo que nos molesta acerca de la oración de este hombre es que él suena vanidoso, y no hay nadie que le gusta eso. Una persona vanidosa es alguien que siempre está despreciando a otros y tratando de elevarse a expensas de los demás. ¡Y no nos gusta su oración! Nos gustaría llevarlo aparte y hablar con él sobre ella y decirle: "Mire, ¡no puedes orar de esa manera! No se puede estar en la presencia de Dios y decirle lo grande que eres".

Sabe, creo que en realidad nunca nos hemos dado cuenta de lo que significa estar en la presencia de Dios. Llegamos a ser tan acostumbrados a caminar en el mundo de Dios y respirar su aire y comer su comida y gastar su dinero que lo subestimamos, y nos olvidamos incluso de lo poco que sabemos acerca de estar en la presencia de Dios.

Aquí está un hombre de pie en el templo, que era la morada de Dios en esa época, y no parece que le moleste en absoluto informarle a Dios de todas sus virtudes y todas las grandes cosas que ha hecho. Al parecer, el fariseo piensa que lo que sea más importante en la tierra ha de ser importante en el Cielo. Y si es importante entre los hombres, tiene que ser muy significativo para Dios. Según este Libro, esto no es siempre el caso, como es evidente por lo que Jesús aquí dice.

Confiar en uno mismo

Note que él usa el pronombre personal cinco veces en su oración. Cinco veces él está discutiendo a sí mismo y lo que hizo y lo que ha logrado y lo que no hizo. Es el orgullo. Recuerde por qué Jesús está predicando el sermón: Versículo 9, Él dijo que habló esto a los "que confiaban en sí mismos como justos, y menospreciaban a los otros". Y como Él está predicando a esas personas, Él les quiere hablar acerca del orgullo– la condenación del diablo.

Evidentemente, el fariseo se siente que si él puede despreciar a otro, hará que él sea un poco más grande. ¿Qué clase de locura espiritual produciría en nosotros la idea que podemos menospreciar a otro y pararnos encima de su cadáver, y que estaremos más altos en los tribunales del Cielo?

Observe lo que hace. Él divide a toda la humanidad en dos clases. Él dice, "Dios, YO...". Él es una de las clases. "Dios, te doy gracias porque no soy como los OTROS HOMBRES". Ahora, eso es una muy amplia clasificación, ¿no es así? Yo estoy aquí, y todos los demás hombres están obligados a estar por allá, en algún lugar aparte, y él dice que se alegra de que él no sea como esos individuos. Al señalar los pecados de los demás, se siente mejor consigo mismo. A través de resaltar la suciedad de la vida de otro y elevarse sobre él, se siente mejor a la vista de Dios.

Ahora que nos encontramos en las sombras del templo, mirando y escuchando, comenzamos a detectar un olor distinto. Estamos sintiendo un olor viejo y familiar. Hay ciertos olores que al olerlas una vez, nunca nos olvidamos de ellos. Alguien puede mencionar la palabra formaldehído y me vienen a la mente muchas memorias de estar en un laboratorio de ciencias; Todavía puedo olerlo.

Hay ciertos lugares en este mundo donde he estado, y usted puede mencionar el lugar, y todavía puedo recordar su olor. Lo que estamos oliendo en este caso, en el templo de Dios es el olor de la gracia que se ha tornado agria. Si alguna vez ha sentido el olor de la gracia que se ha tornado agria, para siempre lo reconocerá.

El fariseo ERA mejor—y debería haber sido mejor. Mira los antecedentes del hombre. Él tenía un trasfondo religioso. Tenía ventajas. Tenía conocimiento de las escrituras que el publicano no tenía. Debía haber sido un poco mejor; pero por alguna razón decidió que puesto que tenía esas cosas, esto hacía que fuera mejor a la vista de Dios.

Todavía recuerdo reuniones de avivamiento en la denominación en la que estaba anteriormente; había una noche llamada "noche de testimonio". Siempre se anunciaba al comienzo del avivamiento que habría una noche especial en la que el predicador contaría la historia de su vida. Y siempre me parecía un poco extraño que las noches en las que el predicador contaría la historia de su vida, siempre habría una asistencia más grande que las otras noches. Y todavía recuerdo los testimonios. Siempre me quedé asombrado de la forma en que los demonios se convertirían en ángeles. ¡Por alguna razón nos parece que si podemos hacer alarde de nuestros vicios públicamente, entonces se convertirán en virtudes!

Pienso en aquellos momentos cuando llego a este pasaje. Algo que lo sé muy bien es que la justicia auto-atribuida (pretensión de superioridad moral) se expresa en auto-alarde (autobombo). Cada vez que usted oye a alguien que está publicando en gran medida a sí mismo y sus virtudes, puede estar seguro de que existe un grado de justicia auto-atribuida.

De vez en cuando, viajo alrededor este país y me encuentro con algunas personas que son humildes. ¿Cómo puedo saber? ¡Me dicen que lo son! Hay ciertas personas que insisten que son humildes, ellos INSISTEN en que lo son; y pienso en tales hombres: ¿Qué están diciendo? Están de pie diciendo: "Señor, ahora Tú y yo estamos involucrados en esto. Señor, has hecho un gran trabajo, pero es que has tenido una gran persona con quien trabajar. ¡Qué gran vaso has hecho, Señor! Pero mira esta pieza de barro fina que tuviste para formarlo". Eso es lo que está diciendo. Está diciendo que él es un poco mejor que los demás. Está diciendo: "Gracias, Señor, que no soy como mis hermanos ignorantes. Gracias, Señor, que entiendo el libro de Apocalipsis, y ellos no. Gracias, Señor, que nunca he caído en algunos de los pecados y los errores en que he visto caer a otras personas". Cada vez que usted escucha eso en algún lugar, está viendo la auto-publicidad, y detrás de ella, tiene que haber algo parecido a lo que estamos viendo aquí. El fariseo estaba mirándose con un ojo bueno. Estaba mirándole al publicano con un ojo malo. Y no estaba mirándole a Dios con ningún ojo. Dios no estaba en sus planes de ninguna manera.

El recaudador de impuestos se situó "estando lejos". Parece ser un hombre humilde, que da cuenta de su posición. Y sin embargo, uno podría pensar: "Bueno, ¡es que debe ser!" ¿Alguna vez ha conocido a los que parecían ser contritos y humildes? y ha pensado: "Bueno hermano, ellos tienen muchas razones para sentirse humildes". Y cuando se considera a este hombre, ¡él debería ser humilde! Después de todo, el "nombre del juego" de él era la extorsión; ha tenido a la gente por la garganta– él tiene las manos muy sucias. Creo que así podría verse el asunto. La humildad ha de ser fácil para él. Creo que hay gente que piensa así ha de ser con algunos de nosotros por la vida que llevamos.

Él podría haber dicho lo siguiente (y sigo escuchando, pero no nunca lo dice): "Dios, te doy gracias porque no soy un fariseo". Podría haber dicho: "Dios, te doy gracias porque no soy hipócrita. No uso mantos largos, Señor. Y no tengo ninguna filacteria, y no elevo oraciones largas, pero soy honesto. Soy una persona terrible, he hecho cosas terribles, pero no soy hipócrita".

El pecado más grande

¿Sabe lo que he decidido? Con el debido respeto a la blasfemia contra el Espíritu Santo, ¿sabe lo que es el peor pecado del mundo? Cuando usted sale y comienza a hablar con los demás, parece que ellos piensan que hipocresía es el peor pecado de la Tierra. Cuando habla con alguien que ha dejado la iglesia y ha decidido volver a sus pecados, o cuando habla con alguien que sabe que debe ser miembro de la iglesia, pero nunca lo ha hecho... para ellos, el peor pecado de la Tierra debe ser la hipocresía, porque eso es lo primero que la gente dice. He escuchado a más personas explicar acerca de los hipócritas de la iglesia; e insisten: "Yo soy tan bueno como ellos". Todavía no he descubierto lo que eso prueba. ¿Qué ventaja hay en ser tan bueno como un hipócrita?

Este hombre está de pie, orando: "Dios, te doy gracias, que no soy... como este publicano". Eso no le ayuda para nada. Él sigue en el mismo lugar, pero parece que por alguna razón -estoy tratando de averiguar lo que está detrás de ella- pero por alguna razón, sentimos que si podemos desvendar las llagas de nuestras vidas y exhibir estas llagas horribles del pecado y decir: "Mire, allí están, y yo no estoy tratando de ser hipócrita al respecto" y el divulgarlo hace que todo sea aceptable. Todavía son llagas, no importa lo mucho que hablemos de ellas. El hacer público el vicio no lo convierte en virtud.

Eso me recuerda de una historia que escuché hace algún tiempo acerca de dos ladrones que fueron acusados y ahora fueron enjuiciados ante el magistrado. Uno de ellos dijo: "Su Señoría, antes de dictar sentencia, considere mi súplica. Es cierto que yo estaba allí. Es cierto que ayudé a robar el banco. Es cierto que entré con mi amigo;... Pero quiero que usted sepa que cuando entré, no me puse una máscara como él. Yo sólo entré sin una máscara". No creo que impresionaría mucho al juez, ¿verdad que no? ¿Qué le importará al juez si él llevaba máscara o no? Él entró, y robó el banco. Y creo que estamos tratando de decirle a Dios: "Señor, tú sabes, que las cosas no han sido muy buenas en mi vida, pero no he sido un hipócrita al respecto". Usted ve que el juez todavía tiene que tratar con nosotros en base de lo que hemos hecho y no según nuestras circunstancias.

Pero nos fijamos en la escena, y el publicano se para allí y no dice ninguna de estas cosas. La Escritura dice que "se golpeaba el pecho", que era una señal exterior de angustia interior. ¿Recuerda que cuando Jesús fue crucificado, que las personas se le acercaron y "al observar lo que había acontecido, se volvieron golpeándose el pecho?" (Lucas 23:48). Era una expresión de angustia terrible. Era costumbre de ese pueblo hacer eso. "El publicano... se golpeaba el pecho, diciendo: Dios, sé propicio a mí, pecador". ¿Sabe lo que se dio cuenta él? Ese hombre se dio cuenta de que estaba en la presencia de Dios. Eso fue lo que hizo la diferencia entre esos dos individuos.

En Su Presencia

En la presencia de Dios, él vio su propio pecado. No estaba allí para platicar de sus éxitos: Estaba allí para hablar de sus necesidades. Ese es uno de los valores de la oración privada. Por supuesto, así debe ser con cualquier oración. Pero, ¿quién quiere estar ante el Dios de los cielos que conoce nuestros corazones y nuestros pensamientos y nuestros motivos para hablarle de sus éxitos? ¡Usted le platica de sus necesidades! No está allí para decirle: "Señor, mira cuanto he mejorado". Usted está allí para decirle: "Señor, mira que cuanto me falta". No está allí para decirle: "Señor, quiero hablarle de mis virtudes". ¿Puede usted imaginar a alguien en la oración privada queriendo platicar con Dios de sus propias virtudes? Necesitamos hablarle de nuestros pecados.

Encuentro este concepto verdadero en muchos pasajes de la Biblia. En el caso de Job, le recuerdo de su situación miserable. Había perdido a sus hijos. Había perdido todo. Sus llamados amigos se sentaron con él, y finalmente, le dijeron: "Job, ¿por qué no atiende a este asunto? ¿Por qué no admites que la razón por la que está sufriendo intensamente es porque ha pecado intensamente?" Job negó eso. De hecho, Dios le había dicho a Satanás: "¿No has considerado a mi siervo Job...? Varón perfecto" (Job 1:8). Pero, usted ya sabe, que cuando llega a la última parte del libro de Job, Job tenía una visión de Dios y entonces Job le dijo, "mis ojos te ven.... Me arrepiento en polvo y ceniza" (Job 42:5-6). ¿Qué fue lo que marcó la diferencia? De repente, se dio cuenta de la presencia de Dios.

Lo mismo fue cierto en la vida de Isaías. Vuelva al libro de Isaías y empiece a leerlo y ¿qué es lo que encuentra? Isaías era el mejor de la cosecha– un hombre joven hermoso y maravilloso. Era el mejor que había; sin embargo, un día entró en el Templo y miró una visión de Dios; vio a Dios "alto y sublime, y sus faldas llenaban el templo" (Isaías 6:1). ¿Recuerda lo que Isaías dijo? Dijo: "¡Ay de mí! que soy muerto; porque siendo hombre inmundo de labios, y habitando en medio de pueblo que tiene labios inmundos, han visto mis ojos al Rey, Jehová de los ejércitos" (Isaías 6:5).

Encuentro el mismo concepto cuando leemos el Nuevo Testamento. Aquella noche, cuando todo parecía estar desarmándose ahí en el mar tormentoso, Jesús subió a bordo y habló a los elementos que él había creado; y esos elementos, que habían formado una furiosa tormenta, se tornaron en una calma vidriosa. Fue entonces cuando Pedro dijo: "Apártate de mí, Señor, porque soy hombre pecador" (Lucas 5:8). De repente, se dio cuenta de que estaba en la presencia de Dios, no solamente de un hombre.

El apóstol Pablo se sentía de la misma manera. En 1 Timoteo 1:15, él dijo: "Cristo Jesús vino al mundo para salvar a los pecadores, de los cuales yo soy el primero". Le quiero señalar que él no dice, "YO ERA". ¿Quiere decir Pablo que después de treinta años de la predicación del Evangelio de Jesucristo en todo el Imperio Romano, después de establecer congregaciones que salpican todo el Imperio, después de gastar lo suyo y ser gastado por la causa de Cristo y después de llevar miles al Señor Jesucristo, ¿todavía está diciendo, "Yo soy el primero de los pecadores"?

¿Sabe por qué creo que dijo eso? Porque después de esa declaración, dijo, "Pero por esto fui recibido a misericordia, para que Jesucristo mostrase en mí el primero toda su clemencia, para ejemplo de los que habrían de creer en él para vida eterna. Por tanto, al Rey de los siglos, inmortal, invisible, al único y sabio Dios, sea honor y gloria por los siglos de los siglos. Amén". Él sabía que estaba en la presencia de Dios Todopoderoso; y eso marca una gran diferencia.

Pablo se dio cuenta de sus necesidades, y se dio cuenta de la necesidad de la gracia de Dios. Tal vez usted se sienta en esta asamblea pensando: "Estas personas a mi alrededor no entienden mi situación. Estas personas han estudiado la Biblia durante años y son fuertes en la fe. Estas personas realmente no necesitan la gracia de Dios". Déjeme decirle algo. No hay nadie aquí esta noche, sentado o de pie en esta sala, que no tiene una tremenda necesidad de la gracia de Dios. Nunca llegará un momento en el que usted puede hacerlo sólo; Es algo que he aprendido. Y sigo aprendiendo eso. Necesito la gracia de Dios esta noche tanto como cualquier persona que camina por la calle. "Dios, sé propicio a mí, pecador."

Elementos de la Oración Verdadera

Me pregunto si en realidad hemos aprendido a orar. Nos tienen que pasar algunas cosas terribles para que aprendamos a orar, para que nos demos cuenta realmente de lo que estamos haciendo, para que nos demos cuenta de que estamos en la presencia del Creador, Aquel que sostiene nuestro aliento en sus manos; como Pablo dijo: Aquel "a quien tenemos que dar cuenta" (Hebreos 4:13); Aquel que es mi juez por toda la eternidad—estamos en Su presencia y seguramente como este hombre, debemos decir: "Dios, sé propicio a mí, pecador".

¿Se fijó que cuando el fariseo está orando, él usa el pronombre personal muchas veces y que nunca ni una vez en su oración hizo una confesión de pecado? Ni una vez en su oración expresa una necesidad. Ni una sola vez abre su herida para mostrarla con confianza al Gran Médico. Si hay algo que debemos recordar cuando nos acercamos a Dios en oración, es esto: "Señor, perdóname de mis pecados". Nadie debe esconder su herida del Médico de confianza. Lo hacemos todos los días sin miedo, porque de esta manera podemos ser sanados. Ninguna confesión de pecado—ninguna expresión de necesidad— y sin embargo él usó treinta y cuatro palabras para decir su oración. El publicano dijo su oración en seis palabras. El hombre que fue justificado, todo lo dijo en seis palabras.

Escuche la oración del publicano. El se puso de pie "estando lejos", no de Dios, sino del fariseo. Él simplemente está allí con la cabeza inclinada diciendo: "Dios, sé propicio a mí, pecador". Él no tiene un libro de instrucciones para informarle cómo el debe hacerlo. Nadie le entregó a el en las manos un programa cuando entró en el templo, ni le dijo a el: "Mire, así es cómo se adora; esta es la forma en se debe orar a Dios". Jesús dice que "no quería ni aun alzar los ojos al cielo". El no alzará al cielo esas manos que son tan contaminadas y tan pecaminosas. El no va a mirar hacia arriba en la cara del Dios de los cielos. Él simplemente está allí con la cabeza inclinada y dice: "Dios, sé propicio a mí". El hombre siente esa distancia culpable entre él y Dios.

Note que no dice el hombre: "Dios, sé propicio a mí, pecador reformado". Él no dice: "Dios, sé propicio a mí, pecador penitente" o "pecador orando". Tampoco dice: "Señor, yo quiero que no seas duro conmigo porque, como ves, yo sólo he estado cumpliendo con mi deber. Un hombre tiene que ganarse la vida, y yo sólo estaba haciendo lo que me dijeron que hiciera. Me doy cuenta que las cosas no me han ido muy bien, pero yo solamente estaba haciendo lo que todos los demás hacían". Él no dice nada de eso.

¿Sabe lo que me recuerda esto? Me recuerda otro sermón que predicó Jesús acerca de un hijo pródigo que regresó y dijo: "Padre, he pecado contra el cielo y contra ti" (Lucas 15:18). Ni una sola vez habló de un hermano que no quería que regresara. Ni una sola vez dijo: "Nunca me trataste bien". Ni una vez dijo, "El hogar no era lo que debía haber sido". Cuando usted enfrenta su pecado cara a cara, sólo hay una cosa que realmente es importante decir: "Padre, he pecado contra el cielo… y delante de ti". Esta es la perspectiva correcta. Me recuerda el Salmo 51:10, donde David dijo: "Crea en mí, oh Dios, un corazón limpio, Y renueva un espíritu recto dentro de mí".

El publicano dijo: "Dios, sé propicio a mí…." Es interesante notar que algunas versiones lo traducen de la siguiente forma– yo entiendo que es más cerca al idioma original: "Dios, sé propicio a mí, EL pecador". El se sentía como si él fuera EL pecador del mundo. Observe que suplica misericordia–es la misericordia que yo necesito, Señor. Y la misericordia, estoy persuadido por lo que Jesús dijo en las bienaventuranzas, es una mezcla fuerte de amor más el perdón.

Sólo porque usted ama a alguien, no significa que usted ha tenido misericordia de él. Es un compuesto de amor más el perdón. Él no pide justicia. ¿Puede usted imaginar a una persona orando para recibir justicia? Eso, para mí, es impensable. No me puedo imaginar inclinándome ante el Creador, Él que todo lo ve y Él que todo lo sabe, y diciéndole: "Señor, ¿me concedes la justicia?" La justicia caería sobre él—y él lo sabía—como una espada desnuda. Y él no quería eso. Buscó y encontró el amor y el perdón. Su oración ascendió al Señor como incienso aromático, mientras que la oración del fariseo se le sopló de nuevo en la cara como el humo. "Dios resiste a los soberbios, y da gracia a los humildes" (Santiago 4:6).

A principios de la década de 1800, un predicador escribió un pequeño poema sobre esta historia, y en mi opinión él hizo un buen trabajo. Él dijo:

> "¿Dos fueron a orar? O, mejor dicho,
>> Uno para jactarse, y el otro para orar;
> Uno se acerca y pisa en lo alto,
>> Mientras que otro no se atreve a levantar el ojo;
> Uno andaba cerca del altar de Dios,
>> El otro andaba cerca del Dios del altar".

Este poeta tenía una hermosa comprensión de lo que está diciendo nuestro Señor.

Cuenta arreglada en el Cielo – en el Corazón – en el Hogar

Y entonces el Señor dice: "Os digo" -Escuche lo que Él está diciendo- "Os digo que éste descendió a su casa justificado". Cuando se habla de la justificación, se habla de una cuenta que está arreglada en los cielos. Dios lo declara absuelto. Él insiste en que el hombre es justo; y como usted puede, si su cuenta está arreglada en el Cielo, también está arreglada en el corazón. Es una cosa transitiva. Resuelto en los cielos...resuelto en el corazón. Y me gusta, también, lo que dice Jesús: "Este hombre descendió a su casa justificado".

Pensé cuando estaba estudiando esta parábola que me hubiera gustado estar en esa casa cuando él todavía era un publicano injustificado. Y ENTONCES me hubiera gustado estar en la casa esa noche, cuando llegó al hogar. "¡Algo le ha pasado a papá! ¡Las cosas son diferentes ahora!"

Quiero decirle a usted que yo no daría ni un centavo por una religión en la que todo está bien en el Templo, mientras que está infeliz en la casa. Hermano, si todo está bien en el Templo, y su cuenta está arreglada– esa vieja cuenta ha sido arreglada en el Cielo– debería ser arreglada en la casa. Dios condena que seamos una cosa en la iglesia y otra cosa diferente en casa.

Él "descendió a su casa justificado antes que el otro". Hubo un cambio. Jesús dice, y creo que debemos mirarlo– "Antes que el otro". Nuestro Señor no está sugiriendo que un hombre es más justificado que el otro. ¡Usted es justificado o no lo es! No es que un hombre es más justificado que el otro. Él simplemente está diciendo- un hombre es justificado por completo y el otro no es justificado en absoluto.

Uno de ellos va a la casa con todas sus virtudes y con todos sus pecados; uno va a la casa, justificado y limpio de pecado. Esto me enseña que "hay gracia para el oportuno socorro" (Hebreos 4:16). Yo sé que es la verdad. Nos estamos dando cuenta más y más de que es la verdad. A veces nos cantan la canción hermosa titulada, "Cuando contemplo la maravillosa cruz," por Isaac Watts:

> "Cuando contemplo la maravillosa cruz
>   En la que el Príncipe de gloria murió,
> Mi ganancia más rica, la cuento como pérdida,
>   Y derramo desprecio sobre todo mi orgullo".

Entonces él tan bellamente escribió la segunda estrofa:

> "Prohíbe Señor, que yo me jacte
>   Sino de la muerte de Cristo, mi Señor;
> Todas las cosas vanas que más me encantan,
>   Yo las sacrifico a su sangre".

Me pregunto, esta noche, si usted, como este hombre, ha estado jugando el viejo juego religioso. Usted ha estado yendo al templo, ha estado yendo a la casa de Dios, pensando en sus virtudes. Usted ha estado pensando en lo bueno que el sermón ha sido para la persona sentada en el asiento con usted o al otro lado de la nave. Ha estado pensando acerca de las cosas buenas que ha logrado a través de los años y lo bueno que es. ¿Ha estado pensando en los hipócritas en la iglesia, de las grandes necesidades de su prójimo?

Seguramente, esta noche, nuestro Señor nos está diciendo que más nos vale pensar en nosotros mismos y darnos cuenta de que somos pecadores. Me pregunto si usted está aquí, y no es cristiano, ¿se convertirá en cristiano esta noche? Simplemente enfrentará su pecado y dirá: "Yo he pecado, y quiero ser cristiano. Quiero creer en el evangelio. No importa lo que otros piensan o lo que están haciendo. Estoy aquí, y yo estoy en la presencia de Dios. Quiero creer, y quiero arrepentirme de mis pecados, y quiero confesar a Cristo, y quiero ser sumergido en Su precioso nombre".

¿Está aquí, esta noche, siendo mi hermano o mi hermana con la gran necesidad de decir: "Dios, sé propicio a mí, pecador"? ¿En qué condición irá a la casa esta noche? ¿Va a salir de aquí con las virtudes que posee pero todavía, igual a ese fariseo, con todos sus pecados? O ¿irá a la casa justificado ante los ojos de Dios? Tenga la seguridad, mientras cantemos, que existe una gracia más grande que todos nuestros pecados, y aquí está esta noche. "Dios, sé propicio a mí, pecador".

Sermón Nueve

"Y les hablo muchas
cosas por parábolas"

Lucas 14:15-24

"Oyendo esto uno de los que estaban sentados con él a la mesa, le dijo: Bienaventurado el que coma pan en el reino de Dios. Entonces Jesús le dijo: Un hombre hizo una gran cena, y convidó a muchos. Y a la hora de la cena envió a su siervo a decir a los convidados: Venid, que ya todo está preparado. Y todos a una comenzaron a excusarse. El primero dijo: He comprado una hacienda, y necesito ir a verla; te ruego que me excuses. Otro dijo: He comprado cinco yuntas de bueyes, y voy a probarlos; te ruego que me excuses. Y otro dijo: Acabo de casarme, y por tanto no puedo ir. Vuelto el siervo, hizo saber estas cosas a su señor. Entonces enojado el padre de familia, dijo a su siervo: Ve pronto por las plazas y las calles de la ciudad, y trae acá a los pobres, los mancos, los cojos y los ciegos. Y dijo el siervo: Señor, se ha hecho como mandaste, y aún hay lugar.

Dijo el señor al siervo: Ve por los caminos y por los vallados, y fuérzalos a entrar, para que se llene mi casa. Porque os digo que ninguno de aquellos hombres que fueron convidados, gustará mi cena".

9. La Gran Cena

La parábola que tenemos ante nosotros en esta noche, es una que es extremadamente familiar. Y sin embargo es una de las grandes parábolas de Jesucristo, una que toca cada corazón y hogar; y una que representa a la humanidad con asombrosa claridad. Hay una lección en esto, tanto para el santo como para el pecador. No importa si somos miembros de la iglesia, las verdades contenidas en esta lección alcanzara a cada corazón, y seguramente sentiremos la necesidad de venir al Señor.

En esta parábola, notamos que "un hombre hizo una gran cena, y convido a muchos". No tenemos ninguna duda que nuestro Señor Jesucristo es este hombre – uno que ha preparado y proveído para el mundo una tremenda fiesta espiritual. El está hoy invitando a todos a venir a la fiesta. Se expresa hermosamente en Mateo 28:18-20:

> Toda potestad me es dada en el cielo y en la tierra. Por tanto, id, y haced discípulos a todas las naciones, bautizándolos en el nombre del Padre, y del Hijo, y del Espíritu Santo; enseñándoles que guarden todas las cosas que os he mandado; y he aquí yo estoy con vosotros todos los días, hasta el fin del mundo. Amén.

Aquí el Señor declara que la invitación es para toda la humanidad. En Apocalipsis 3:20, el dijo, "He aquí, yo estoy a la puerta y llamo; si alguno oye mi voz y abre la puerta, entraré a él, y cenaré con él, y él conmigo". Nuestro Señor ha, en verdad, hecho una tremenda fiesta para el mundo, y Él invita a todos a venir.

La Invitación

Ustedes pueden notar que en la parábola, la invitación es primero enviada a aquellos que están dentro de la ciudad. Yo les sugiero a ustedes que, haciendo a un lado la estructura de la parábola, lo que tenemos es la llamada del Evangelio siendo extendida primero a la gente Judía. En Mateo 10:5-7, ustedes recuerdan a nuestro Señor decir, "Por camino de gentiles no vayáis, y en ciudad de samaritanos no entréis, sino id antes a las ovejas perdidas de la casa de Israel. Y yendo, predicad, diciendo: El reino de los cielos se ha acercado". En Romanos 1:16, Pablo dijo "Porque no me avergüenzo del evangelio, porque es poder de Dios para salvación a todo aquel que cree; al judío primeramente, y también al griego". Así que, el Evangelio fue primero extendido a los Judíos.

En este pasaje dice que "fueron convidados". ¿En qué tiempo fueron convidados? Era la costumbre oriental invitar a alguien a una fiesta; y entonces en un momento particular de la preparación final, se enviaba a un siervo a decir, "Vengan AHORA porque todo está listo". Eran invitados a venir a la fiesta, a la cual ya habían sido invitados. Los Judíos fueron "convidada" – en las palabras de Jesús. Ellos habían sido enseñados por los profetas; Juan el Bautista había entrado en escena diciendo, "El reino de los cielos se ha acercado" (Mateo 3:2). Ellos tuvieron cada oportunidad de saber de Jesús y del Reino que vino a establecer. Ninguna de esta gente podían decir que no sabían acerca de la Gran Fiesta. Ellos en verdad habían sido convidados.

Al salir ellos a la gente e invitarlos, "y todos a una comenzaron a excusarse", y ellos simplemente no vinieron. Así que él dijo, "Ve pronto por las plazas y las calles de la ciudad, y trae acá a los pobres, los mancos, los cojos y los ciegos". Noten que esta gente estaba todavía en la ciudad, pero ellos eran, en esa distinción que nosotros aborrecemos hacer, los más pobres, la gente de la clase baja. Esta gente no tendría nada por qué preocuparse. Ellos no estaban tan ocupados con casas o tierras o lazos sociales para venir a la fiesta.

Recordaran que muchos de estos vinieron --- "los pobres, los mancos, los cojos y los ciegos". Ellos vinieron a la fiesta y todavía el siervo dijo: "Señor, se ha hecho como mandaste, y aun hay lugar". Ese es un pensamiento hermoso – que la casa de Dios es siempre adecuada. No importa cuántos vengan a Su casa, o cuantos vengan a la Gran Fiesta, es espaciosa y que siempre hay lugar. Nosotros algunas veces cantamos, "Hay Lugar Para Ti En La Cruz", y eso es tan cierto.

Pero noten, aunque esta gente vino, él dice, "Ve por los caminos y por los vallados, y fuérzalos a entrar, para que se llene mi casa". Ahora en este tiempo nos estamos moviendo fuera de la ciudad. Fuera de "las plazas y calles". En este tiempo estamos yendo al campo, a las viñas y a los lugares fuera del camino.

Esto se acomoda maravillosamente con Hechos 2:39 donde dice que "para vosotros es la promesa, y para vuestros hijos, y para todos los que están lejos; para cuantos el Señor nuestro Dios llamare". Nos estamos moviendo ahora fuera de la ciudad y vamos al campo --- un llamamiento se les está haciendo a los Gentiles.

Yo también señalaría que se le está haciendo un llamamiento a los pobres y a los de más abajo. Si los primeros que fueron invitados hubieran venido, ellos no hubieran querido sentarse a comer con estos, y sin embargo el Señor los quiere a ellos. Esto debe siempre recordar a la iglesia en cada edad, de que no hay lugar para un sistema de clases o un sistema de parcialidad en la iglesia. Ustedes recuerdan que Santiago tuvo que escribir para corregir este problema que existía aun en el día de Cristo. Escuchemos a sus palabras en Santiago 2:1-7

> Hermanos míos, que vuestra fe en nuestro glorioso Señor Jesucristo sea sin acepción de personas. Porque si en vuestra congregación entra un hombre con anillo de oro y con ropa espléndida, y también entra un pobre con vestido andrajoso, Y miráis con agrado al que trae la ropa espléndida y le decís: Siéntate tú aquí en buen lugar; y decís al pobre: Estate tú allí en pie, o siéntate aquí bajo mi estrado; ¿No hacéis distinciones entre vosotros mismos, y venís a ser jueces con malos pensamientos?

> Hermanos míos amados, oíd: ¿No ha elegido Dios a los pobres de este mundo, para que sean ricos en fe y herederos del reino que ha prometido a los que le aman? Pero vosotros habéis afrentado al pobre. ¿No os oprimen los ricos, y no son ellos los mismos que os arrastran a los tribunales? ¿No blasfeman ellos el buen nombre que fue invocado sobre vosotros?

Aquí la Biblia está exponiendo un problema del tiempo antiguo, pero como yo sugerí, si este era un problema en el tiempo antiguo, que problema sería en este tiempo de opulencia y complejidad. La iglesia debe ser siempre advertida que esto nunca será aceptable.

El Señor hizo un llamado a los pobres y humildes. Es más, la Escritura rotundamente declara que Dios "ha elegido... a los pobres de este mundo, para que sean ricos en fe y herederos del reino que ha prometido a los que le aman" (Santiago 2:5). Que la iglesia siempre recuerde que el terreno al pie de la cruz es parejo – nivelado. No importa quién es usted o que tiene usted o que no tiene, si uno es rico en fe, él está en alto en la casa de Dios.

Así que, en este punto de la parábola, la invitación fue enviada a todos. Toda la gente ha sido invitada. Noten que las dos últimas clases invitadas, de las plazas y calles y de los caminos y vallados, se sentían indignos que tenían que ser forzados; el dijo, "y fuérzalos (o constríñelos) a entrar". Ellos fueron aceptados, y querían que estuvieran en la gran cena.

Ellos Empezaron A Dar Excusas

Yo quisiera que nosotros, ahora, notemos las excusas de los primeros que fueron invitados. Esto no representa todos los tres grupos, sino simplemente el primer grupo – los hombres prominentes de los Judíos – los escribas, los fariseos, los doctores de la ley. Ahora noten, ellos fueron invitados con anticipación y otra vez específicamente a la hora de la cena. Pero aunque habían sido invitados – aunque tenían una invitación previa – ellos hicieron sus compromisos de negocios y placeres, sin considerar el tiempo de la fiesta. Ellos evidentemente no le pusieron valor a la amistad del Señor o a la fiesta que él había preparado. Las excusas son excusas de falta de respeto. Y yo les sugiero que hasta son progresivas en la falta de respeto. Son excusas familiares; vamos a escucharlas otra vez.

Primero, un individuo es invitado a la fiesta y el explica que, "he comprado una hacienda, y necesito ir a verla; te ruego que me excuses". ¡Qué cosa tan increíble! Poca gente compraría una propiedad sin verla; pero le vamos a dar a esta persona todo el beneficio de la duda. Vamos a suponer que el compro un pedazo de propiedad, y nunca lo había visto. Pero las parcelas de tierra no se van. No se iban a mover por nada. Él podría haberla visto más tarde, pero el rotundamente manifestó, "He comprado una hacienda, y necesito ir a verla". Y el Señor no nos está hablando solamente de un hombre que compro un campo; Él más bien está hablando de todos aquellos que, en todas las edades del tiempo, permiten que el amor a las posesiones los alejen del Gran Banquete de la Mesa del Rey. El amor a las posesiones fue el problema de este individuo de La Biblia y fue el problema de incontables miles a través de los siglos hasta hoy en dia.

El hombre en nuestra parábola va e invita a otros, y se encuentra con uno que dijo que a él realmente le gustaría ir a la fiesta, pero que no lo podía hacer porque, él dijo, "He comprado cinco yuntas de bueyes y voy a probarlos". ¿No es esto interesante? Este hombre está en un negocio grande. El no dijo que había comprado una – el mas bien dijo, "He comprado cinco yuntas de bueyes, y voy a probarlos". Otra vez sugeriríamos, que usualmente la gente no compra animales sin verlos. Pero vamos a suponer que así lo hizo; el ya ha hecho la transacción, el trato ha sido cerrado, y ciertamente los animales no se van a ir.

Sin embargo, ustedes notaran un poco de diferencia en este caso. Mientras uno dijo, "He comprado una hacienda, y necesito ir a verla", este ha comprado cinco yuntas de bueyes y dijo, "voy a probarlos". En otras palabras, los asuntos de negocios son muy urgentes para él, que estos son primero que cualquier invitación a una fiesta. Nuestro Señor está diciendo que no solamente los hombres se mantienen alejados de la Gran Fiesta por el amor a las posesiones, sino también por los asuntos de negocios.

La tercera persona, luego de haber sido invitada a la Gran Fiesta, simplemente declara; "Acabo de casarme, y por lo tanto no puedo ir". Con descarada franqueza él dice que ha contraído un lazo social, él ni siquiera pide ser disculpado. Nuestro Señor nos enseña que los lazos sociales muchas veces impiden a la gente asistir a la casa de Dios y hacer las cosas que ellos deben hacer. De todo lo que se puede decir, y mucho se puede decir, de estas tres categorías de excusas, uno debe concluir que las excusas están empapadas de hipocresía. El hecho es, que ellos simplemente no querían ir, y así que ofrecen sus excusas insignificantes y dicen que no estarán allí.

Yo quisiera señalar rápidamente que las excusas nunca han sido aceptadas por Dios. ¡Razones, si, pero excusas, nunca! Las excusas de Adán y Eva no fueron aceptadas.las excusas de Moisés, las excusas de Aarón, las excusas de Saúl, y muchas otras a través del tiempo, nunca han sido aceptadas por Dios.

Yo quisiera que ahora nosotros escacháramos las excusas nuestras, del tiempo moderno, por unos cuantos momentos. Yo quisiera señalar algunas de las excusas que yo he escuchado a lo largo de los años. Estas no son escusas que yo haya leído, sino que son cosas que yo en realidad he experimentado. Yo he escuchado a gente decirme, "De veras, yo no puedo hacerlo. Me gustaría estar allí, y yo sé que es una cosa maravillosa; pero yo no puedo asistir al Gran Banquete del Rey. Yo no puedo venir a la Fiesta porque yo todavía tengo este problema o aquel problema, o esto tiene a que hacerse o aquello tiene que hacerse".

Muy Joven

Una de las cosas que yo he escuchado a través de los años es, "Yo no puedo venir a la Fiesta porque yo soy muy joven". ¿Ha escuchado usted eso? Mucha gente en este mundo siente que la religión es para personas que están muy viejos y caducos, que ya no pueden hacer alguna otra cosa, y que una vez que han alcanzado esa etapa, ese es el tiempo para empezar a servir al Señor. Hay algunos que dicen, "Yo estoy muy joven, yo tengo muchas cosas que yo quiero hacer todavía". Muchas veces yo he escuchado a gente joven de preparatoria decir esto. Yo recuerdo haber estado en Kansas City hace años, y una dama joven vino al frente cuando la invitación fue ofrecida, y yo nunca olvidare sus palabras, Ella dijo, "Yo le he estado dando al Señor una excusa. Yo he estado diciendo, por un buen número de años, que yo estoy muy joven". Ella prosiguió y admitió que la razón era, "Yo simplemente tenía otras cosas que yo quería hacer. Yo quería echar canas al aire, y yo no estaba dispuesta a venir al Señor". Yo estaba muy agradecido por ella, cuando ella hizo la decisión importante de servir al nuestro Señor mientras ella estaba joven.

Nosotros haríamos bien en recordar las palabras de Salomón en Eclesiastés 12:1-4

Acuérdate de tu Creador en los días de tu juventud, antes que vengan los días malos, y lleguen los años de los cuales digas: No tengo en ellos contentamiento;

Antes que se oscurezca el sol, y la luz, y la luna y las estrellas, y vuelvan las nubes tras la lluvia;

Cuando temblarán los guardas de la casa, y se encorvarán los hombres fuertes, y cesarán las muelas porque han disminuido, y se oscurecerán los que miran por las ventanas; Y las puertas de afuera se cerrarán, por lo bajo del ruido de la muela; cuando se levantará a la voz del ave, y todas las hijas del canto serán abatidas.

Salomón así describe la vida del hombre, empezando con la juventud y progresivamente moviéndose a la vejez cuando su cuerpo físico se vuelve débil, y débil y débil hasta que finalmente "Y el polvo vuelva a la tierra, como era, y el espíritu vuelva a Dios que lo dio" (Eclesiastés 12:7). Yo siempre he sentido que el primer versículo es tan hermoso y significativo: "Acuérdate de tu Creador en los días de tu JUVENTUD", antes que vengan los días malos y antes que lleguen los años en los cuales a ustedes no les importen las cosas divinas. Yo quiero amonestarlos en esta noche, a venir al Señor en su juventud, y que ya no le digan a Él, "Señor, yo te serviría, y vendría a la Gran Fiesta, pero soy muy joven".

Yo estoy muy consciente que hay algunos muy jóvenes, esto es, que no han alcanzado la edad de la responsabilidad, o si ellos no entienden estas cosas, entonces ellos ciertamente están muy jóvenes. Pero yo les diré, cuando las personas llegan al punto que se levantan y dicen, "Yo estoy muy joven, y esta es la razón por la cual no vengo a la Gran Fiesta", yo les digo que lo que tenemos no es una razón. Lo que tenemos es más bien una excusa.

Muy Viejo

En seguida nos movemos al otro extremo. Yo he escuchado a gente decir, "Yo vendría a la Gran Fiesta, y yo quisiera en realidad servir al

Señor, pero siento que estoy muy viejo ahora. Yo he malgastado mi vida; he quemado la vela de la vida muy bajo que lo que sobra son solo cenizas, y Dios no me querría a mi ahora". Yo solo quiero recordarle, en esta noche, que el Señor "no queriendo que ninguno perezca, sino que todos procedan al arrepentimiento" (2 Pedro 3:9).

El hecho es, que mientras usted viva y usted esté en su sano juicio, usted puede nacer de nuevo. Usted puede llegar a ser un recién nacido en Cristo Jesús. Puede ser muy probable, que en verdad sea la hora undécima, pero yo le recuerdo que el Señor fue al mercado aun a la hora undécima llamando obreros para Su viña.

En este país yo he visto a muchos, muchos ancianos ser bautizados en Cristo Jesús. Por supuesto, es lamentable que uno espere hasta esos últimos años, habiendo pasado lo mejor de su vida; definitivamente eso es lamentable. Pero el hecho es, si usted está aquí, esta noche, y usted nunca ha obedecido el evangelio de Jesucristo, usted está todavía en "la tierra de empezar otra vez", y usted necesita tanto venir al Señor mientras hay tiempo y oportunidad.

Yo a menudo he relatado la historia, y todavía es un recuerdo agradable para mí, de una dama muy querida en Huntington, West Virginia. Hace muchos años, yo estaba llevando a cabo una serie de predicaciones, y yo recuerdo a esta persona querida que empezó a asistir a la campaña. Ella era una dama anciana, 70 y algo de años en ese tiempo. Yo no la invite a que asistiera a la campaña; algunos de los hermanos habían estado trabajando en la comunidad y encontraron a esta persona, y ella empezó a asistir. Yo nunca olvidare la primera noche que ella estuvo allí. Ella dijo, "Yo nunca he estado en un local de iglesia en 50 años". ¡¡¡Cincuenta años!!! … ella nunca había visto un local de iglesia por dentro, pero esa noche ella escuchó la predicación del Evangelio, y la gente de la congregación la hizo sentirse bienvenida, y ella regresó la siguiente noche, y la siguiente noche, y la siguiente noche. Y antes de que se terminara la campaña, yo tuve el privilegio de bautizarla en las crecientes aguas del Rio Ohio. Ella fue bautizada en Cristo Jesús. Ella llegó a ser un bebe recién nacido; aunque estaba anciana, ella llegó a ser nueva. Qué cosa tan maravillosa fue ver a esta persona llegar a ser un cristiano.

Quizás hay uno aquí, esta noche, y que está diciendo para sí mismo, "Yo estoy muy viejo para empezar". Permítame decirle que eso no es verdad. El Señor está diciendo "Venid a mi TODOS los que estáis trabajados y cargados..." (Mateo 11:28). El está diciendo, "He aquí estoy a la puerta y llamo; si ALGUNO..." (Apocalipsis 3:20). Así que nosotros lo amonestamos, en este momento, que ya no le dé más tal excusa al Señor.

Autocomplacencia

Otra excusa que yo a menudo encuentro y que se da para no venir a la Gran Fiesta – y yo pienso que hay miles confiando en esta – "Yo vendría a la Gran Fiesta, pero yo siento que yo estoy bien así como estoy. Yo siempre he tratado de ser bueno; yo he sido honesto, y he tratado de mantenerme integro. Yo pago mis deudas, yo creo en Dios. Yo nunca he peleado contra la iglesia, ni me he opuesto a ella. Yo pienso que soy lo suficiente bueno, y que el Señor me salvara de todas maneras". Mi gente, si hay alguna cosa como el peligro de ser bueno, ¡esta tiene que ser!

Hay aquellos en este mundo, multitudes evidentemente, que sienten que ellos de alguna manera van a arrasar con las puertas del cielo con ser buenos – que en alguna forma, porque son gente buena, ellos van a ser salvos. Ahora, déjenme apresurarme a añadir, y yo soy renuente algunas veces, aun a mencionar esto, porque no quiero que alguien sienta que no creemos en que debemos ser gente buena. Quiero presentarles, en esta noche, que a menos que nosotros seamos gente buena y a menos que seamos la mejor gente en la tierra, yo no entiendo entonces por qué estamos aquí; y yo no entiendo el gran concepto llamado Cristiandad. Nosotros debemos ser gente buena, y sin embargo lo que estoy diciendo es que el ser bueno solamente – bueno solamente nunca lo pondrá dentro de las puertas del cielo. Alguien ha dicho que esto lo puede mantener fuera de la cárcel, pero bueno solamente nunca lo pondrá dentro del cielo. Recuerden que en Lucas 24:46-47 El dijo

> y les dijo: Así está escrito, y así fue necesario que el Cristo padeciese, y resucitase de los muertos al tercer día;

> Y que se predicase en su nombre el arrepentimiento y el perdón de pecados en todas las naciones, comenzando desde Jerusalén.

Jeremías 10:23 sigue diciendo "Conozco, oh Jehová, que el hombre no es señor de su camino, ni del hombre que camina es el ordenar sus pasos". Jesús dijo en Mateo 7:21 "No todo el que me dice: Señor, Señor, entrará en el reino de los cielos, sino el que hace la voluntad de mi Padre que está en los cielos". Y, "No solo de pan vivirá el hombre, sino de toda palabra que sale de la boca de Dios" (Mateo 4:4). Yo les sugiero, esta noche, que usted no vivirá ni aun con pan principalmente, mucho menos por pan solamente. Y si es verdad que nosotros podemos ser salvos por ser buenos, entonces nuestro Señor murió en vano, porque había alguna gente buena y moral viviendo antes que Jesús muriera en aquella cruz. Y todavía, el hecho es, Él gustó la muerte por todos los hombres, "y que se predicase en su nombre el arrepentimiento y el perdón de pecados en TODAS las naciones" (Lucas 24:47). Y si usted está aquí y está confiando en que es bueno – en que el ser bueno solamente lo va a salvar – yo sería menos que su amigo si no le dijera que eso simplemente no puede ser. Usted no puede expiar sus pecados por ser bueno. Usted debe venir a Jesucristo.

Hipocresía

Otra excusa que yo algunas veces escucho que dan para no venir a la Gran Fiesta es esta: "Yo vendría a la iglesia, y yo creo en ella, pero yo he decidido que hay hipócritas en la iglesia, y realmente no tiene sentido que yo vaya, porque yo soy tan bueno como ellos". Yo quiero estar de acuerdo con usted esta noche, de que hay hipócritas en la iglesia. A regañadientes… a pesar de, yo estoy de acuerdo con usted.

Yo sé que hay algunos en la iglesia que están solamente actuando su papel. Ellos tienen su utilería, ellos tienen su vestuario, ellos tienen su maquillaje, ellos tienen la voz, ellos tienen todo. Ellos, en verdad, son buenos actores en el escenario de la vida, pero yo no estoy de acuerdo con usted que porque hay algunos hipócritas en la iglesia, que usted tenga que renunciar a todos los beneficios y toda la grandeza y toda la magnificencia de eso, por lo cual mi Señor murió.

Si todos en este mundo se fueran a perder e ir al infierno, esa no es excusa para que usted vaya. Yo sé esto, que cualquiera que está entre usted y Dios, puede estar un poquito más cerca a Dios que usted. Lo que sea, o quien sea, lo que este entre usted y Dios, debe estar un poquito más cerca que usted. Piense en esto. Sabe, nosotros no razonamos de esta manera en cualquier otra cosa. Nosotros no razonamos, "Yo no voy a ir a trabajar mañana porque yo sé que hay algunos hipócritas allá en el mundo de los negocios." Hemos encontrado alguna gente que no son siempre lo que dicen que son. Nosotros SABEMOS que ese es el caso. SABEMOS que hay gente que no son lo que deben ser; y sin embargo ninguno de nosotros decimos, "Bueno, yo nunca coy a trabajar otro día". Nosotros decimos, "Debemos ganarnos la vida". Eso es cierto, pero también es cierto mi amigo, que debemos ganar la vida que VALE LA PENA. Y esa vida es solo en Jesucristo.

Yo he aprendido que hay hipocresía, algunas veces, aun en el sistema educativo. Yo he encontrado que hay algunas pocas personas por allí que no son siempre lo que dicen ser. Ellos son hipócritas en todo el sentido de la palabra. Y sin embargo, yo no conozco a mucha gente que razone, "Bueno, porque yo he encontrado que hay tales personas en el mundo de la educación, yo nunca voy a educarme mas", o "Yo nunca voy a enviar a mi hijo a la escuela otra vez". Ha, pero decimos, "Ellos tienen que tener una educación". Pero, mi amigo, la más grande educación en la tierra, de hecho la única que permanecerá tanto para este tiempo y la eternidad, es la educación que es divina.

La sociedad está llena de hipocresía, pero yo no conozco a muchos ermitaños, ¿y usted? Aun la vida del matrimonio, algunas veces, tiene hipocresía, pero yo no conozco a muchos solteros. Y yo les diré un lugar que está lleno de hipócritas – El Infierno estará lleno de ellos. Y nosotros debemos definitivamente evitar estar con todos ellos por toda la eternidad. De hecho, quiero sugerirles que el cielo es el único lugar que yo conozco que usted puede ir y escapar de todos ellos. Pero quiero recordarles que la iglesia es la misma puerta al cielo; usted nunca va a entrar al cielo sin ella.

No deje que unos pocos hipócritas le roben de la vida eterna. Sería mejor estar con unos pocos de ellos aquí, por poco tiempo, que estar con todos ellos en el infierno, por toda la eternidad. ¡Usted no puede rechazar al Cristo solamente porque vivió un Judas! Haya sido en aquel tiempo o ahora, no hay excusa; no sería aceptada por el Señor.

Miedo a La Crítica y a La Persecución

Pero otra vez, otra excusa que he escuchado es, "Bueno, yo vendría a la Gran Fiesta y me gustaría en verdad vivir para el Señor, pero esto no es consistente con mis negocios". Cuando una persona dice eso, yo pienso que es muy evidente para ellos que están en los negocios equivocados. Y ellos saben que realmente ellos no deberían estar en eso, porque no es consistente con los principios de la Cristiandad. Yo escucho esto de vez en cuando. Es sorprendente, mi gente, que nosotros hacemos todos nuestros planes; y luego tratamos de encontrar una religión que se adapte a nosotros y que se ajuste a nuestros planes, en lugar de obedecer a Dios y encontrar algo que se adapte a Él y que se ajuste a nuestra vida cristiana.

Nosotros somos como los de la parábola. Ya hemos hecho nuestros compromisos de negocios y placeres. Compramos la tierra, los bueyes; y seguimos adelante, y si se acomoda con la iglesia, que bien. Pero si no, entonces simplemente ignoramos la iglesia. ¿Cuántas veces hemos visto que pasa todo esto? Y hemos visto muchas almas naufragar.

Debemos admitir que si estamos en un negocio que es deshonesto, solo hay una cosa que hacer, y esta es, salirse de él. Aunque a veces yo encuentro que ese no es el problema. Muchas veces me he encontrado que los que ofrecen esta excusa están en un negocio que es correcto, pero que no quieren enfrentar la persecución que van a enfrentar – el ridículo y la burla y la incredulidad con la que tienen que tratar día tras día con sus compañeros de trabajo o negocio.

Otra excusa que yo oigo algunas veces, "Yo me haría cristiano, a mi me gustaría venir a la Gran Fiesta, pero yo sé que si lo hago, mis compañeros o mi familia me van a ridiculizar". Primero que nada, este es un hecho que yo no voy a negar. Yo estoy convencido que si usted llega a ser un cristiano esto puede involucrar que sea criticado. Usted puede encontrar gente que le va a hacer un gran daño verbalmente. Comoquiera, déjeme sugerirle que esta no es razón para que usted no viva la vida cristiana o por lo que usted no vaya a venir a la Gran Fiesta. Yo más bien le sugiero que esto es simplemente parte de llevar la cruz de Jesucristo. Y nuestro Señor dice en Lucas 9:23, "Y decía a todos: Si alguno quiere venir en pos de mí, niéguese a sí mismo, tome su cruz cada día, y sígame".

2 Timoteo 3:12 declara, "Y también todos los que quieren vivir piadosamente en Cristo Jesús padecerán persecución;" No conozco de algún Cristiano, que realmente ha vivido para el Señor, que no haya sufrido persecución. Es más, prepárese para eso – ¡va a suceder! Sus amigos pueden ridiculizarlo. Algunos de sus amigos lo pueden abandonar. Sus familiares se pueden voltear en contra suya.

Pero que tal si el apóstol Pablo... que tal si Pedro... que tal si Esteban hubieran dicho, "Yo quisiera seguir a Cristo, y yo quisiera hacer algo por la iglesia, pero tengo miedo que alguien no me quiera". ¿Dónde estaría la iglesia hoy en día? ¿Dónde estaría la causa de Cristo hoy? Yo estoy muy consciente que esta es una herramienta muy poderosa de Satanás. Yo he pasado por eso.

Yo recuerdo muy bien llegar al conocimiento de la verdad y luego enfrentar esta misma cosa. Yo sabía que tenía que llegar a ser cristiano. Yo necesitaba obedecer el evangelio, pero yo sabía lo que iba a pasar en mi hogar. Yo tenía el temor de ser perseguido y los miedos de que la gente se volteará en contra mía – o que la gente me insultará – y eso sucedió. Pero se puede hacer, y usted va a ser un cristiano más fuerte al tener que pasar por eso. Esta no es una excusa válida a la vista de Dios. ¿Cómo le gustaría platicarlo con el apóstol Pablo que sufrió tantas cosas por Cristo? ¿Cómo le gustaría platicarlo con Esteban acerca de?... un hombre que derramo su sangre por mantenerse firme por la cruz y por lo que era correcto.

Esperando a Otros

Pero quizás usted está diciendo, "Estas cosas realmente no me molestan. La cosa que me está manteniendo fuera de la iglesia y lejos de la Gran Fiesta de Dios no es eso. Yo planeo venir, pero solamente estoy esperando a algunas pocas personas. Mi esposa, sabe, nunca ha obedecido el evangelio de Jesús; y cuando ella llegue a ser cristiana, entonces yo me voy a hacer cristiano también". ... o... "Yo no soy miembro de la iglesia; mi esposo si es, pero él no está asistiendo a la iglesia; y lo que yo he decidido es que cuando él decida arreglar las cosas con el Señor y regresar a la iglesia, entonces yo planeo obedecer el evangelio y yo también, me sentaré a la mesa del Señor".

Primero que nada, déjeme recordarle que en el texto que leímos, Jesús no aceptó esto. No importó que algunos hayan dicho, "He comprado un pedazo de terreno, y debo ir a verlo", y otros dijeron, "He comprado cinco yuntas de bueyes y debo probarlos", o "Yo me he casado con una mujer y… no puedo venir". Yo quiero recordarle que Jesús no aceptó eso, ¡el servicio a Dios debe ser primero que cualquier persona o cualquier cosa! ¿Qué tal si todos hicieran esto? ¿Qué tal si otros dijeran, "Cuando alguien más llegue a ser cristiano, yo voy a hacerlo?". Qué tal si todos siguieran este pensamiento, nadie se convertiría en cristiano. Nuestro Señor espera que usted esté dispuesto a negarse a sí mismo y ponerlo a Él ante cualquiera en este mundo. Es entonces y solamente entonces que usted va a poder llegar a ser un cristiano.

Solamente Una Razón

Hay muchas otras cosas que se pudieran decir. Quizás hay algunos otros en esta audiencia esta noche que se están deteniendo por otras excusas. Yo no sé realmente cuales pueden ser todas sus excusas. Pero yo quiero que se pregunte a sí mismo, que tan bien vaya a estar ante el Señor en el Gran Juicio por toda la eternidad, y darle esa excusa que lo está manteniendo fuera del Reino de Dios en esta noche. Sea honesto con usted mismo.

Realmente, hay solamente una razón por la que no ha venido a la Gran Fiesta. Usted ha sido invitado. Usted sabe que tiene que obedecer el Evangelio. Usted sabe que debe arrepentirse de sus pecados. Usted sabe que necesita confesar a Cristo. Y usted sabe que necesita ser bautizado para remisión de sus pecados. Usted entiende todo esto.

¿Sabe usted que hay solamente una razón por la que --- a pesar de todas las excusas que usted se dé a sí mismo y a otros --- hay solamente una razón por la que no se hace cristiano esta noche? – Y esta es, que usted no ha decidido en su mente hacerlo. Usted no ha decidido en su mente llegar a ser un cristiano y dar ese gran paso. Porque cuando usted lo decida, nadie – ni todos los demonios del Infierno mismo – lo van a detener hacerlo.

Usted puede servir al Señor. Usted puede venir a ser un cristiano en esta noche. La única razón por la que usted no es un cristiano, es que USTED todavía no decide que esto es lo que usted necesita hacer. Usted puede… si usted lo decide.

Hay Mucho Tiempo

Mientras estamos cantando este himno, yo quisiera recordarles que hay una excusa que parece ser universal. De todas las excusas que pueden ser diferentes de un individuo a otro, hay una que tiene una nota de universalidad en ella. Y esta es, "Yo todavía tengo mucho tiempo".

No importa que tan joven o que tan viejo pueda ser, pero por alguna razón extraña todos sienten que tienen mucho tiempo. Las oportunidades son fugaces, los momentos están pasando. Las horas están cambiando en días; y los días están cambiando en años. Estamos encadenados al carruaje del tiempo y de él no podemos soltarnos, pero por alguna razón seguimos diciendo, "Hay mucho tiempo".

Santiago dijo, "¡Vamos ahora! los que decís: Hoy y mañana iremos a tal ciudad, y estaremos allá un año, y traficaremos, y ganaremos; Cuando no sabéis lo que será mañana... En lugar de lo cual deberíais decir: Si el Señor quiere, viviremos y haremos esto o aquello". (Santiago 4:13-15). En 2 Corintios 6:2, Pablo dijo, "He aquí ahora el tiempo aceptable". ¿Cuándo? ¡AHORA! "He aquí ahora el tiempo aceptable; he aquí ahora el día de salvación". Yo quiero decirles, que los cementerios están llenos con gente que planeó obedecer a Dios. Millones están sin preparación que planean obedecer a Dios. Multitudes se han ido a la gran eternidad desde que empezó este sermón. Todos ellos tenían la intención de cambiar sus vidas y obedecer a Dios.

¡Escuchen! El Señor está pasando por aquí. ¿Recuerdan ustedes la historia dada por el Señor en Marcos 10:46? La Biblia dice que ellos vinieron a Jericó, y cuando iban saliendo de Jericó, había una gran multitud de gente siguiéndolos. Había un hombre ciego que se llamaba Bartimeo que estaba sentado a la orilla del camino mendigando. De repente él se da cuenta que era Jesús de Nazaret el que iba pasando por allí, y empieza a gritar y a decir, "¡Jesús, Hijo de David, ten misericordia de mí!". Y se acuerdan que algunos le dijeron que se callara... el Señor no tenía tiempo para él. Pero el gritaba más fuerte, Marcos dice, "pero él clamaba mucho más: ¡Hijo de David, ten misericordia de mí! Y aunque la multitud no tenía tiempo para el ciego Bartimeo, Jesús sí. Jesús se detuvo y ordenó que lo trajeran a Él. Se acuerdan que fueron con el hombre ciego y le dijeron, "Ten confianza; levántate, te llama". Bartimeo se levantó, arrojó su capa y vino a Jesús. Jesús le contesto y le dijo, "¿Qué quieres que te haga?" Bartimeo puso sus ojos ciegos sobre Jesús y dijo, "Maestro, que recobre la vista". "Y Jesús le dijo, Vete, tu fe te ha salvado. Y en seguida recobró la vista, y seguía a Jesús en el camino" (Marcos 10:46-52).

Yo pienso que esta es una historia hermosa. El viejo Bartimeo supo que Jesús estaba pasando por allí y aunque otros le dijeron que se callara – que El no tenía tiempo para sus gustos, – Bartimeo clamo más fuerte, "Señor, ten misericordia de mi" Jesús dijo, "¿Bartimeo, que es...?" "Señor, que yo pueda ver". Quiero decirles en esta noche, el Señor está pasando por aquí. Mientras el mundo y el diablo les está diciendo, "Cállate, el Señor no tiempo para ti"... o... "Este no es el tiempo correcto", Yo quiero decirles, que es mejor que griten en esta noche, "Señor, que yo pueda ver". ¿Por qué tiene que dejar este lugar rechazando la fiesta? ¿Por qué tiene que irse como un hombre con hambre y muriéndose? ¿Por qué no viene a la Gran Fiesta esta noche?

Sermón Diez

"Y les hablo muchas
cosas por parábolas"

Lucas 13:1-10

"En este mismo tiempo estaban allí algunos que le contaban acerca de los galileos cuya sangre Pilato había mezclado con los sacrificios de ellos. Respondiendo Jesús, les dijo: ¿Pensáis que estos galileos, porque padecieron tales cosas, eran más pecadores que todos los galileos? Os digo: No; antes si no os arrepentís, todos pereceréis igualmente. O aquellos dieciocho sobre los cuales cayó la torre en Siloé, y los mató, ¿pensáis que eran más culpables que todos los hombres que habitan en Jerusalén? Os digo: No; antes si no os arrepentís, todos pereceréis igualmente. Dijo también esta parábola: Tenía un hombre una higuera plantada en su viña, y vino a buscar fruto en ella, y no lo halló. Y dijo al viñador: He aquí, hace tres años que vengo a buscar fruto en esta higuera, y no lo hallo; córtala; ¿para qué inutiliza también la tierra? El entonces, respondiendo, le dijo: Señor, déjala todavía este año, hasta que yo cave alrededor de ella, y la abone. Y si diere fruto, bien; y si no, la cortarás después. Enseñaba Jesús en una sinagoga en el día de reposo;"

10. El Árbol Estéril

La comparación de un hombre a un árbol y de sus obras a la fruta es una comparación muy común en las Sagradas Escrituras. Creo que es natural que sea así, porque es espiritualmente sugerente y apropiado. La fruta es el producto del árbol. Es la razón por la que el árbol existe, y esperamos el fruto de nuestras labores. Si esto es la verdad en cuanto a las plantas, sería mucho más cierto en cuanto a los hombres. El hombre es mucho más la propiedad de Dios que un árbol sea propiedad nuestra. Dios ha gastado muchísimo por nosotros, y debemos anticipar que Él será decepcionado si no encuentra ningún fruto en nuestras vidas.

Esta parábola fue motivada por personas que tenían fuertes deseos de decir algo. En aquel día, estas personas se le acercaron corriendo con una historia. Parece que Pilato había cometido otra atrocidad, y ellos están ansiosos de decírsela al Señor. Ellos le hablan de la sangre que fue mezclada con los sacrificios de ellos. Parece que mientras que algunos estaban en el acto de adoración, un grupo de soldados los atacaron. Hubo una masacre horrible; la sangre de la gente fluía entre la sangre de los animales y ellos describieron esta situación horrible. Parece que ellos creen que por supuesto nada podría ser peor. Miraban a los que perecieron como grandes pecadores. Ellos sentían que ya que esto les había pasado, esta gente tenía que ser culpable de un pecado enorme o de alguna culpa horrible. Pensaban que esas personas eran tan culpables que su adoración se convertía en pecado y la propiciación se convirtió en provocación.

Recuerde que en aquel día—y creo que en cualquier día—sería considerado una gran maldición el mezclar la sangre del adorador con su sacrificio. Ellos llegaron a la conclusión de que estas personas tenían que haber sido unos pecadores abominables. Pero observe lo que hace el Señor – y creo que ellos consideraban su respuesta una cosa sorprendente e impactante– Jesús les dijo: "¿Pensáis que estos galileos, porque padecieron tales cosas, eran más pecadores que todos los galileos?" (Lucas 13:2). Jesús francamente les dice: "Ustedes están equivocados; estos hombres no son peores que ninguna otra persona". Observe que el Señor no niega que son pecadores, pero El niega que ellos sean más pecadores que otros sólo porque ellos sufrieron estas cosas. Él dijo: "¿Pensáis que estos galileos, porque padecieron tales cosas, eran más pecadores que todos? . . . Os digo: No; antes si no os arrepentís, todos pereceréis igualmente" (Lucas 13:3). El Señor tiene una capacidad sorprendente de hacer que las personas se vean a sí mismas. Entonces, Él aplicó su sermón a la vida de ellos también.

Robert Burns una vez escribió estas palabras, "Si solo algún poder pudiera darnos el don de vernos como otros nos ven". Como seres humanos, nosotros preferiríamos hablar acerca de la muerte de otros que de la nuestra. Nosotros preferiríamos hablar acerca de los pecados de otras personas que de los nuestros. Nosotros preferiríamos reaccionar que actuar.

El Señor les dice a los que le contaron la historia: "Si no os arrepentís, todos pereceréis igualmente". Un castigo similar o peor caerá sobre ustedes. El Señor nos está dando una advertencia severa; hay que escuchar la lección que está dando. Siempre hay una lección para nosotros en la calamidad de otros. Cuando escuchamos acerca de una tragedia que ha ocurrido en la vida de otro, debe ser una alta y sincera llamada al arrepentimiento.

Nosotros debemos admitir que lo que les ha acontecido a otros nos podría suceder a nosotros. Yo creo que todos nosotros hemos pensado en esto. Un avión se estrella y 270 personas están muertas. A veces, me pregunto por qué no estuve yo a bordo de ese avión. ¿Por qué no me ha sucedido esto a mí? O después de tener una pesadilla, nos despertamos muy agradecidos de que no nos sucedió a nosotros. Le sucedió a otra persona. Como usted puede ver, la Biblia enseña que Dios no hace acepción de personas (Hechos 17:30). Y esto debe recordarnos que cuando nosotros escuchamos que le ha pasado algo a otro, podría habernos pasado justamente a nosotros.

El Señor continúa su sermón. Él les pregunta: "¿Qué pasó con los dieciocho sobre los cuales se cayó la torre de Siloé?" En cuanto a este ejemplo que el Señor usa, no sé mucho acerca de lo que está hablando, pero estoy seguro que los oyentes estaban muy familiarizados con ello. En Galilea, una catástrofe repentina y rápida había ocurrido y dieciocho personas perecieron. El Señor dice que aun en este incidente existe una llamada al arrepentimiento. La incertidumbre de la vida, el fin de su mundo - todo esto, debe despertar en nosotros un sentido y una conciencia de pecado. Como alguien dijo muy bien que el Señor ya dio la invitación y ahora presenta el sermón.

La Escritura dice que el Señor entonces "les dijo esta parábola". Una cosa interesante es que Lucas es el único escritor de esta parábola. El discurso es muy grave y lleno de reproche; ahora nos habla de la gran misericordia y la gracia de Dios. Él quiere hablarles de la paciencia y la severidad de Dios. Quiere que ellos vean la gran culpa del hombre y también la gran gracia de Dios. Y así Él les habla esta parábola: "Cierto hombre tenía una higuera. . .". Todos nosotros estamos familiarizados con esta historia. Por supuesto, sabemos que este hombre tiene una viña y esta higuera se encuentra en su viña. La higuera en aquel tiempo era un árbol nativo y deseado. Producía su fruto varias veces al año en este clima–en abril y junio y otra vez en agosto y les proveía no sólo fruta, sino también la sombra; la higuera era deseable.

La Fruta es a la Vez Esperada y Requerida

Este árbol en particular está creciendo en un campo protegido. Es protegido y cultivado. Evidentemente, la referencia principal es acerca de la nación judía. Ciertamente, nosotros podemos ver a esta higuera como la nación judía. De acuerdo con Isaías 5:1-2 y 7, el Señor está exponiendo a la nación en esta figura. La viña sugeriría que la nación judía ha sido nutrida y bendecida y guiada. La venida del viñero es Dios, quien durante los años del Antiguo Testamento esperaba y esperaba y esperaba fruto de Israel, y sin embargo, no encontró nada. Al decir "tres años", Él representa la terquedad y la esterilidad de estas personas. ¡La advertencia es "córtale" - destrucción inminente!

El fruto del que estamos hablando es la justicia. La destrucción de Israel fue por su incredulidad y falta de fruto. A pesar de que esas cosas están en el fondo y las lecciones son evidentes, hay muchas, muchas lecciones sencillas para nuestra vida diaria. Lecciones de interés para Israel deben ser motivo de preocupación para el Israel espiritual. Y en esto deberíamos ver una aplicación universal. Nuestro Señor dice en Juan 15:2: "Todo pámpano..." no sólo algunos, pero "Todo pámpano que en mí no lleva fruto, lo quitará". Entonces, todos los principios básicos están aquí.

La Biblia dice que el amo de la viña "vino a buscar fruto en ella". Creo que es muy apropiado con respeto al hombre y sus obras. Vamos a ver lo que dice Salmos 1:1-3 y escuchar lo que tiene que decir acerca del hombre y producción de fruta:

> Bienaventurado el varón que no anduvo en consejo de malos, Ni estuvo en camino de pecadores, Ni en silla de escarnecedores se ha sentado; Sino que en la ley de Jehová está su delicia, Y en su ley medita de día y de noche. Será como árbol plantado junto a corrientes de aguas, Que da su fruto en su tiempo, Y su hoja no cae; Y todo lo que hace, prosperará.

Ahora pasemos a Jeremías 17:5:

> Así ha dicho Jehová: Maldito el varón que confía en el hombre, y pone carne por su brazo, y su corazón se aparta de Jehová. Será como la retama en el desierto, y no verá cuando viene el bien, sino que morará en los sequedales en el desierto, en tierra despoblada y deshabitada. (7) Bendito el varón que confía en Jehová, y cuya confianza es Jehová. (8) Porque será como el árbol plantado junto a las aguas, que junto a la corriente echará sus raíces, y no verá cuando viene el calor, sino que su hoja estará verde; y en el año de sequía no se fatigará, ni dejará de dar fruto.

En Juan 15:1, Jesús dice:

> Yo soy la vid verdadera, y mi Padre es el labrador. (2) Todo pámpano que en mí no lleva fruto, lo quitará; y todo aquel que lleva fruto, lo limpiará, para que lleve más fruto.

Notemos los versículos 4 y 5:

> Permaneced en mí, y yo en vosotros. Como el pámpano no puede llevar fruto por sí mismo, si no permanece en la vid, así tampoco vosotros, si no permanecéis en mí. (5) Yo soy la vid, vosotros los pámpanos; el que permanece en mí, y yo en él, éste lleva mucho fruto; porque separados de mí nada podéis hacer.

Una vez más veamos un pasaje conocido en Romanos 7:4 donde Pablo dice:

> Así también vosotros, hermanos míos, habéis muerto a la ley mediante el cuerpo de Cristo, para que seáis de otro, del que resucitó de los muertos, a fin de que llevemos fruto para Dios.

Así que en todos los casos, la Biblia establece el hecho de que somos personas que deben producir fruto para el Señor.

El fruto es el resultado externo y natural de la vida interior - ya sea con un árbol o con un cristiano. Un árbol malo, la Biblia enseña, traerá malos frutos (Mateo 12:33). Un árbol muerto va a tener frutos muertos o ninguno en absoluto. Un buen árbol va a dar frutos buenos. Entonces, fruto es el resultado. Cuando la Biblia nos habla sobre el "fruto del Espíritu" (Gálatas 5:22), se está hablando de los resultados del Espíritu. Y Él dijo que todo produciría según su género. En todos los casos, la fruta que producimos debe ser fruta que viene como el resultado de lo que somos. La fruta no es algo que queda atado al árbol. Las limosnas que regalamos para nuestra propia gloria o las oraciones dichas para ser oídas por los hombres son simplemente frutas "clavadas" al árbol, y nunca serán aceptables.

Pasemos a una historia que encontramos en Marcos 11, donde Jesús se quedó la noche en Betania. Él está en camino a Jerusalén; ahora es la madrugada y tiene hambre. Según el versículo 12, declara:

> Al día siguiente, cuando salieron de Betania, tuvo hambre. Y viendo de lejos una higuera que tenía hojas, fue a ver si tal vez hallaba en ella algo; pero cuando llegó a ella, nada halló sino hojas, pues no era tiempo de higos. Entonces Jesús dijo a la higuera: Nunca jamás coma nadie fruto de ti. Y lo oyeron sus discípulos.

184

Descendiendo al versículo 20, Él dice:

> Y pasando por la mañana, vieron que la higuera se había secado desde las raíces. Entonces Pedro, acordándose, le dijo: Maestro, mira, la higuera que maldijiste se ha secado. Respondiendo Jesús, les dijo: Tened fe en Dios.

En esta historia, el Señor está hablando acerca de una higuera que está al lado del camino, no en una viña como en la parábola que estamos estudiando. Él viene con expectativas, y el árbol promete mucho, porque tiene hojas. En este árbol, la fruta aparece antes de que se formen las hojas y el hecho de que tenía hojas sugiere que tenía fruta. Pero según la historia, Él se acerca al árbol y no encuentra ninguna fruta en absoluto. Al Señor no le interesa, evidentemente, la gracia, la forma y la simetría del árbol o si es hermoso o abunda en hojas, sino lo que más le interesa es simplemente si "¿está produciendo fruto?"

Producir Frutos o Ser Destruido

En esta parábola, el maestro llega y le dice al viñador que por tres años ha llegado y no ha encontrado ninguno fruto. Los tres años sugiere que él ha llegado muchas veces. Parece que él llegaba más de una vez durante el transcurso del año.

En todo esto, entendemos que Dios es paciente y sufrido, y retrasa el juicio porque "El Señor... no queriendo que ninguno perezca, sino que todos procedan al arrepentimiento" (2 Pedro 3:9). Así que Dios es paciente, y es sufrido; pero si Él continuamente viene y no encuentra ningún fruto en ninguna época del año, nos preguntamos cuánto tiempo nos aguantará. ¡Cuántas veces ha venido a nosotros esperando encontrar fruto sin encontrar nada, nada excepto absoluta decepción!

Observe luego cómo el Maestro se expresa muy fuertemente. Él dice: "córtala; ¿para qué inutiliza también la tierra?" Esta palabra "inutiliza" sugeriría una reducción a la ociosidad o inactividad. Quiero señalar que esto implica algo más que ocupar mucho terreno. Él dice que inutiliza la tierra. Está chupando la vida, la gordura, la plenitud, y la fertilidad de la tierra y no está dando cosecha. El Señor está diciendo que un árbol que está ahí y un árbol que no da fruto es simplemente un estorbo; ¡es peor que inútil! Está simplemente cansando (inutilizando) la tierra.

Quiero que observe varias cosas acerca de este árbol. En primer lugar es inútil. ¿Por qué? Porque no estaba dando ningún fruto, y no tenía valor. En este pasaje, el Señor está describiendo a muchos hoy día. Él quiere que entendamos que algunos cristianos son totalmente inútiles. No son gente malvada; no son transgresores de la ley; que no son violentos, vengativos ni odiosos. Ellos simplemente son inútiles. Allí están, pero no están dando ningún fruto. En esto encontramos expresada una de las más grandes tragedias del alma. Jesús dice en Mateo 5:13: "Vosotros sois la sal de la tierra; pero si la sal se desvaneciere,. . . No sirve más para nada". Nuestro Señor está diciendo que la naturaleza es útil. Está diciendo que la sal que es salada es buena. Pero la sal insípida, no tiene ningún valor en la Tierra. No es bueno "para nada, sino para ser echada fuera y ser hollada bajo los pies de los hombres". En Mateo 25, Él habla de las cinco vírgenes insensatas. ¿Por qué? No tenían aceite con ellas. También habla del hombre de un solo talento. Él describe a este hombre como siervo malo y negligente. Nuestro Señor está diciendo que si usted es infructuoso, usted es malvado. En Mateo 25:42, Él está diciendo: "Tuve hambre, y no me disteis de comer". Así que la verdadera prueba evidente en todos estos pasajes es simple: ¿Qué utilidad tenemos nosotros? ¿Qué valor tenemos para el Señor? ¿Hemos perdido nuestra utilidad a Él?

La Biblia nunca nos ha enseñado que tenemos que ser extraordinarios. La Biblia nunca nos ha dicho que nosotros tenemos que hablar con la lengua de los hombres y de los ángeles. La Biblia nunca ha dicho que nosotros tenemos que ser sensacionales, pero enseña que debemos ser útiles en la viña del Señor. Debemos aceptar el hecho de que la enseñanza del Señor en el primer siglo es tan actual que todavía es cierto hoy en día. Debemos aceptar la reprimenda. Nuestro Señor está diciendo que hay cristianos todavía que están robando espacio. Hay personas que son estorbos en el camino para los que le servirían. Al igual que los de Mateo 23:13: "Mas ¡ay de vosotros, escribas y fariseos, hipócritas! porque cerráis el reino de los cielos…". Éstas eran personas que estaban paradas en la puerta. Ellos no entrarían ni permitían entrar a los demás. Eran simplemente estorbos en el camino.

¿Está Usted Inutilizando la Iglesia?

Hay algunas personas hoy en día que han sido bautizadas, y dicen que son miembros de la iglesia, y sin embargo, rara vez asisten a las reuniones. Dan un mal ejemplo; ofrecen poco a la iglesia; son críticos y criticones perpetuos. Nunca se ha hecho nada bien. La predicación nunca se ha hecho como esta persona la quiere. Su vida ha llegado a ser tan poca atractiva como un desierto, una vida que es estéril y vana, una vida que es un perjuicio para la iglesia, una vida que es un obstáculo y una piedra de tropiezo.

Hay aquellos que hoy están simplemente inutilizando la iglesia, los que no están haciendo nada para Dios, los que no están produciendo ningún fruto para Él. Observe el mandato del Señor. Él dice: "¡Córtala!" De esta manera, el Señor enseña que el árbol inútil invita la destrucción, y Él propone eliminación drástica. Él no está interesado en esperar más. Al igual que en Mateo 7:19: "Todo árbol que no da buen fruto, es cortado y echado en el fuego". Nuestro Señor quiere que entendamos que llega un momento y un lugar cuando Él espera fruto: y si no está allí, no hay ninguna razón para que sigamos.

La ley de la naturaleza dice que todo lo que no se reproduce en sí tiene que morir, ya se trate de árboles o animales u hombres o la iglesia de Dios. Una familia que no se reproduce a sí misma, se quita la vida como familia. Una iglesia que no se reproduce a sí misma, se quita la vida como iglesia. Un cristiano que no se reproduce a sí mismo ni produce fruto que afecta la vida de los demás, con el tiempo se quita la vida espiritual. Entonces el Señor enseña en Hebreos 6:7, "Porque la tierra que bebe la lluvia que muchas veces cae sobre ella, y produce hierba provechosa a aquellos por los cuales es labrada, recibe bendición de Dios: pero la que produce espinos y abrojos es reprobada, está próxima a ser maldecida, y su fin es el ser quemada".

¿Quién Tiene La Culpa?

¡Mire el mandato divino! ¿Quién tenía la culpa de que fue cortado? Uno nunca puede decir que la culpa era de la tierra o del sol o de la lluvia o del dueño de la viña. El árbol en sí se condenó por no hacer el trabajo de un árbol. Equivale la esterilidad al desastre. "¡Córtala!" Dios tiene el derecho de buscar obediencia en el amor. Dios ha hecho más por nosotros de lo que cualquier propietario o cuidador de cualquier viñedo pudiera hacer jamás. ¿Se da cuenta usted que el salvarle a usted involucra muchísimas dificultades y molestia? Para que usted sea salvo, es necesario que la providencia intervenga- los predicadores tienen que predicar el evangelio; las oraciones tienen ser elevadas; Las Escrituras tienen que ser leídas y estudiadas. El cortarle a usted, sería breve y sencillo y justo. Sería fácil y eficaz y eficiente. Ya no habría más violaciones del día del Señor. No habría más rechazo de las Escrituras. No habría más protestas. Ya no se traería más vergüenza a la iglesia. El Señor, sin embargo, quiere salvarle. Él le aplica todas estas cosas. De hecho, hay excavación y fertilización que se está haciendo una y otra vez.

Planteamos la pregunta: "¿Es correcto cortarlo?" Debemos responder, "Ciertamente". Si usted tenía un árbol en su viña y nunca producía fruto, no importa qué hermoso fuera, yo digo que lo cortaría y nunca sentiría ningún escrúpulo de conciencia en absoluto. Creo que el Señor nos está diciendo lo mismo.

¿Hay alguien aquí que pueda decir que nunca ha tenido tiempo suficiente para arrepentirse? ¿Hay alguien aquí que pueda decir que nunca ha recibido la misericordia de Dios, y que nunca ha conocido la comunión de los santos, que nunca ha tenido ninguna aflicción o prueba, que nunca ha tenido ningún dolor, que nunca ha andado en el valle de la sombra de muerte? Creo que todos tenemos que admitir que el Señor ha cavado alrededor de nosotros, y ha echado abono alrededor de nosotros y nos ha ayudado. El evangelio ha sido echado cerca de las raíces de nuestras vidas. Una Biblia ha estado en nuestra tierra y en nuestras casas. Muchos de nosotros hemos disfrutado de la presencia y la bendición de padres piadosos. Nos han advertido una y otra vez y, sin embargo, sin ninguna mejora. Somos más viejos, pero no somos más sabios. ¡No hemos dado ningún servicio a Dios, ningún interés-- una pérdida completa!

"No Contenderá Mi Espíritu Para Siempre con El Hombre"

"¡Córtala!" Esta amonestación todavía suena a través de los siglos como una verdadera advertencia. Si el Señor le dice: "Córtalo; él se está llenando un espacio donde otros podrían ocupar". Si otra madre tuviera esos niños que usted tiene, quizás podría hacer un mejor trabajo. Si otro hombre tuviera el dinero que usted tiene, tal vez podría hacer más por el Señor de lo que está haciendo. Si otro se sentara en ese banco donde usted está sentado en este momento, tal vez él podría hacer más por Dios. Si otro tenía sus talentos, ¿qué cosas maravillosas podría lograr? Si otro tuviera su salud y su vigor y su fuerza, quizás produciría más por Dios. "¡Córtala"! ¿Por qué cortarla? El Señor podría decir: "Córtala", porque su ejemplo es contagioso. Alguien le está siguiendo. Hay una terrible enfermedad en la viña, y el único remedio es quemarla. La enfermedad del pecado se tiene que ir.

¿Alguna vez ha reflexionado sobre por qué el Señor no le ha cortado? Creo que todos nosotros en algún momento debemos sentarnos y pensar, "¿Por qué el Señor me deja vivir?" ¿Por qué no fui yo uno de aquellos sobre quienes se cayó la torre de Siloé como Jesús le dijo al pueblo en aquel día? ¿Por qué el Señor me deja vivir? Bueno, yo sé una cosa: "El Señor... no está queriendo que nadie perezca, sino que todos vengan al arrepentimiento" (2 Pedro 3:9). No hay ninguna duda de que cada día que vivimos estamos disfrutando de un hermoso período de gracia; y el Señor está diciendo "Otro año, otro rato para esta persona".

Piense en las cosas que estaban ocurriendo en aquel día. Para esas personas, los profetas habían venido, y Juan el Bautista había predicado, y Jesús estaba allí. Sin embargo, a pesar de los profetas, a pesar de Juan el Bautista, a pesar del Hombre más grande que alguna vez haya existido, parece que los oyentes quedaron igual. A veces me pregunto si esto no es cierto hoy día con referencia a nosotros.

Escuchamos el evangelio predicado una y otra y otra vez, sin embargo, seguimos en nuestros pecados. Estamos seguros de que uno "más grande que Salomón está en este lugar" (Mateo 12:42), y sin embargo, no le prestamos atención a Él. Tengan la seguridad, mis amigos, que el Señor no le ha salvado porque Él sea insensible a sus pecados. La Biblia enseña que Dios "Dios está airado contra el impío todos los días" (Salmos 7:11), y que el pecado no es un pequeñez para Dios aunque lo es a veces para los hombres, que nunca lo ha sido para Dios, y nunca lo será. Dios no permite que usted siga viviendo por ser que Él no lo vea. Sus pecados son como humo en sus ojos. Sus pecados y sus iniquidades están provocándole directamente en la cara. Sus pecados se entrometen en Su presencia hora tras hora y día tras día. Bien podríamos preguntar, "¿Por qué esta longanimidad (largo sufrimiento)? ¿Por qué Dios no le ha cortado?"

Usted puede estar seguro de que hoy en día hay quien aboga por usted. Existe Uno que es "santo, inocente, inmaculado, apartado de los pecadores y exaltado más allá de los cielos" (Hebreos 7:26) que está rogando por usted. Hay, en breve, un hombre en el cielo; este es uno de los más bellos pensamientos que nunca se me ocurrió. Me doy cuenta de que es maravilloso pensar en que vino Dios el Hijo a la tierra, y que así hizo. "El Verbo se hizo carne, y habitó entre nosotros" (Juan 1:14). ¡Dios vino a la tierra! Pero yo quiero contarles a ustedes un pensamiento aun más grandioso - que es tan hermoso- hay un hombre en el cielo. "Hay un solo Dios, y un solo mediador entre Dios y los hombres, Jesucristo hombre" (1 Timoteo 2:5). Así que hay Uno en el cielo que aboga por usted en el día de hoy. Recuerde que el jardinero pidió por la preservación del árbol, y yo quiero decirles que el Señor habla por usted hoy en día. Él intercede con la boca y con las manos perforadas y con los pies heridos y con el costado traspasado. Él aboga por su caso para que usted pueda ser salvo.

Le voy a recordar, sin embargo, que la paciencia divina se puede agotar. Hay un límite. Hubo un momento, en el mundo del tiempo pasado, que Dios dijo: "No contenderá mi Espíritu para siempre con el hombre" (Génesis 6:3). Los hombres ya no eran receptivos al Espíritu de Dios. Así que no había razón para que el hombre siguiera viviendo, y así su Espíritu ya no contendió con el hombre.

Incluso hoy en día, de igual manera nosotros malinterpretamos la paciencia de Dios. Decidimos, como dijo el predicador en Eclesiastés 8:11, "Por cuanto no se ejecuta luego sentencia sobre la mala obra, el corazón....está en ellos dispuesto para hacer el mal". ¿Qué está diciendo? Él está diciendo que decidimos que puesto que el Señor no ha traído juicio sobre nosotros todavía, entonces nunca lo va a hacer, y por lo tanto podemos hacer lo que queramos. La parábola del rico insensato nos debe convencer de que no es así. ¡La tragedia de la esterilidad! La única forma de escapar es hacer lo que dice el Señor en Lucas 13:3: "Os digo que no; al contrario, si no os arrepentís, todos pereceréis igualmente". ¡Qué franco y sin embargo cuán hermoso es este dicho!

Nuestro Señor nos está diciendo que debemos reconocer la presencia del pecado en nuestras vidas, debemos confesar esos pecados, debemos arrepentirnos de esos pecados, y ser remediado a los ojos de Dios o vamos a perecer. ¿Se da cuenta de que usted necesita venir esta noche? ¡Necesita arrepentirse de sus pecados o morirá! No somos nadie en especial; cada persona tiene que arrepentirse o perecer. ¿Vendrá usted esta noche creyendo en nuestro Señor (Hechos 16:31), y arrepintiéndose (Hechos 3:19)? ¿Confesará usted su nombre precioso? (Romanos 10:10). ¿Será bautizado para el perdón de sus pecados, según la enseñanza de Hechos 2 y tantos otros pasajes? En vista de esta lección de esta noche, creo que debemos escuchar al viejo himno que escribió Charles Wesley:

"¿Las profundidades de la misericordia, puede haber
    Misericordia aún reservada para mí?
¿Puede contener mi Dios su ira?
    ¿Yo, el primero de los pecadores, salvar?
He resistido por mucho tiempo su gracia,
    Por mucho tiempo le provoqué a su rostro;
No respondería yo a su llamado:
    Y a Él le afligí por caídas mil".

Sermón Once

Lucas 16:1-13

"Dijo también a sus discípulos: Había un hombre rico que tenía un mayordomo, y éste fue acusado ante él como disipador de sus bienes. Entonces le llamó, y le dijo: ¿Qué es esto que oigo acerca de ti? Da cuenta de tu mayordomía, porque ya no podrás más ser mayordomo. Entonces el mayordomo dijo para sí: ¿Qué haré? Porque mi amo me quita la mayordomía. Cavar, no puedo; mendigar, me da vergüenza. Ya sé lo que haré para que cuando se me quite de la mayordomía, me reciban en sus casas. Y llamando a cada uno de los deudores de su amo, dijo al primero: ¿Cuánto debes a mi amo? Él dijo: Cien barriles de aceite. Y le dijo: Toma tu cuenta, siéntate pronto, y escribe cincuenta. Después dijo a otro: Y tú, ¿cuánto debes? Y él dijo: Cien medidas de trigo. Él le dijo: Toma tu cuenta, y escribe ochenta. Y alabó el amo al mayordomo malo por haber hecho sagazmente; porque los hijos de este siglo son más sagaces en el trato con sus semejantes que los hijos de luz. Y yo os digo: Ganad amigos por medio de las riquezas injustas, para que cuando éstas falten, os reciban en las moradas eternas. El que es fiel en lo muy poco, también en lo más es fiel; y el que en lo muy poco es injusto, también en lo más es injusto. Pues si en las riquezas injustas no fuisteis fieles, ¿quién os confiará lo verdadero? Y si en lo ajeno no fuisteis fieles, ¿quién os dará lo que es vuestro? Ningún siervo puede servir a dos señores; porque o aborrecerá al uno y amará al otro, o estimará al uno y menospreciará al otro. No podéis servir a Dios y a las riquezas". (RVR60)

11. Parábola del mayordomo infiel

Esta noche llamamos su atención a un sermón del Señor Jesús encontrado en el capítulo 16 de Lucas. Por mucho tiempo he pensado que se trata de una historia única. No recuerdo cuántos años hace que por primera vez me llamó la atención, pero les aseguro que desde entonces cada vez que leo el libro de Lucas me llama la atención de nuevo. Creo que en ninguna parábola encontraremos la cruda reprensión desnuda que encontramos en Lucas capítulo 16.

Cuando nos fijamos en esta ocasión, vemos que este es un tiempo cuando Jesús fue criticado como a menudo lo fue en sus parábolas y en sus otras enseñanzas. Su crítica vino porque usaba a veces personas malas que eran ciertamente menos deseables para utilizarlas en sus lecciones. Hay algunos quienes piensan que puesto que Jesús habló de tales personas, Él tampoco valía mucho.

Jesús eligió a veces algunos personajes bastante extraños al predicar sus historias, pero creo que la razón es evidente. Por ejemplo, cuando ve en Lucas 18, el Señor relata una historia de un juez injusto y la viuda inoportuna. ¿Recuerda que el juez era un hombre que ni temía a Dios ni a hombre? Pero por la persistencia, o como diríamos hoy, "constante molestia", de esta viuda, el hombre finalmente le concede su petición. Dice Jesús en su sermón que Dios es así. Me parece que nos molesta un poco que Jesús comparara a Dios, el Padre con un juez injusto. Pero Él no dice que Dios es injusto. Dice que si el juez injusto, por la persistencia de esta viuda, concedió su petición, cuánto más un Padre amoroso concederá la petición de sus hijos que día y noche claman a Él.

Otra vez, recuerde que Jesús dice que su venida sería como un ladrón en la noche (Mateo 24:42-44). Ahora, no creo que el Señor está aprobando a los ladrones; Sólo dice que Su venida será como un ladrón: la venida de un ladrón generalmente le toma a uno por sorpresa, y ese es el único punto que Jesús está haciendo. En otra ocasión, Jesús dice que debemos ser "prudentes como serpientes y sencillos como palomas" (Mateo 10:16). Ciertamente, el Señor no estaba recomendando todo acerca de las serpientes. De hecho, encuentro poco de una serpiente que pueda recomendar. Cuando veo a una serpiente, veo un animal que es viscoso y su boca a veces está llena de veneno. Así que no veo mucho que elogiar, pero todavía después de dos mil años atribuimos a ellas una reputación de ser prudentes. Son animales astutos. En esta parábola, nuestro Señor está haciendo lo mismo. Nos está dando una buena lección de un mal ejemplo. Pero no creo que nadie nunca acusaría a Jesús de ser injusto o que Dios sea injusto, porque él utiliza a ellos en esta historia. Creo que lo que Dios realmente está haciendo, es declarar que quiere algunos buenos hombres con sabiduría para los negocios y tanto respeto para el futuro como este hombre en Lucas capítulo 16.

Ahora quiero que recuerden que este sermón fue escrito hace casi dos mil años. Es un poco difícil mantener en mi mente, que estoy estudiando algo esta noche que fue escrito tanto tiempo atrás y aún es aplicable HOY. Alguien ha observado bien que sabe que la iglesia de Jesucristo es divina porque ha sobrevivido dos mil años. La iglesia, de hecho, ha sobrevivido algunas pobres prácticas, en cuanto a nuestra manera de llevar a cabo las cosas de Dios.

La Imagen del Corazón de un Mundano

Me gustaría que recordáramos la ocasión de esta parábola. El Señor acaba de terminar la predicación sobre el rico insensato en Lucas capítulo 12. Entonces viene a Lucas capítulo 15 y habla de una moneda perdida, una oveja perdida y un hijo perdido. Creo que hay una clara progresión en los sermones. Habla a sus discípulos, quienes "le oían de buena gana". Y espero esta noche que todavía hable a tales discípulos, personas que quieran escucharlo de buena gana. Jesús una vez más quiere abrir la puerta del corazón de uno que vive en el mundo y hacernos ver cómo funciona esta gente. Es increíble que no nos alarmemos, cuando miramos al corazón de un mundano o la manera cómo funciona el mundo. Continúa funcionando esta noche tal y como lo hacía en ese día.

El Señor comienza diciendo, "Había un hombre rico que tenía un mayordomo, y éste fue acusado ante él como disipador de sus bienes". En aquel tiempo, era común que una persona rica contratara a un mayordomo o como diríamos hoy día un "administrador". Él era el administrador de la casa entera. No era su negocio conseguir el dinero; su trabajo era supervisarlo cuando llegara, cuidándolo, es decir, gastarlo apropiadamente y que toda la contabilidad se hiciera como debe ser. Cuando pensamos en este mayordomo, pensamos de otros como José en la casa de Potifar (Génesis 39:6) y Eliezer en la casa de Abraham (Génesis 15:2). Estos nos darán una base excelente para lo que Jesús está diciendo en este sermón.

El hombre rico llegó a enterarse que su mayordomo le fue infiel, el mayordomo en quien había confiado a través de los años. Posiblemente el hombre había experimentado tiempos como un esclavo; y su amo finalmente al ver que el hombre, como José, era confiable, lo puso a cargo de todo lo que tenía. Con consternación, él entendió que este hombre había sido negligente, y más que negligente, ¡Este hombre estaba malgastando sus bienes! Esta fue una pérdida a propósito causada por él y al administrador le dolía. Claro que esperaríamos que le dijera, "Estás despedido", o por lo menos pedir cuenta de lo que había pasado en su casa. Le acusó de haber perdido sus bienes. Notará en el versículo 3 *(de Lucas 16),* que el mayordomo no ruega nada. Él sencillamente lo acepta y dice: "¿Qué haré? Porque mi amo me quita la mayordomía". Le llegó el mensaje. Cuando su amo terminó de hablar con él, supo que había sido despedido y no tuvo ningún recurso. No tenía nada que decir en su defensa. Él sabía lo que sucedió y no había realmente razón de hablar de ello: era culpable.

En primer lugar, le llamó y le dijo, "¿Qué es esto que oigo acerca de TI?" Creo que ese es el énfasis correcto. Él está diciendo, "yo confié en ti. He puesto todo lo que tengo en tus manos y no puedo creer lo que oigo: ¡que estás desperdiciando mis bienes!" Como hemos dicho, el hombre no hace ninguna defensa. No confiesa su culpa; sólo expresa una angustia egoísta con respecto al futuro.

Cuando el amo dijo: "da cuenta de tu mayordomía; porque ya no podrás más ser mayordomo", no creo que está proponiendo algo que va a ocurrir en el futuro, dice, "YA NO ERES...". El mayordomo sabía que había perdido su trabajo y como un administrador, cuando pierde su trabajo, pierde todo. Perdió su casa en que vivía con la familia. Perdió su alimento, perdió su sustento, ¡perdió todo!

El administrador de repente se enfrenta a un mundo en el cual no hay nada para él. Lo vemos mientras lucha con su problema. Esto me recuerda lo de Lucas 12 y el hombre rico que pensaba dentro de sí mismo diciendo, "¿Qué haré, porque no tengo donde guardar mis frutos?" Así mismo el mayordomo piensa dentro de sí, diciendo: "cavar no puedo; mendigar, me da vergüenza". No estoy seguro por qué él no podía cavar, salvo quizás una vida de comodidades lo hizo que cavar fuera algo difícil para él. Él dijo: "cavar, no puedo; mendigar, me da vergüenza". Se encontró en una condición muy desfavorable.

He visto en las parábolas de Jesús que cuando el Señor acusa a alguien, a menudo es porque Dios fue dejado fuera de la vida de tal persona; él trata de hacer todo por sí mismo. Cuando lleguemos al punto de que "yo soy" es el número uno y estamos más preocupados por MIS frutos, MIS bienes, MIS graneros, MI casa y MI alma, el Señor se pone contra nosotros.

En la parábola que estamos considerando esta noche, el administrador concibe un plan. Se junta con las personas que deben a su amo cantidades enormes. Por lo visto, habían sacado préstamos y él estuvo encargado de ellos. Él dijo: "¿Cuánto debes a mi amo?" y cada uno expresó cuánto le debía. Luego dijo: "esto es lo que haremos; solo vamos a alterarlo". A uno se le quita la mitad, altera el otro por la quinta parte. No dice, "Lo borraremos". No es del tipo que lo borrará por completo, pero está dispuesto a modificarlo. No estoy seguro de lo que él está diciéndonos aquí, salvo que parece que hay algo en la naturaleza humana que nos hace sentir que si no cambiamos algo totalmente, radicalmente, realmente no hay problema. Lo que estamos viendo es una deshonestidad completa. Está siendo deshonesto en todo y estas personas están haciéndose cómplices con él, cada uno de ellos. El grupo entero es deshonesto. Este hombre sabe que es deshonesto y lleva a todos los demás a un trato fraudulento.

Esto es increíble para mí. La Biblia dice: "Y alabó el amo al mayordomo malo por haber hecho sagazmente; porque los hijos de este siglo son más sagaces en el trato con sus semejantes que los hijos de luz". Este es un pasaje muy difícil; ¿Cómo lo explicaremos?

Vemos deshonestidad, vemos vínculos de iniquidad y de repente la Biblia dice, "y alabó el amo al mayordomo malo". ¿Cómo es posible que pudiera alabar a este hombre? La explicación tiene que ser una de dos cosas. O él está alabando la deshonestidad, o... por otro lado, él está alabando la prudencia, la previsión, el mirar hacia el futuro y el coraje para tomar la decisión que debe hacer. Parecería que en este caso la parte de la deshonestidad se distingue, por lo menos momentáneamente, de la parte de la previsión. En este caso la parte del esfuerzo se diferencia de las malas ambiciones. Nadie va a alabar la mala ambición de este hombre, pero lo que se premia es la visión de estar dispuesto a hacer los preparativos para su futuro.

Los Hijos de este Siglo y Los Hijos de Luz

Por supuesto, el Señor, está enseñando una buena lección de un mal ejemplo. ¿Y la lección? "Los hijos de este siglo son más sagaces en el trato con sus semejantes que los hijos de luz". Ahora, quiero que pensemos en estos dos grupos. Él dijo, "los hijos de este siglo son más sagaces en el trato con SUS semejantes que los hijos de luz ", y creo que es una hermosa expresión. No es sólo una bella expresión, es una expresión única: "los hijos de luz". De hecho, no puedo en este momento pensar de otro lugar en la palabra de Dios donde esta expresión se utiliza de esta manera. La Biblia dice en 1 Juan 1:7 que "si andamos en luz, como él está en luz, tenemos comunión unos con otros." Pero aquí se usa la expresión que somos los "hijos de luz".

Ahora, en este mundo en que vivimos, están los hijos de este siglo, todos seguramente en algún momento fuimos hijos de este siglo, pero es posible llegar a ser un hijo de luz. Recordemos en 1 Corintios 3, Pablo dice, "De manera que yo, hermanos, no pude hablaros como a espirituales, sino como a carnales, como a niños en Cristo". Él dijo, "porque aún sois CARNALES; pues habiendo entre vosotros celos, contiendas y disensiones, ¿no sois carnales, y andáis como HOMBRES?" "Andáis como hombres". ¿Qué quiere decir? No cualquier clase de hombre, sino que dijo que aún caminan como hombres de este siglo, como personas que nunca se habían convertido. Así, es posible que una persona camine o conduzca su vida conforme a este siglo... o pueda caminar en la manera de los "hijos de luz". ¡Qué expresión tan hermosa! En 1Tesalonicenses 5:5, Pablo dice: "sois todos hijos de luz." En Efesios 5:8, dice: "ahora sois

luz en el Señor; andad como hijos de luz." Me parece que estamos
hablando de hijos que nacen de luz, nacido en luz, siempre en la luz;
la idea de la verdad y la sinceridad y la integridad deben estar allí.

Sabemos que, en la luz vemos las cosas como realmente son. Me
acuerdo de haber viajado a Temple, Texas, cuando era un niño.
Hicimos ese viaje dos veces al año; fue un viaje largo. Fuimos allá y
vendimos unos cuantos animales; era el tiempo de comprar ropa.
Recuerdo que fuimos a las tiendas y mi madre siempre hacía el
mismo procedimiento que cuando me hice un adolescente, me daba
vergüenza. Antes de que comprara algo, quería llevarlo afuera y eso
me molestaba. Pero siempre quiso ir afuera para poder verlo en la luz.
Ahora entiendo lo que estaba haciendo. Puede parecer hermoso algo
dentro de la tienda; pero cuando lo sacas a la luz del sol, no parece tan
agradable. En la luz realmente puedes verlo como es. Supongo que el
momento peor para comprar un automóvil usado es por la noche
cuando las luces hacen brillar las capuchas. Son realmente hermosos.
Espere hasta que los vean en la luz del día. Cuán cierto es esto al
hablar de lo espiritual. La Biblia dice que no caminamos en las
tinieblas: somos "hijos de luz". Debemos ser capaces de ver todas las
sombras; Debemos ser capaces de verlo tal como es, si somos hijos de
luz.

Escuchemos a Él otra vez. Él dice, "los hijos de este siglo son más
sagaces en el trato con sus semejantes que los hijos de luz.". Ahora,
eso es un poquito difícil aceptar, aun de parte del Señor. Preferiríamos
pensar que Él podría elogiar a sus propios hijos y que dijera, "mis
hijos son más listos que nadie". Tenemos la tendencia de hacer eso
con nuestros hijos, ¿verdad? Pero Jesús lo dice como es. Él dice, "Los
hijos de este siglo", estas personas que nunca han sido convertidas,
que nunca han venido a Mí, "son más sagaces en el trato con sus
semejantes que los hijos de luz". Es un reproche, hermanos, en una
forma cruda y tajante. Jesús está diciendo que estas almas
inconversas, son a veces, muchas veces, más sabios que Mi propia
gente: los que deben ser más sabios y ver las cosas como son. Dice
que no hacemos la mitad del esfuerzo para ganar el cielo como estas
personas hacen para ganar el mundo.

Son más Sabios en la Manera Que Operan

Dijo que están "en el trato con sus semejantes". Habla del trato de los hombres del mundo, la forma de hacer negocios y gestionar sus asuntos juntos. Es como el principio que Jesús introduce cuando dice: "¿Cómo puede Satanás echar fuera a Satanás?" (Marcos 3:23). Hay momentos cuando nos echaremos fuera unos a otros, pero Jesús dice que Satanás no lo hace; Él es más inteligente que eso: o como Jesús usa la palabra "Más SABIO". Él es más sabio; él sabe que si se echa fuera a sí mismo, su reino no permanecería. Así que Jesús quiere que sepamos que "con sus semejantes", buscan la unidad, en la forma en que operan, en este sentido son "más sabios que los hijos de luz".

Si hay algo que he aprendido en las pocas relaciones que he tenido en el mundo de los negocios, o al menos, en la parte de negocios del mundo en el que me he desarrollado (en el sistema escolar público), es que no hay casi ningún extremo al que la gente no irá para lograr sus propósitos. Y no estoy diciendo que siempre es un error o siempre es malo. De hecho, a veces realmente admiro la manera en que el mundo de negocios funciona. Perseguirán sus intereses comerciales; ofrecerán un buen producto; aprenderán el negocio totalmente. Contratarán a los hombres que creen que serán más ventajosos para su negocio y su forma de vivir. Les familiarizarán con el cliente o el consumidor; prepararán una campaña; conseguirán a un artista; tendrán anuncios por la televisión; tendrán anuncios en la radio; todo esto llevado a cabo a gran escala. Todos estos esfuerzos y el dinero son usados para hacer una cosa: para presentar al consumidor el producto de esa empresa. TRABAJAN PURAMENTE EN ELLO. A veces nos preguntamos por qué cierta compañía es tan exitosa. Puedo decirles la razón. Alguien está pasando una gran cantidad de tiempo, trabajando muchas horas día y noche.

Si me lo permiten, me gustaría colocar una palabra personal aquí. La semana pasada estaba pensando si había alguien trabajando por la iglesia y poniendo tanta energía y tanto tiempo como estoy haciéndolo cada semana y usted podría decir esto del negocio en que se encuentra, estoy seguro: me pregunto realmente lo que ocurriría en la iglesia de Jesucristo. Hace dos semanas terminamos un plan que hemos estado trabajando por dos años: un plan intrincado que ha de ser sometido en Austin, Texas, un plan indicando lo que haremos en nuestra escuela por los próximos cinco años: costos proyectados, datos técnicos, todo tipo de cosas. Comenté todo esto para decir, que mientras por fin estábamos dejando ese documento en el correo pensaba: Si sólo tuviéramos a alguien o algunos involucrados, trabajando duramente cada día por la iglesia del Señor, me pregunto realmente lo que pasaría. Esto es lo que sucede allá en el mundo de los negocios. Es lo que ocurre con muchas de las empresas de los que están representados en esta congregación esta noche. Sabemos lo que se necesita para salir adelante. Se necesita planificación, mucho trabajo y una gran cantidad de dinero.

Comparen eso con la forma en que a veces buscamos a los perdidos. Observen algunas de las cosas en la que estamos involucrados en nuestros negocios con la manera que rescatamos a los que están pereciendo. Nos avergonzaríamos creo, de lo que realmente estamos haciendo por el Señor Jesucristo. Le damos a un hombre un folleto, y nos sentimos que lo hemos evangelizado. Si le damos un libro, sentimos que hemos llegado a la segunda milla. Si establecemos un estudio por dos meses con él, hemos llegado al punto final; y si no es salvo al terminar los dos meses, decidimos que no es uno de aquellos que han sido predestinados a ser salvado o que ¡ya es culpable de blasfemar contra el espíritu! Le dejamos al momento y lugar donde un vendedor apenas empieza.

Quiero que piensen en esto por un momento. Comparen la forma en que a veces trabajamos para la iglesia de Jesucristo con la manera en que jugamos un deporte, por no hablar de la forma en que el mundo lo hace. Realmente daremos todo. Pondremos toda nuestra energía y trabajaremos duramente para ganar el partido. O piensen un poco acerca de cuánta energía, tiempo, esfuerzo y dinero gastó para conseguir a esa persona que querían que fuera su esposa o esposo. Tardó un poquito de tiempo, ¿no? Pero lo hizo porque tuvo mucho interés de hacerlo.

Haceos Tesoros en el Cielo

Nuestro Señor nos está diciendo en este sermón que no basta ser bueno. No es suficiente la dedicación. También debemos ser astutos y analizadores. De hecho, dice, "Ganad amigos por medio de las riquezas injustas". Ahora, eso es algo que nos asusta. Es una de las razones por la que pasamos por alto esta parábola. Lo que está diciendo es espantoso. "Ganad amigos por medio de las riquezas injustas".

¿Te acuerdas de lo que afirma Mateo 6:19-20? Jesús dice:

> No os hagáis tesoros en la tierra, donde la polilla y el orín corrompen, y donde ladrones minan y hurtan; 20 sino haceos tesoros en el cielo, donde ni la polilla ni el orín corrompen, y donde ladrones no minan ni hurtan.(RVR60)

Ahora, eso suena bien, pero déjeme preguntarle algo. ¿Cómo hace eso? ¿Cómo hacemos tesoros en el cielo? Yo no estoy en el cielo; Estoy aquí en la tierra y el Señor me dice que debo hacer tesoros allí mientras que estoy aquí. No voy a hacerlo allí después de llegar. Dice que debo hacer mis tesoros en el CIELO mientras estoy aún en la tierra. Ahora la pregunta: ¿Cómo lo hago? Aprendemos en esta parábola cómo hacerlo.

En primer lugar, el Señor dice que lo hagamos invirtiendo en las personas que van al cielo. Mientras estoy aquí, si invierto en las personas que van a ir o les ayudo a llegar allí, estoy haciendo "tesoros" en el cielo. En segundo lugar, dice que debo usar tanto mi posición y mis posesiones para ayudar a hacer tesoros y hacer amistades eternas. ¿No es esto lo que hizo el mayordomo? Cuando lo echaron de su casa, tenía amigos quienes lo recibieron. Ahora, a pesar de que eran sin escrúpulos sus amigos y a pesar de que era tan miserable la perspectiva de juntarse con esa clase de personas, el punto es, tenía un lugar a donde ir. Jesús está diciendo que un día vamos a salir de este cuerpo viejo y que debemos hacer algunas preparaciones para que tengamos un lugar a donde ir por la eternidad.

Aunque no quisiéramos reconocerlo, todos en este lugar somos como este hombre, por lo menos de dos maneras. Una, lo que tenemos hoy nos es dado para que lo utilicemos... escuchen mis palabras... para usar, para invertir temporalmente. Es una confianza que se nos ha dado. Seguimos pensando eso cuando ganamos un dólar, es MI dólar. O si tengo un terreno, es MI terreno. Pero quiero que entiendan que este sermón nos enseña que estas cosas nos han sido dadas para ser utilizadas y es un uso temporal. Se nos da a nosotros para invertir; este es el punto que Jesús está tratando.

Hace años leí acerca de un muchacho que iba camino al lugar de reunión. En una mano tenía una moneda que su madre le había dado para comprar dulces después del culto de adoración y en la otra mano tenía una moneda que había de dar al Señor. Una moneda se le cayó en la acera y se fue por la alcantarilla. Se levantó y dijo: "Lo siento, Dios, ahí va SU dinero". Lo que necesitaba saber era que AMBAS MONEDAS pertenecían a Dios. Así somos. Nosotros tenemos en una mano lo nuestro y lo de Dios en la otra mano. Lo que necesitamos saber es que lo que tenemos en AMBAS manos pertenece a Dios. "De Jehová es la tierra y su plenitud;" (Salmo 24:1). Todo lo que tenemos es para ser utilizado con prudencia, astutamente, según esta parábola; solamente nos ha sido prestado para utilizarlo aquí.

Déjeme decirle otra manera en la que somos como este hombre. Todo lo que tenemos nos va a ser quitado pronto. ¡TODO! No podemos guardarlo. Usted lo ha escuchado toda su vida. Lo he oído toda mi vida, y todavía necesito escuchar a alguien decir, "Mira, ¡TÚ... NO... PUEDES... GUARDARLO!" No podemos hacerlo. Lo único que podemos hacer, es invertirlo. Si tengo algo, aquí está. No voy a guardarlo, pero algunas cosas más adelante dependerán de ello. Ve, yo no voy a guardarlo hasta que llegue ahí, voy a perderlo en el intervalo. Así que lo único que puedo hacer es invertirlo a la vista de las cosas que van a ocurrir. Ahora, ¿cuál es la mejor inversión?

Yo les aseguro que mañana, aproximadamente entre las 8:00 y las 9:00, las maquinas estarán activas, las computadoras serán encendidas y habrá hombres dedicados, sentados ante enormes pantallas con luces intermitentes; estarán tratando de escoger las mejores inversiones desde Wall Street a Tokio a Sídney: ese es su negocio. Hace algún tiempo estuve hablando con un hombre en Waco acerca de nuestra escuela de negocios y sonó el teléfono. Fue su consejero de inversiones. Este hombre siempre llamaba por teléfono para consultar a un hombre con buenas conexiones en el mercado de inversiones. Se le pasaba constantemente información acerca de lo que debía invertir y vender. Estaban trabajando en hacer la mejor inversión posible.

Invierte en el Cielo

Creo que necesitamos saber esta noche, como pueblo del Señor, que aquí hay Alguien que está diciéndonos en lo que debemos invertir y cómo hacerlo. El Señor es nuestro Consejero. Estamos involucrados en algo mucho mayor que la plata y el oro. ¿Cómo invertimos en el cielo? Jesús está diciéndome que haga mis tesoros mientras esté aquí. ¿Cómo voy a hacerlo? He aprendido una forma de hacerlo, y me gustaría leer Filipenses 4:10-19. En este pasaje el apóstol Pablo nos dice una manera en la que podemos invertir en el cielo:

> En gran manera me gocé en el Señor de que ya al fin habéis revivido vuestro cuidado de mí; de lo cual también estabais solícitos, pero os faltaba la oportunidad. No lo digo porque tenga escasez, pues he aprendido a contentarme, cualquiera que sea mi situación. Sé vivir humildemente, y sé tener abundancia; en todo y por todo estoy enseñado, así para estar saciado como para tener hambre, así para tener abundancia como para padecer necesidad. Todo lo puedo en Cristo que me fortalece. Sin embargo, bien hicisteis en participar conmigo en mi tribulación. Y sabéis también vosotros, oh filipenses, que al principio de la predicación del evangelio, cuando partí de Macedonia, ninguna iglesia participó conmigo en razón de dar y recibir, sino vosotros solos; pues aun a Tesalónica me enviasteis una y otra vez para mis necesidades. No es que busque dádivas, sino que busco fruto que abunde en vuestra cuenta. Pero todo lo he recibido, y tengo abundancia; estoy lleno, habiendo recibido de Epafrodito lo que enviasteis; olor fragante, sacrificio acepto, agradable a Dios. Mi Dios, pues, suplirá todo lo que os falta conforme a sus riquezas en gloria en Cristo Jesús. (RVR60)

¿Cómo invirtieron los Filipenses en el cielo? Lo hicieron INDIRECTAMENTE a través de una persona que estaba predicando el evangelio de Jesucristo; esa persona era el apóstol Pablo. Miren, los Filipenses no pudieron estar predicando en Tesalónica y en ciertas partes de Macedonia, donde Pablo estaba predicando. Pero él dijo: "enviasteis una y otra vez para mis necesidades," y dijo que quería que supieran que cada alma que había alcanzado en estos lugares era su inversión en el cielo. Quiero que sepan que se ha agregado un poco más a su cuenta. De hecho, utiliza esa palabra, ¿lo vieron? Dijo que no buscaba "dádivas: sino que busco fruto que abunde en su cuenta". Pablo está diciendo que el Señor va a acreditar su cuenta con una inversión en el cielo. ¿Por qué? Porque ellos le ayudaron a compartir el evangelio con alguien más. Así que esto es una forma en la que puede llevarlo a cabo.

¡Eso da un nuevo enfoque hacia la ofrenda! La ofrenda en el día del Señor no debe ser tomada nunca como una colecta en la que solamente estamos recogiendo dinero para Dios. Me doy cuenta de que estamos haciendo eso y creo que es sumamente importante, así como nuestros hermanos han expresado una y otra vez al momento de ofrendar. Pero no estamos recogiendo una colecta para Dios como si estuviéramos recogiendo ropa vieja (por una persona necesitada). Dios no necesita dinero. Vean que Dios es dueño de todo el mundo y ¿pueden imaginarse lo que significa el dinero para Dios? Sin embargo, está diciéndonos que la ofrenda debe recogerse. Es una manera de salvar almas. La Biblia es práctica. La Biblia dice que Pablo estaba escribiendo que necesitaba ir y predicar el evangelio a los perdidos, y dijo hermanos, "ninguna iglesia participó conmigo en razón de dar y recibir, sino vosotros solos". En este caso particular, dijo, "enviasteis una y otra vez para mis necesidades". Dijo que ustedes ME ayudaron para seguir; y desde que ME ayudaron a seguir, almas fueron salvadas y esto ha sido acreditado a su cuenta. ¡Qué maravilloso pensamiento que un día, cuando pasen por las puertas de perlas, puedan conocer a gente allí que nunca conocieron en la tierra; y aun les van a conocer allí porque habían hecho algo por ellos a través de la vida de otra persona!

Saben que lo mismo es cierto para todos nosotros. Sé que en esta congregación, tenemos hermanos que no sólo apoyan el Evangelio de Jesucristo al dar como ellos hayan sido prosperados cada día del Señor, sino que están enviando dinero a predicadores del Evangelio en otros lugares, y creo que eso es maravilloso. ¡Eso es una cosa maravillosa! "Fruto que abunde en vuestra cuenta" porque están dispuesto a hacer estas cosas; y habrá algunas almas que pueden darles la bienvenida en el cielo por lo que han hecho. Es una pregunta seria: ¿Alguien va a estar en el cielo por ti y por tu inversión?

Algunos de los que operan en el mundo de los negocios llevan consigo su cartera de inversiones. Si quieres motivar a uno de estos hombres a hablar, menciónele algo sobre eso y él le dirá toda la historia. Él le hablará acerca de sus inversiones en acciones y bonos y petróleo y ganado o lo que sea. Lo que me pregunto esta noche es lo que nuestra cartera de inversiones muestra en cuanto al cielo. Puede haber algunas almas esta noche en este lugar, o tal vez en algún otro estado o en México o en África que nunca han conocido, no hablan su idioma, su cultura es totalmente diferente a la suya, pero yo quiero decirles, hay algunas de ellas que conocerán en el cielo debido a su inversión. Pensé en esto hace algún tiempo mientras estudiábamos con unos veinte o treinta hombres en México. Van a tocar vidas que nunca tocaremos. Se encontrarán gente que nunca vamos a alcanzar y es por hermanos en este país que están dispuestos a invertir su dinero para que esos hombres estén ahí.

Puede hacerlo personalmente, también. Puede hacer una inversión en el cielo como congregación, como dijo Pablo, o puede hacerlo personalmente por poner dinero en Su causa, al hablar con otras personas. Hay tantas maneras de invertir en otros: a través de folletos y grabaciones, programas y libros. El Señor es muy práctico. Dijo que va a requerir algunas de las riquezas del mundo para que algunas de las riquezas del cielo lleguen a la gente de este mundo. Y él dijo que lo que quiere que hagan, no es solo invertir, sino que inviertan ASTUTAMENTE. Quiere que realmente piensen en lo que están haciendo.

El Dinero es "Poco" con Dios

Veamos al versículo 10. "El que es fiel en lo muy poco, también en lo más es fiel; y el que en lo muy poco es injusto, también en lo más es injusto". ¿Saben lo que está diciendo el Señor? Al principio no me parecía. Dice que el dinero es una cosa pequeña, es lo mínimo realmente. El dinero no vale mucho; el dinero es una cosa pequeña. Un punto de vista extraño en un mundo donde es lo más grande. No escribimos "exitoso" en nuestro mundo con una "s"; lo escribimos con el signo del dólar ($).

Al salir en la mañana y tratar con el mundo, sabemos lo que estamos enfrentando. Si quieren hablar de éxito con un hombre en el mundo, habla con el signo del dólar. Jesús está diciendo aquí que con Dios, el dinero es una cosa insignificante. Dice que si una persona es "fiel en lo muy poco", Dios le contará "fiel también en lo más". Dice que si uno fuera injusto en lo que es muy poco, también sería injusto en lo más.

Lo que es grande para los hombres es pequeño para Dios. Es interesante que una cuarta parte de todas las parábolas de Jesús traten de alguna manera con el dinero. Lo mencionó en alguna parte, de alguna manera. Eso significa que casi una sexta parte de los Evangelios tratan con dinero. Ahora, esto no significa que Jesús era un recaudador de fondos. Lo que significa es que él dijo que si quieren saber en dónde está el corazón de un hombre, no le pidan que les muestre su himnario, sino que les muestre su chequera. ¿Saben lo que dijo? Que "Dónde esté vuestro tesoro"... ahora piensen en lo que está diciendo... "donde esté vuestro tesoro allí estará también vuestro corazón" (Mateo 6:21). El nos conoció a nosotros, ¿verdad? Y es por eso que una y otra vez tocaba este asunto que llamamos dinero: de lo que nos ocupamos todos cada día de nuestras vidas. La persona verdaderamente espiritual debe ver el dinero como una cosa insignificante, menos cuando debe ser utilizado en el Reino de Dios.

En el versículo 11, Jesús dice: "Pues si en las riquezas injustas no fuisteis fieles, ¿quién os confiará lo verdadero?" Dice que si las riquezas injustas es lo que realmente les importa, si eso es la gran cosa en su vida, les va a llevar a toda clase de mal.

Piensen en lo que está pasando esta noche. Piensen en lo que pasó el sábado por la noche por dinero. ¿Han reflexionado en un billete de diez dólares o un billete de veinte dólares y pensado en donde habrá estado? Por ese pequeño pedazo de papel, algunos han entrado y robado una tienda y posiblemente han asesinado a una persona. O una muchacha o una mujer posiblemente han vendido la única virtud que tenía por ese pedazo de papel. Hay personas esta noche que botarán una buena carrera por un momento como un estafador. Hay algunos que mentirán sobre sus ingresos para no pagar los impuestos que deben o hacer cualquier cosa que se les ocurra, harán, lo que sea por dinero. ¿Qué debemos hacer si es tan malo? Jesús no dijo que nos encerráramos en un monasterio. No dijo que hiciéramos un voto de la pobreza. No dijo, "¡no lo toquen!" Dijo que quiere que lo invirtiéramos. Tomen esa misma cosa que puede ser utilizado tan incorrectamente e inviértanlo en la causa de Jesucristo.

Oigan el versículo 13. Él dice: "Ningún siervo puede servir a dos señores". Esta es Su conclusión. "Ningún siervo puede servir a dos señores; porque o aborrecerá al uno y amará al otro, o estimará al uno y menospreciará al otro. No podéis servir a Dios y a las riquezas".

Escuchen sus palabras, "NINGÚN... SIERVO... PUEDE..." "NO... PODÉIS..." Ese era un lenguaje un poquito fuerte para alguien que hablaba hace 2 mil años. ¿No sabía que las cosas podrían cambiar y evolucionar a través de los años? ¡Pero tiene razón todavía! "No podéis servir a Dios y a las riquezas".

La riqueza (Mamón en griego) es un viejo y conocido enemigo. Si han estudiado la palabra de Dios, pueden oír la palabra "Mamón" y le da un escalofrío; Sabes que no puedes tener nada que ver con Mamón. Es algo malo, y hay algo pecaminoso en él. Inciertas e inestables riquezas, Mamón.

Mamón, según lo mejor que se pude entender de la historia, era de una antigua deidad Cananea, el dios del dinero. Los que adoraban a Mamón, en realidad entraron a un templo y adoraban al dios, "Mamón". Se arrodillaron ante el altar de Mamón.

Jesús está diciendo que no puede adorar en dos templos al mismo tiempo. Que no puede arrodillarse ante dos altares al mismo tiempo. Es imposible. No puede uno servir a Dios y a las riquezas o Mamón. No puede ser un esclavo a tiempo completo para dos personas. Posiblemente podría honrar a uno y luego al otro; o podría servir uno más que al otro; o podría fingir servir a uno y servir al otro en realidad, pero sencillamente no puede marchar a dos ritmos diferentes al mismo tiempo. Pero, podemos servir a Dios, podemos invertir las riquezas y creo que esto es exactamente lo que Él quiere que hagamos.

La Auditoría Final

Nunca olvidemos que somos administradores de la gracia de Dios. Pablo dice en 1 Corintios 4:1-2, "Así, pues, téngannos los hombres por servidores de Cristo, y administradores de los misterios de Dios. Ahora bien, se requiere de los administradores, que cada uno sea hallado fiel". (RVR60)

Pedro dice que somos "como buenos administradores de la multiforme gracia de Dios". (RVR60) (1 Pedro 4:10). Si no somos buenos administradores somos culpables de ser "disipadores de sus bienes" (Lucas 16:1). No hay duda que vamos a dar cuenta de nuestra mayordomía. ¡Deben equilibrarse los libros! Los libros serán abiertos.

Tendremos que dar cuenta, dar cuenta no sólo por el mal que hemos hecho, sino también por el bien que pudiéramos haber hecho, como un buen administrador de Jesucristo.

Sermón Doce

"Y les hablo muchas
cosas por parábolas"

Lucas 14:28-33

"Porque ¿cuál de vosotros, queriendo edificar una torre, no cuenta primero sentado los gastos, si tiene lo que necesita para acabarla? Porque después que haya puesto el fundamento, y no pueda acabarla, todos los que lo vieren, no comiencen á hacer burla de él, Diciendo: Este hombre comenzó á edificar, y no pudo acabar. ¿O cuál rey, habiendo de ir á hacer guerra contra otro rey, sentándose primero no consulta si puede salir al encuentro con diez mil al que viene contra él con veinte mil? De otra manera, cuando aún el otro está lejos, le ruega por la paz, enviándole embajada. Así pues, cualquiera de vosotros que no renuncia á todas las cosas que posee, no puede ser mi discípulo".

12. *Contando El Costo*

Mientras venimos a estudiar la Palabra de Dios, me doy cuenta que uno debe predicar, y varios deben escuchar. Uno no tiene una Serie Evangelística por sí mismo. Me di cuenta de esto hace muchos, muchos años. He intentado que esto sea una tarea compartida para que cuando deje este lugar, podamos decir que hemos tenido unas buenas reuniones o que han sido unas reuniones no tan buenas. Ahora eso puede ser mi culpa o puede ser suya o probablemente de ambos. Hemos estado aquí para trabajar y funcionar juntos para bien o para mal. Yo creo que siempre debemos dar lo mejor que podamos. Y si alguien puede convencerme que yo puedo dar menos que lo mejor de mí, entonces yo pienso que ese es el día que me quedaré en casa.

Somos almas atadas eternamente, estamos ante el gran Creador del Universo, somos gente que nunca va a morir. Esto ciertamente debe sacar lo mejor de nosotros. Tenemos esta noche nada menos que al Rey de todos los Reyes; tenemos al Dios de todo el Universo viendo sobre esta asamblea esta noche. Tenemos ante nosotros la posibilidad de hacernos Cristianos o ser mejores Cristianos, y eso cambia de una noche monótona a un tiempo importante.

Pasamos una gran parte del tiempo enseñando a la gente como predicar para que ellos sepan cómo dirigirse a una audiencia, y pienso que eso es bueno. Nosotros necesitamos gente que haga eso. Pero Yo pienso algunas veces que no hemos pasado una gran parte del tiempo enseñando a la gente a como escuchar. Y saben, se necesitan las dos cosas. Se necesita a alguien que predique y alguien que escuche. Hace algún tiempo yo hice un cálculo de que si usted va a la iglesia el Domingo por la mañana, el Domingo en la noche y Miércoles en la noche y usted asiste a una reunión como esta, en el curso de un año, usted va a estar escuchando predicaciones por una semana—una semana completa, veinte y cuatro horas al día, siete días a la semana. Algunas gentes van a decir que eso es una gran cantidad de tiempo para escuchar. Y si usted va a escuchar todo ese tiempo, usted necesita saber cómo escuchar; y la Biblia nos habla de cómo escuchar en Santiago 1:21. Se nos dice que debemos "recibid con mansedumbre la palabra implantada, la cual puede hacer salvas vuestras almas."

Hace algún tiempo yo escuche que en el Imperio Romano, en el tiempo de Cristo, solamente el diez por ciento de la gente era alfabetizada. Solo diez por ciento de la gente tenía la capacidad de leer; y realmente no había tanto que leer en cuanto a lo que a las multitudes de la gente común les interesaba. Yo supongo que esta es una razón por la cual, en tiempos Bíblicos, cuando una epístola era entregada a una congregación, alguien se paraba delante de la congregación y leía la epístola a la gente. Yo supongo que esta es la razón por la cual Pablo dice, "Vuestras mujeres callen en las congregaciones; porque no les es permitido hablar... Y si quieren aprender alguna cosa, pregunten en casa á sus maridos" (1 Corintios 14:34-35). No tener una copia de la Escritura completa para leer requería de escuchar en la asamblea o preguntar en casa. La gente en ese tiempo evidentemente hacía una gran parte al escuchar. Entonces puedo entender porque la Biblia nos dice eso, primero que todo, debemos dejar toda inmundicia de la carne y espíritu y "recibid con mansedumbre la palabra implantada" la cual puede hacer salvas vuestras almas. Y eso es lo que vamos a estar haciendo. Yo voy a intentar hablar, y ustedes van a intentar escuchar, Y esperar que juntos podamos lograr algo. Yo pienso que puede llevarse a cabo.

Como Vivir

Nuestro Hermano ha leído esta noche de las palabras de Lucas, realmente la mayor parte son palabras del Señor Cristo Jesús. Usted se da cuenta que en Lucas capítulo 14 Jesús está hablándonos en el tema de la vida. Y de eso vamos a estar hablando—como vivir. Si hay algo que la gente en este cuarto quisiera saber cómo hacer, esto es como vivir. Todos en este cuarto esta noche estamos viviendo. Estamos en el periodo que se le llama vida, y la Biblia tiene mucho que decirnos en el tema de vivir.

"¿Qué es vuestra vida? Ciertamente es un vapor que se aparece por un poco de tiempo, y luego se desvanece" (Santiago 4:14). Sabe usted, yo he aprendido que al vivir la vida, una gran parte de mi vida está compuesta de decisiones. Yo he hecho pocas decisiones grandes en mi vida que realmente me afectaron—el tiempo cuando yo me hice Cristiano, el tiempo cuando yo decidí casarme y la persona con la quien yo me casaría, y otras pocas veces cuando yo he tomado otras decisiones que fueron grandes en mi vida. Pero la mayor parte de las decisiones de mi vida no han sido grandes; la mayoría de las decisiones en mi vida son pequeñas decisiones diarias. Algunas veces, Yo pienso, que nosotros sentimos que tales no hacen mucha diferencia a Dios; Yo quiero decirles que eso no es verdad. Lo que usted hace día tras día—las decisiones que usted toma día tras día— son extremadamente importantes al gran Dios del Cielo. Yo sé eso por lo que está declarado en el capítulo 14 del evangelio según Lucas.

Alguien ha dicho que nosotros moldeamos nuestro ambiente, y nuestro ambiente nos moldea a nosotros. Yo he aprendido que las decisiones que he tomado en mi vida han tenido una forma de voltearme y me han hecho a mí, y es por eso que es tan importante que nosotros hagamos las decisiones correctas. Ya sea que usted es joven o viejo, el Señor lo hará responsable por las decisiones que usted hace porque ellas lo van a hacer a usted. Cuando miramos algunas decisiones que hemos hecho, no siempre hemos hecho las mejores decisiones.

Quisiera poder pararme delante de ustedes y decir que ustedes están viendo a una persona que siempre ha hecho las MEJORES decisiones—siempre han sido las MEJORES que pudieron ser hechas. Pero yo sé mejor que eso. Todas mis decisiones no han sido las mejores. Y mientras miro hacia atrás al tiempo que ha pasado, encuentro que en algunas de esas decisiones yo me sometí a la tiranía de la segunda mejor. No fueron las mejores decisiones. No eran necesariamente decisiones malas, pero no eran las mejores decisiones que yo pude haber tomado; y el Señor, según Lucas 14, quiere que hagamos las mejores decisiones.

Ellos le Acechaban

Si usted tiene su Biblia con usted esta noche, usted quisiera abrirla en Lucas 14; notaremos lo que Lucas tiene que decir y después lo que Jesús tiene que decir. En esta ocasión, nuestro Señor ha sido invitado a comer una comida con alguien. Yo sospecho, sin embargo, que el Señor sabe que no ha sido invitado porque ellos están contentos de tenerlo allí. De hecho, Lucas así lo declara:

> Y ACONTECIO que entrando en casa de un príncipe de los Fariseos un sábado á comer pan, ellos le acechaban. Y he aquí un hombre hidrópico estaba delante de él. Y respondiendo Jesús, habló á los doctores de la ley y á los Fariseos, diciendo: ¿Es lícito sanar en sábado? Y ellos callaron. Entonces él tomándole, le sanó, y despidióle (Lucas 14:1-4).

Ahora, Quiero que piensen que está pasando en Lucas 14. Los Fariseos eran gente que gobernaban por su influencia, no tanto por su posición. Cuando Jesús fue procesado ante Anás y Caifás y la corte del sanedrín, usted se puede preguntar porque Él fue llevado ante Anás. Anás fue en un tiempo un Sumo Sacerdote en Israel; y si alguien había ocupado un lugar de tal relevancia, él siempre mantenía ese lugar entre los Fariseos.

El hombre que estaba invitando a Jesús este día de Sábado era un JEFE Fariseo. Él no era solo algún viejo Fariseo cualquiera, él era uno de los hombres grandes entre los Fariseos de su día, y él invitó a Jesús nada menos que en un día Sábado. Sabe usted, donde Yo crecí en Texas, usted tenía cenas todos los días y usted tenía cenas los Domingos. Si usted quería invitar a alguien a la GRAN cena, siempre era los Domingos, sin excepción. Así es como era.

Entre esas gentes, era en el día Sábado. Y la Biblia dice que ellos lo invitaron "a comer pan en el día Sábado," y "ellos le acechaban." Estoy seguro que Jesús se tuvo que preguntar—Jesús no se preguntó, pero si Yo hubiera estado allí Yo me hubiera preguntado--¿Por qué fue invitado Él? ¿Ha estado usted en una situación así? Yo he estado en situaciones algunas veces donde Yo realmente pregunto por qué ellos me invitaron a MÍ. Yo estaba tan fuera de lugar. Nadie parecía saber que decirme, y yo realmente no sabía que decirles a ellos tampoco. Estoy seguro que esta ocasion era una situación similar.

A propósito, ¿Ha pensado usted alguna vez acerca de porque el hombre que tenía Hidropesía fue invitado? ¿Puede usted imaginar a un jefe de los Fariseos invitando a un hombre que tenía Hidropesía para comer con él en el día Sábado? El realmente no quería a ese hombre allí.

Yo sospecho que el hombre era una "trampa." Vean ustedes, ellos invitaron a Jesús allí ese día, y ellos plantaron este individuo para poder observar lo que Jesús iba a hacer con él. Ellos querían hallar alguna falla en el carácter del Señor. Ellos querían hallar un problema; ellos querían "ponerlo abajo" en alguna forma. Eso era exactamente lo que ellos estaban haciendo, y Jesús sabía esto. Ellos solo lo estaban observando.

Yo quiero que noten lo que Jesús hizo. "Y respondiendo Jesús, habló á los doctores de la ley y á los Fariseos, diciendo: ¿Es lícito sanar en sábado?" Quiero que noten que Él anticipó la pregunta. Ellos ni siquiera tuvieron oportunidad de preguntarla. Él sabía lo que ellos iban a preguntar. Cuando Él fue invitado a la casa del jefe de Fariseos a comer pan en el día Sábado y había un hombre con Hidropesía invitado también, ¡ÉL SABÍA LO QUE VENIA!

Sabe usted, algunas veces se le hacen preguntas que usted realmente no sabe cómo contestar. Yo debería saber la respuesta, pero no la supe. Jesús no solo sabía la respuesta, Él sabía la pregunta. El la anticipó y se las la volteó a ellos y les preguntó, "¿Es lícito sanar en sábado?" Por supuesto, ellos no podían contestar eso.

Jesús prosiguió con otra pregunta. Él preguntó, "¿El asno ó el buey de cuál de vosotros caerá en algún pozo, y no lo sacará luego en día de sábado?" (Lucas 14:5). Él les dijo ustedes saben muy bien que si en su camino a la sinagoga ustedes encuentran uno de sus animales más preciados en el pozo, ¡ustedes lo van a sacar! Ustedes no van a solo caminar por el camino cuando uno de sus mejores animales está en el pozo—un asno, un buey, o lo que sea—ustedes no van a solo pasar por allí. Ustedes lo van a sacar. Y, por supuesto, ellos entendieron el punto.

El punto fue, si, ellos iban a cuidar de su animal; pero ellos no se iban a molestar con este pobre hombre quien estaba en esta condición patética. Pero el punto era que si Jesús contestaría y dijera que sí, Es lícito sanar en sábado, ellos le acusarían a El de quebrantar la ley de Dios. Por otro lado, si Él no contestaba correctamente, entonces Él era una persona que era menos bondadoso y con falta de amor.

"Porque cualquiera que se ensalza, será humillado"

Jesús continúa y predica, y yo pienso que es importante en este estudio para nuestro día que nosotros veamos lo que está pasando. Jesús está en la casa del jefe de los Fariseos. En ese tiempo, sus mesas estaban generalmente en forma como una U. Había tres lugares de prominencia. Uno, al extremo cerrado correspondiendo hoy a nuestra cabeza de mesa. Los otros dos estaban a cada lado. Cualquier otro lugar aparte de estos tres lugares era considerado ser menos que los mejores. Los sirvientes entraban a esta forma de U y servían a aquellos que estaban reclinados a la mesa. En esta ocasión, Jesús predica:

> Y observando cómo escogían los primeros asientos á la mesa, propuso una parábola á los convidados, diciéndoles: Cuando fueres convidado de alguno á bodas, no te sientes en el primer lugar, no sea que otro más honrado que tú esté por él convidado, Y viniendo el que te llamó á ti y á él, te diga: Da lugar á éste: y entonces comiences con vergüenza á tener el lugar último. Más cuando fueres convidado, ve, y siéntate en el postrer lugar; porque cuando viniere el que te llamó, te diga: Amigo, sube arriba: entonces tendrás gloria delante de los que juntamente se asientan á la mesa. (Lucas 14:7-10).

Y aquí está su conclusión:

> Porque cualquiera que se ensalza, será humillado; y el que se humilla, será ensalzado (Lucas 14:11).

El Señor quiere que entendamos esta noche que el camino hacia arriba es el camino hacia abajo. Y si usted quiere levantarse en el Reino de Dios, el único camino, el ÚNICO camino por el cual usted va a llegar allí, es por una ruta de humillación y servicio a Dios.

Jesús hace una promesa para todos, "Cualquiera que se ensalza, será humillado" Es una promesa nada menos que del Señor. Él dice si usted quiere ser exaltado, humíllese usted mismo en Mi servicio, y

USTED VA A SER EXALTADO. Yo quiero decirles, esta noche, Yo sinceramente creo que esa es la verdad, aunque lo estamos viendo dos mil años después; nunca ha sido más verdadero.

El continúa hablando a esa gente; Él todavía está sentado en la casa del jefe de Fariseos. Supongo para ahora ellos probablemente deseaban no haberlo invitado; pero Él continua hablando con ellos: "Cuando haces comida ó cena, no llames á tus amigos, ni á tus hermanos, ni á tus parientes, ni á vecinos ricos; porque también ellos no te vuelvan á convidar, y te sea hecha compensación. Más cuando haces banquete, llama á los pobres, los mancos, los cojos, los ciegos; Y serás bienaventurado; porque no te pueden retribuir; más te será recompensado en la resurrección de los justos. Y oyendo esto uno de los que juntamente estaban sentados á la mesa, le dijo: Bienaventurado el que comerá pan en el reino de los cielos" (Lucas 14:11-15).

¿Ha notado usted alguna vez este pasaje? Yo realmente no sé lo que significa. Yo ni siquiera sé por qué él lo dice. Él está sentado alrededor, y parece ser que el sintió que debía decir algo. ¿Ha estado usted antes en una situación como esa donde la gente se siente como si ellos tuvieran que decir algo? Yo algunas veces me pongo en situaciones donde la gente que no conoce bien a predicadores siente como si deberían decir algo apropiado; y ellos dicen todo tipo de cosas. Yo no entiendo porque él dice esto. Yo sí sé que Jesús no parece estar impresionado. El Señor nunca se impresionó con lugares comunes y espectaculares. El sigue hablando y va a decirnos una historia. Yo quiero que escuchemos la historia. Y yo no voy a predicar un sermón esta noche de la historia que sigue porque esta ilustra nuestro comportamiento muchas veces.

Ellos Comenzaron a Hacer Excusas

Jesús continúa a decir:

Un hombre hizo una gran cena, y convido á muchos. Y á la hora de la cena envió á su siervo á decir á los convidados: Venid, que ya está todo aparejado. Y comenzaron todos á una á excusarse. El primero le dijo: He comprado una hacienda, y necesito salir y verla; te ruego que me des por excusado. Y el otro dijo: He comprado cinco yuntas de bueyes, y voy á probarlos; ruégote que me des por excusado. Y el otro dijo: Acabo de casarme, y por tanto no puedo ir (Lucas 14:16-20).

No hay ningún niño en esta casa esta noche que no sabe esta historia. Nosotros SABEMOS esa historia. Nosotros sabemos acerca de este hombre. El evidentemente está muy bien, él es un hombre rico, de la realeza, sin duda. Él está viviendo en esta ciudad, y él decide hacer una gran cena. Él dijo quiero que vayan e inviten a la gente. Ve "dile a los invitados, Venid, que ya está todo aparejado." Ellos hicieron eso, y aun así la casa era tan amplia que él dijo: "Ve presto por las plazas y por las calles de la ciudad." Y, por supuesto, esto se hizo; y él dijo, "Ve por los caminos y por los vallados, y fuérzalos á entrar." Yo pienso que usted sabe lo que el Señor está diciendo en esta lección; sin embargo, a menudo fallamos en hacer la aplicación. El problema con nosotros esta noche es que nosotros sabemos lo que el Señor está diciendo; pero nosotros, como ellos, no estamos haciendo la aplicación.

Cuando veo esta lección, es muy familiar para mí, tan simple y aun la encuentro tan reprochadora. Un hombre, cuando fue abordado, dijo, "He comprado una hacienda, y necesito salir y verla." No hay nada malo en eso; de hecho, Yo creo que podría tomar la Biblia y defender el derecho de un cristiano de tener propiedad. Puedo tomar la Biblia, yo creo, y enseñar que está perfectamente en el derecho del Cristiano comprar propiedad, poseer esa propiedad; y mientras está en su poder—como la Biblia lo pone—él puede hacer lo que él desea con ella de acuerdo con los principios Cristianos. Él puede vender esa pieza de propiedad; el no solo puede vender esa pieza de propiedad, pero él puede venderla para ganancia. Entonces, no hay nada malo con los terrenos. Vemos esto y nos preguntamos, "Bueno, ¿cuál es el problema? Este hombre compro una hacienda, y él dijo, 'necesito salir y verla.'" Yo supongo que muchos han conocido la emoción de comprar un pequeño pedazo de tierra y el gozo de caminar sobre ella. Por supuesto, esa no es la lección que el Señor nos está dando. La lección es que este hombre estaba enamorado. Este hombre estaba enamorado de sus posesiones al extremo que no podía ser molestado con una fiesta, sin importar de quien fuera o que tan grande pudiera ser. Qué privilegio se perdió. Usted lo sabe, no hay nada que diga que no podía comprar esa propiedad y todavía ir al banquete. Él pudo hacer eso. Pero el escogió no hacerlo—y es por esto que yo llamé esto al comienzo—la tiranía del segundo mejor. No hay nada malo con los terrenos; no hay nada malo en comprar tierras; solo que era el segundo mejor. ¿Qué era lo mejor? Sentarse a la mesa del banquete del Rey era lo mejor. Él pudo tener los dos. En vez de eso el escogió lo que valía menos. Sus prioridades no estaban en orden, para usar un término moderno.

Otro hombre dijo, "He comprado cinco yuntas de bueyes, y voy á probarlos." Quiero que tu "me des por excusado." Ahora, cuando él dice, "ruégote que me des por excusado," es evidente que había escuchado de esto; el sabia de esto; él sabía que realmente él debía estar allí; él solo tenía una excusa. Él estaba en grades negocios. Él había comprado cinco yuntas de bueyes y fue a "probarlos." Yo puedo sospechar que él podría haber visto estos bueyes antes de comprarlos, pero suponiendo que no los vio. Él los compro; no se van a ir. Él pudo haber ido a la fiesta y después regresar y todavía hacer esas cosas. No había nada malo con probar los bueyes que había comprado.

Si usted quiere ponerlo en un entorno moderno, cuando uno de ustedes granjeros va y compra un tractor nuevo y usted finalmente lo lleva a la casa, usted no puede esperar hasta que usted puede salir y probar los caballos de fuerza y ver cómo se siente—usted quiere jugar con él. Este hombre simplemente solo quiere echar un vistazo al "poder de los bueyes." Él quiere saber lo que compró. Jesús está diciendo que no hay nada de malo con eso. Lo que está mal es poner eso antes que MIS caminos y las cosas a las que Yo lo he invitado hacer.

El otro hombre dijo, "Acabo de casarme." Él había contraído un lazo social—un lazo social real. "Acabo de casarme"— ¡él no iba a estar allí! No hay nada malo en casarse. No hay nada malo con un hombre cuidando de su esposa; eso es lo que debe hacer. De hecho, en tiempos del Antiguo Testamento, cuando un hombre joven se casaba, estaba exento de ir a la guerra por un año. Pero este hombre no está siendo invitado a una batalla. Este hombre está siendo invitado a una fiesta, y no hay nada que diga que su esposa no podía ir con él. Yo no he escuchado de muchas esposas quienes no disfrutan una salida de noche. La esposa no era el problema. Él solo está diciéndonos que a él realmente no le importa el hombre o su fiesta. Qué actual es eso esta noche. Qué verdad es esto en los tiempos en los cuales vivimos.

¿Se ha dado cuenta del elemento de novedad de esta lección? Esto realmente no se me había ocurrido a mí—nueva tierra, nuevos bueyes, nueva esposa. ¿Qué tenía él? Él tenía algo nuevo. Ahora, por supuesto, la tierra no es nueva. Ha estado allí por muy largo tiempo; allí estaba antes de la fiesta. Pero esta era nueva para él. Él tenía cinco "nuevas" yuntas de bueyes. Él tenía una "nueva" esposa. Tantas de las cosas de esta vieja tierra parecen tan nuevas a la gente en comparación a la edad del Evangelio de Cristo Jesús, cuando el hecho es que, estas son solo algunas de las cosas que siempre han estado alrededor.

El Señor Debe ser Numero Uno

Ese hombre se perdió la oportunidad de asegurar una parte del Cielo por poder tomar una parte de la tierra. Este hombre se perdió la oportunidad de tener el mejor de los compañeros de negocios del mundo a su lado, solo por ir y ver que tan buenos eran sus bueyes. Pero Yo pienso que el punto que el Señor hizo es obvio. Él dijo algunas veces ustedes dejan las trivialidades de la vida ponerse en el camino.

Yo quisiera pensar que entre más educados estamos, más sofisticados nos hacemos, entre más tiempo vivimos en la tierra, más conocimiento acumulado tendremos, y entre mas estudiemos este Libro que no cometeríamos los mismos errores antiguos—que no dejaríamos que las trivialidades de la vida se pongan en nuestros caminos. Pero todavía lo hacemos. Y la lección es todavía tan aplicable a nosotros. Supongo que el mejor lugar para ver eso está en otra gente. Es fácil ver en otros. Muchas veces vemos esto en nuestros propios hijos, ¿o no? Nosotros no vemos a nuestros hijos tomando decisiones necesariamente MALAS, pero nosotros algunas veces los vemos tomando decisiones que no son las MEJORES opciones. Algunas veces vemos a nuestros hijos y los vemos comprando cosas que no están realmente equivocadas, pero no son lo mejor. Ellos no están ocupados en algunas actividades malas, pero algunas veces ellos se pierden la actividad MEJOR. Ese es el punto en Lucas capítulo 14. Nunca piensen que estas son insignificantes; las llamamos cosas pequeñas, pero no piensen que el Señor no está preocupado. Él está preocupado con lo que es número uno para ud. esta noche.

A veces cantamos "¿Son negocios, es el placer, es el dinero o amigos?" ¿Mi vida realmente enseña que Jesús me importa a mí? Puedo pararme aquí esta noche y decirles a uds. que el Señor y la iglesia son NUMERO UNO en mi vida; pero si ud. solo pudiera estar alrededor de mí y vivir alrededor de mí por un tiempo, usted podría REALMENTE saber. Todos los que estamos sentados en este cuarto esta noche nos conocemos unos a otros muy bien. Nosotros nos conocemos NOSOTROS MISMOS muy bien, y sabemos que nuestras vidas muestran lo que es número uno para nosotros. Yo supongo que es por eso que esta lección es tan importante para nosotros porque es aquí donde mejor lo demostramos—no con nuestras bocas, pero con nuestras vidas—nuestro amor por Él y por Su Causa.

Quiero que vean el versículo 25. Él está hablando todavía a esta gente. En el versículo 25, Él dice, "Y muchas gentes iban con él; y volviéndose les dijo." En este punto en la vida de Jesús, había grandes multitudes. Yo no pienso que eso significa que había tres o cuatro o diez o quince gentes. Había grandes multitudes siguiéndole a Él.

Ahora, usted puede suponer que si Jesús realmente quería ganar a toda esa gente, Él les debió haber dicho solo que vinieran y entraran y que todos los detalles se entenderían después. El miro a esas grandes multitudes y vio almas que necesitaban ser ganadas—almas que estaban perdidas, gente que necesitaba ser enseñada. Él los miró a ellos y dijo, "Si alguno viene á mí, y no aborrece á su padre, y madre, y mujer, é hijos, y hermanos, y hermanas, y aun también su vida, no puede ser mi discípulo." Ahora, usted piense sobre esto. ¿Cómo se hubiera sentido usted si usted hubiera estado con esa gran multitud siguiendo a ese Hombre? Después de todo, Él es un hombre espectacular; Él puede hacer cosas que otra gente no puede hacer; Él puede hacer algunas cosas que los Fariseos proclaman hacer, pero nosotros sabemos mejor que eso. Nos gusta lo que él está haciendo, pero no entendemos todo acerca de esto. De repente, Él se voltea y dice, Yo quiero decirles algo. Si usted no aborrece á su padre, y madre, y mujer, é hijos, y hermanos, y hermanas, y aun también su vida, usted "NO PUEDE SER MI DISCÍPULO." Ahora, eso es muy terminante. ¿Cuál hubiera sido su respuesta? Hubiera decidido usted, "Bueno, mire, si es de esa forma, Yo ya no quiero más"… O… ¿hubiera usted aceptado el desafío y dicho?, "Aquí está una vida que requiere un compromiso total y eso es significativo para mí."

Sabe usted, esa es una palabra difícil. Él dice, "Si alguno viene á mí, y no ABORRECE á su padre, y madre, y mujer, é hijos, y hermanos, y hermanas…." Estoy seguro que hay predicadores que han venido por aquí que dicen que eso significa "amar menos." Ellos están en lo correcto, Pero Yo pienso que nosotros no debemos quitarle el filo a esta espada. Recuerden, Jesús está mirando a esa gran multitud de gentes, y Él quiere que ellos entiendan que solo seguir tras de Él no los hace un discípulo. Él dijo usted debe "aborrecer" a su padre y madre y hermana y hermano. ¿Qué quiere decir? ¿Eso significa que debemos albergar odio en nuestros corazones para esta gente? Quiero decirles esta noche, Yo no creo que ese pasaje enseña que usted debe albergar hostilidad en su corazón para con la gente que está cercana y que es querida por usted. Yo ni siquiera creo que usted deba amar a sus familiares con un amor disminuido. De hecho, la escritura dice, "Maridos, amad á vuestras mujeres, así como Cristo amó á la iglesia, y se entregó á sí mismo por ella" (Efesios 5:25) Este es un amor intenso que está buscando lo mejor por ese individuo. Jesús amo a los niños pequeños y dijo, "Dejad á los niños… venir á mí: porque de los tales es el reino de los cielos" (Mateo 19:14). Ningún hombre amo como Jesús, entonces Él no está diciendo que usted necesita amar a sus queridos con un amor disminuido, y Él ciertamente no está diciendo que usted necesita tener malicia y hostilidad en su corazón para con sus amados.

Una cosa que siempre me ha molestado, gente, es que algunas veces tratamos a la gente que está cercana a nosotros—a quienes debemos amar más—en una forma que nosotros no pensaríamos tratar a gente que es totalmente del mundo. Expliquen eso. Nunca vamos a encontrar una justificación para eso en las palabras de Jesús según Lucas. Él no dijo ámalos con un amor disminuido, pero lo que Él está haciendo es usar una hipérbole oriental, una exageración deliberada. Conforme a la apariencia de afuera, o hablando de apariencias, parecería ser que usted odia a sus familiares. Déjenme darles un ejemplo actual. Todos nos involucramos en reuniones familiares. Usted sabe… toda su familia se está reuniendo para algo y usted nunca está presente. "Usted nunca está aquí cuando tenemos reuniones; y cuando usted llega a estar, siempre llega hasta después que se termina la reunión de la iglesia." ¿Usted ha pasado por eso, también, o no? Usted llega allí algunas veces, y han tenido que esperar la comida por usted o tenerla sin usted. Yo supongo que ellos creen que realmente no los amamos—nuestros padres y nuestras madres y nuestros familiares y nuestra familia; pero eso no es verdad. Nosotros amamos mucho a esa gente, pero quiero decirles esta noche, hay Alguien a Quien nosotros amamos mejor. Nosotros amamos a esa gente en gran manera, y nosotros no sabemos en qué lugar están ellos, en la escala de las cosas, pero ellos están muy alto. Pero ellos no pueden ser número uno.

Supongo que la mejor forma de entender tal cosa es aprender lo que Jesús dijo, "y aun también su vida." Él no dice que usted se debe convertir en un tipo de individuo psicópata quien se odia a sí mismo. ¿Qué está diciendo Él? Aun cuando se trata de su propia vida, la escritura dice, "Porque ninguno aborreció jamás á su propia carne" (Efesios 5:29). Pero aquí Él está diciendo que usted odie su "propia vida también." Él está diciendo aun usted mismo debe quedar en segundo lugar después de Cristo Jesús y Su forma de vida. Es aquí que aprendemos que la Cristiandad no es algo que usted hace solo el domingo por la mañana y domingo por la noche y el miércoles por la noche. La Cristiandad es una forma de vida. Es un compromiso; nunca puede ser alguna otra cosa más que eso.

Contando el Costo

Vean el versículo 28. Jesús dice:

> Porque ¿cuál de vosotros, queriendo edificar una torre, no cuenta primero sentado los gastos, si tiene lo que necesita para acabarla? Porque después que haya puesto el fundamento, y no pueda acabarla, todos los que lo vieren, no comiencen á hacer burla de él, Diciendo: Este hombre comenzó á edificar, y no pudo acabar.

El utiliza la ilustración del Rey. Él dice, "CUALQUIERA…." Quiero que usted se lleve esto al hogar con usted esta noche; Yo quiero que usted lo deje manejar en su corazón. "CUALQUIERA…."—ese soy Yo, ese es Usted—"que no trae su cruz, y viene en pos de mí, NO puede ser mi discípulo." Es imposible. Usted debe estar siguiendo e imitando a Jesús aun al punto de la muerte conforme a esto y otros pasajes. Él usa esta parábola para ilustrarlo. Él dijo que en aquel tiempo ellos construían torres. Ahora, nosotros no construimos esas torres en Texas; Yo no pienso qué aquí lo hacen tampoco. En aquel día los granjeros, y gente que estaba en el negocio de las uvas, construían torres en medio de sus viñas—aun el Antiguo Testamento habla de eso—de donde ellos podían ver a los saqueadores y aquellos que las destruían; las torres en las viñas eran practicas comunes.

Jesús quería enseñar algo que esa gente pudiera entender, y ellos si le entendieron a Él. Él dice si un hombre va a construir una torre, ¿Qué necesita hacer? Primero que todo, se debe sentar y contar el costo "para saber si tiene lo suficiente para terminarlo." ¿Cuál es el punto? El punto es que antes de que nosotros comencemos, debemos tener alguna contemplación de la terminación. ¿Vamos a poder terminarla?

Pongamos la idea en un escenario actual. Piensen sobre los caballeros ancianos sentados en la plaza de la corte tallando y discutiendo y resolviendo los problemas del mundo. Cuando ven a una persona que viene por la calle, y uno pregunta, "¿Quién es ese?" "Ese es el viejo Samuel." "¿Quien?" "Él es el hombre que siempre está comenzando torres. El comenzó una torre en el lugar antiguo de Los Johnson; el compro otro lugar y comenzó una torre allá, pero él nunca ha terminado una." Jesús lo señala claramente que esta clase de actitud siempre ha sido mal vista—aun en bienes terrenales.

Entre Waco y Fort Worth, hay una casa que alguien comenzó a construir hace muchos años. Es una casa bonita, en un hermoso lugar; algunos de ustedes puede que la hayan visto. Todavía tiene el papel de chapopote por fuera. Pudo haber sido una casa hermosa. Yo no sé qué pasó, pero pararon de trabajar en ella. Yo no sé cuál fue el problema, si hubo alguna muerte o un divorcio, o que pasó, pero esa casa está como un monumento llamando la atención a todos los que pasan por allí. A través de todos estos años ha estado allí como un gran monumento negro. Alguien comenzó a construir, y por alguna razón no pudieron terminar.

Jesús dice que esto era verdad con las torres, pero Su punto es que la mayor parte del tiempo todo esto es verdad en las vidas de los hombres y mujeres. Él está diciendo que por todo este mundo hay vidas no terminadas. ¡Piense sobre esto! Si pudiéramos ver a la gente como vemos las torres, este mundo estaría marcado con miles quienes han escuchado la historia del evangelio, ellos han escuchado de Cristo Jesús, ellos comenzaron a construir, ellos en un tiempo recibieron con mansedumbre "la palabra implantada," por un tiempo, comenzaron a vivir para Él, pero ellos no terminaron. Por todo este país hay historias trágicas de vidas no terminadas. En verdad, nosotros necesitamos contar el costo. Necesitamos pensar sobre esto antes de comenzar.

Ahora, usted piense como golpeó eso a la multitud. La filosofía de Jesús no era—y Yo pienso, hermanos, debemos escuchar esto—La filosofía de Jesús NO era para hundir un gran número de gente que estaban dispuestos a decir, "Estamos dispuesto a seguir tu dirección," y más tarde en el camino hablaremos de la salvación—y nosotros seremos Cristianos. Eso no es lo que Él propuso. Él se dio vuelta hacia la multitud y les dejo saber que lo que Él estaba haciendo no era un espectáculo juguetón. Él les hizo saber que aglomerarse en multitud detrás de Él no constituía ser un discípulo. Y Yo quiero decirles esta noche que solo porque nos congregamos dentro de una iglesia no significa que somos lo que debemos ser.

Cuando voy a una tienda y veo algo que yo quiero y estoy convencido que yo tengo que tenerlo, yo pregunto, "¿Cuál es el costo?" Si el vendedor me dice, "Yo no sé," eso me molesta. ¿Por qué no lo sabe él? Él está trabajando allí; y si él está trabajando allí, el debería saber. Yo no voy debatir con él. Si alguien está trabajando allí como vendedor y él no sabe, Yo realmente no pienso que haya una razón en continuar discutiendo el asunto. Yo voy a encontrar a alguien que sí sabe; ¿Cómo voy a pagar el costo si yo no sé el precio? Alguien debe poder decir cuál es el precio. Esa es una de las marcas de un gran líder verdadero. Cristo Jesús, nuestro Líder, sabía el costo, ¿o no? Él sabía lo que costaría.

Una cosa que usted nunca dirá de Cristo Jesús, o acerca de la iglesia, es que toda esta gente me involucró en algo que ellos no sabían lo que era y ahora ellos no se pueden salir de esto. Yo quiero decirles, esta noche, que eso no fue verdad en cuanto a mí. De hecho, cuando comencé a escuchar el evangelio predicado, yo estaba cerca de los 18 años de edad. Yo nunca había escuchado la predicación del evangelio antes de ese tiempo; la sola palabra me irritaba un poco. Algunas de las cosas que predicaban me hacían enojar. Pero usted sabe, Yo estoy en deuda con esos hombres que vinieron a esa comunidad por mi hogar y quienes predicaron el evangelio y me dijeron exactamente lo que costaría. En ningún parte del camino he visto hacia atrás y dicho, "¡Bueno, Me he metido en algo que yo no sabía cómo iba a ser—si solo yo pudiera salirme de esto!" Quiero decirles, Vale la pena todo. Oh, hay un costo. Hay un precio que pagar; nosotros debemos "amar menos" a nuestro padre y nuestra madre y nuestra hermana y nuestro hermano y nuestra propia vida. De otra forma, no hay ningún punto en comenzar. Eso es muy golpeado, pero eso es lo que Él está diciendo—cuenta el costo, para saber si usted tiene suficiente para terminar.

Bueno, el desafío esta allí. El Señor es inflexiblemente honesto acerca de esto. Espero esta noche que dos cosas sean aparentes. Numero uno— ¿estoy dispuesto a negarme a mí mismo para ser Cristiano? Yo no pienso que hay mucha gente quienes realmente están listos para dar lo que ellos deben dar para SER un Cristiano. Yo no estoy hablando de cosas necesariamente. La cosa más grande que yo he tenido que dejar es esta cosa aquí—Yo mismo. Me he dado cuenta que cuando tengo ESTO en orden, no tengo muchos problemas acerca de los lugares a donde debo ir y lugares donde NO debo ir. Usted ve, esas son las ramas; cuando nosotros llegamos a la raíz real de la materia, es esta materia aquí. Y eso es porque Jesús dice si usted no está dispuesto a "amar menos" a usted mismo, usted no puede –eso es lo que Él está diciendo—usted NO PUEDE ser mi discípulo.

Es imposible a no ser que usted se decida que usted le va dar toda su lealtad a ÉL, Cristo Jesús, el Hijo de Dios. Matándose a uno mismo como dice Pablo, "Con Cristo estoy juntamente crucificado, y vivo, no ya yo, más vive Cristo en mí: y lo que AHORA vivo en la carne, lo vivo en la fe del Hijo de Dios, el cual me amó, y se entregó á sí mismo por mí" (Gálatas 2:20).

El Señor no está tan interesado en lo que usted ha ESTADO haciendo, como lo está en lo que usted está haciendo AHORA. ¿Que está usted dispuesto a hacer? ¿Qué está usted dispuesto a ser? ¿Está usted dispuesto a pagar el precio para ser un Cristianó real y genuino? El Señor no está interesado en algo de su dinero; Él está interesado en TODO su dinero. El Señor no está interesado en algo de su tiempo; Él está interesado en TODO su tiempo. Él no está interesado en algo de usted; Él quiere todo de usted. ¡Si usted va a ser un Cristiano, eso significa todo su tiempo, todo su talento, todo su dinero, todo de su vida! Es un compromiso total con Él, a Jesús como Rey y como Salvador—sin ningunas condiciones. Él quiere una vida sin condiciones ni ángulos. ¡Ese es el costo! ¿Ha usted realmente contado el costo de una vida sin Cristo? ¿Ha usted realmente considerado la eternidad en el Infierno?

¿Recuerda usted el himno antiguo que fue basado en esta parábola? Fue titulado, "¿Has Contado El Costo?"

"Hay una línea trazada por rechazar a nuestro Señor,
    Donde la llamada de Su Espíritu se Pierde,
Y usted se apresura con el placer de la locura,
    ¿Has contado, has contado el costo?"

"Puedes cambiar tu esperanza de la mañana eterna,
    Por un momento de gozo a lo más,
Por el brillo del pecado y las cosas que ganara,
    ¿Has contado, has contado el costo?"

"Mientras la puerta de Su misericordia está abierta por ti,
    Y lo profundo de Su amor agotas,
No vendrás y serás sanado, y susurras, Yo cedo,
    ¿Has contado, has contado el costo?"

Después da el coro:

"Has contado el costo, si tu alma acaso se pierde,
    ¿Aunque ganes el mundo entero para ti?
Aun ahora puede ser que la línea ya has cruzado,
    ¿Has contado, has contado el costo?"

Quiero decirles a ustedes, esta noche, de lo que estamos hablando es tan importante. ¿Ha usted contado el costo de caer en las manos del Dios Viviente? O… ¿ha usted contado el costo de caerse FUERA de las manos del Dios viviente? Cualquiera de las dos.

Si usted está aquí esta noche, y usted no es un Cristiano, Yo quiero que cuente el costo de salir fuera de esa puerta y todavía no ser un Cristiano. Usted puede hacer eso. Yo no sé cuántos en aquella gran multitud de gente que Jesús les predico en ese día se voltearon y se fueron. Yo sí sé que Juan declara que muchos de ellos "ya no andaban con él" (Juan 6:66). Ellos no podían enfrentar ese compromiso. Ellos no podían abandonar; ellos no podían pagar ese tipo de costo.

Pero yo creo que hay gente en este cuarto esta noche quienes están dispuestos a pagar el costo. Yo sé que algunos de ustedes lo están pagando. Si usted está aquí esta noche y no es un Cristiano—usted es un joven o una dama joven, quienquiera que sea- usted puede pagar el costo. Usted PUEDE creer el evangelio. Usted PUEDE arrepentirse de sus pecados. Sabe usted, no es tan difícil creer, Yo creo que es más difícil NO creer.

Pero Yo no me voy a parar aquí en esta noche y decirle que es fácil pagar el costo del arrepentimiento. Es difícil arrepentirse (Hechos 2:38). Usted PUEDE confesar su fe en Cristo Jesús (Mateo 10:32-33). Usted PUEDE ser sumergido en SU nombre para el perdón de sus pecados (Hechos 22:16). Usted puede hacerse un Cristiano—usted puede hacerse un seguidor de Cristo Jesús.

www.ingramcontent.com/pod-product-compliance
Lightning Source LLC
Chambersburg PA
CBHW021049090426
42738CB00006B/261